《匠心匠艺》编委会 编

北京师范大学出版集团
BEIJING NORMAL UNIVERSITY PUBLISHING GROUP
安徽大学出版社

图书在版编目(CIP)数据

匠心匠艺/《匠心匠艺》编委会编. —合肥:安徽大学出版社,2021.11
ISBN 978-7-5664-2275-0

Ⅰ.①匠… Ⅱ.①匠… Ⅲ.①民间艺人—生平事迹—安徽 Ⅳ.①K825.7

中国版本图书馆 CIP 数据核字(2021)第 159697 号

匠心匠艺

《匠心匠艺》编委会 编

出版发行:	北京师范大学出版集团 安徽大学出版社 (安徽省合肥市肥西路3号 邮编230039) www.bnupg.com.cn www.ahupress.com.cn
经　销:	全国新华书店
印　刷:	合肥远东印务有限责任公司
开　本:	170 mm×240 mm
印　张:	22.25
字　数:	320千字
版　次:	2021年11月第1版
印　次:	2021年11月第1次印刷
定　价:	88.00元

ISBN 978-7-5664-2275-0

策划编辑:杨　洁　刘婷婷　王　黎　　装帧设计:李　军　孟献辉
责任编辑:刘婷婷　　　　　　　　　　　美术编辑:李　军
责任校对:马晓波　　　　　　　　　　　责任印制:陈　如　孟献辉

版权所有　侵权必究
反盗版、侵权举报电话:0551-65106311
外埠邮购电话:0551-65107716
本书如有印装质量问题,请与印制管理部联系调换。
印制管理部电话:0551-65106311

《匠心匠艺》编委会

顾　问　李兴旺　孙中义　李光浩

主　编　方润生　李文

副主编（按姓氏笔画排序）

于日锦　于洪波　王秀江　王学彦　牛树刚　叶学军
刘传厚　江兴龙　许跃远　李　刚　杨益民　汪贤武
张　旋　张国栋　欧庆岭　周元清

编　委（按姓氏笔画排序）

丁　元	丁学冬	于日锦	于洪波	王世福	王仕雄
王　吉	王　旭	王　庆	王志堂	王秀江	王京胜
王学彦	王建中	王继武	巨智超	牛树刚	方唐利
方润生	方　琼	叶生琼	叶学军	史红林	成　鹏
毕　兵	朱恒银	邬　俊	刘传厚	刘哲军	刘晓玲
江兴龙	汤治军	祁　俊	许跃远	孙昌宁	孙恒斌
纪海矿	芮玉琴	苏文忠	李　文	李平帆	李立胜
李　刚	李媛媛	杨长荣	杨光明	杨　帆	杨　丽
杨宗军	杨益民	杨　梅	肖　挺	时　华	吴小菲
吴侠芳	何海洋	余方清	余业盛	汪双顶	汪加林
汪秀年	汪贤武	沈　飞	宋雷震	张士根	张文泉
张立新	张传锦	张国栋	张信群	张　晋	张　烨
张　旋	陆杰伟	陈冲锋	陈　凯	陈海珍	陈鸿旭
陈德春	范兴海	林震源	欧庆岭	罗家毅	周　青
周自宝	周隆兴	周雅昕	单永刚	项道友	周元清
赵　滨	查　嵘	袁军芳	贾奇伟	贾荣荣	赵　翔
徐腾达	殷　毅	郭义春	郭伟顺	黄　卉	夏大超
盛丽骏	盛保柱	鹿　雷	巢杰磊	黄韬煜	黄雷鸣
谢叶华	强　刚		廖	程　熊	舒云峰
魏　飚					戴　滨

目 录

前言 ··· **001**

钟情职教　圆金蓝之梦
　　——安徽冶金科技职业学院　毕兵 ················· 001

是金子总会发光
　　——安徽合肥机电技师学院　巢杰 ················· 006

职业教育冲锋者　三尺讲台教学新
　　——芜湖机械工程学校　陈冲锋 ··················· 008

匠心逐梦　传承弥新
　　——马钢冷轧总厂　陈德春 ························· 013

坚守匠心　助力非遗文化进校园
　　——滁州市机电工程学校（安徽滁州技师学院）　陈海珍 ··· 016

钢城匠心　为理想奋斗
　　——马钢特钢公司　陈鸿旭 ························· 018

追梦青年
　　——安徽江淮汽车集团股份有限公司　陈凯 ······· 020

专注机车促成长　砥砺前行守匠心
　　——马钢铁运公司　成鹏 ···························· 024

以技能大师工作室为载体　践行制造精神
　　——安徽江淮汽车集团股份有限公司　程韬 ······· 027

攻坚克难　勇于创新
——马钢炼铁总厂　戴 滨 …………………………………… 030

让制造智能化　让技艺传承下去
——合肥市经贸旅游学校　丁学冬 ……………………………… 034

天道酬勤　为梦想坚守
——安徽江淮汽车集团股份有限公司　丁 元 …………………… 037

焊花飞舞写人生
——安徽马钢设备检修有限公司　范兴海 ……………………… 040

青年中医人　为传承坚守
——合肥职业技术学院　方 琼 …………………………………… 044

严谨而奋进　执着而坚定
——安徽耐科装备科技股份有限公司　方唐利 ………………… 047

大赛点亮人生　技能改变命运
——安徽机电职业技术学院　郭 顺 ……………………………… 050

怀揣匠心　不辍前行
——阜阳工业经济学校　郭 义 …………………………………… 053

坚守匠心　逐步前行
——安徽合肥机电技师学院　何海洋 …………………………… 056

忠于职教　为育人而奋发前进
——黄山旅游管理学校　黄 卉 …………………………………… 058

职业教育培养出来的烹饪大师
——合肥市经贸旅游学校　黄雷鸣 ……………………………… 061

梦想，从"新"开始
——安徽淮北煤电技师学院　纪海矿 …………………………… 064

一技之长能"动"天下
——安徽省汽车工业学校　贾奇伟 ……………………………… 068

接过南丁格尔的灯　照亮生命的旅程
——安徽中医药高等专科学校附属医院
（芜湖市中医院）　贾荣荣 ……………………………………… 071

知行合一　培养乡村工匠
——芜湖机械工程学校　江兴龙 ………………………………… 073

敬业、责任与技术
——安徽省第一轻工业学校　巨智超 …………………………… 077

三十年坚守初心　七星手工造纸逆风前行
——安徽泾县七星宣纸厂　雷　春 ………… 080

潜心职教　匠心筑梦
——合肥铁路工程学校　李立胜 ………… 083

宝剑锋从磨砺出
——马钢炼焦总厂　李　平 ………… 086

妙手剪出新天地
——安徽省灵璧师范学校　李　文 ………… 089

寄情职教　匠心筑梦
——安徽渔之蓝教育软件技术有限公司　李媛媛 ………… 092

不忘初心　匠心筑梦
——安徽新华学校　廖　磊 ………… 095

扎根矿山献芳华　磨练技能成标杆
——马钢南山矿业公司　林震源 ………… 098

绘吉祥凤画　做工匠之师
——滁州城市职业学院　刘晓玲 ………… 102

产教融合　传承非遗
——铜陵职业技术学院　刘哲军 ………… 105

躬身为师　传承技艺
——宿州应用技术学校　陆杰伟 ………… 108

为技艺坚守　为未来传承
——安徽江淮汽车集团股份有限公司　鹿　伟 ………… 111

以赛促学　以赛促教　情系创新教育
——马鞍山职业技术学院　罗家毅 ………… 115

传承精华　守正创新
——安徽中医药高等专科学校附属医院
（芜湖市中医医院）　祁　俊 ………… 118

传承针推技艺　服务健康中国
——安徽中医药高等专科学校　强　刚 ………… 122

勤奋执着坚守　浇灌职园之花
——宣城市机械电子工程学校　芮玉琴 ………… 125

匠艺传承　创新不止
——马钢第四钢轧总厂　单永刚 ………… 129

匠心匠艺

坚守匠心　专注创新
　　——宝武马钢交才科技有限公司　沈飞 …………… 133

精益求精　持续创新
　　——安徽叉车集团有限责任公司　盛保柱 …………… 136

数控装调维修技术——新时代、新技能
　　——安徽叉车集团有限责任公司　盛丽骏 …………… 139

云做霓裳羽作衣　我们都是追梦人
　　——合肥工业学校　时华 …………… 142

心系钢铁制造　匠心铸就拳头产品
　　——马钢板带钢首席技师　史红林 …………… 145

朴实无华扎根一线　勤奋努力勇挑重担
　　——中钢天源（马鞍山）通力磁材有限公司　舒云峰 ……… 148

勇于创新　勤于实践
　　——淮南联合大学　宋雷震 …………… 152

练就一流技能　成就精彩人生
　　——铜陵市中等职业技术教育中心　苏文忠 …………… 154

理论与实践相结合　开拓技能成才之路
　　——安徽淮北煤电技师学院　孙昌宁 …………… 157

匠心独运　荣耀传承
　　——合肥科技职业学院　汤治军 …………… 161

虚心皆成器　竹刻说徽雕
　　——歙县徽世林宝艺术有限公司　汪加林 …………… 164

弘扬劳模精神　彰显技能力量
　　——安徽建工技师学院　汪双顶 …………… 167

唯美食与传承不可辜负
　　——安徽省美食艺术协会　汪秀年 …………… 171

坚守炉台数十载　匠心铸就新梦想
　　——马钢第四钢轧总厂　王吉 …………… 173

坚守初心　行以专心　工于匠心
　　——滁州市应用技术学校　王继武 …………… 176

十五年专注面点　打造健康营养新主食
　　——安徽青松食品有限公司　王建中 …………… 179

寄情尘泥　为传承坚守
　　——阜阳科技工程学校　王京胜 …………………………… 183

守正初心　甘为铸匠
　　——马钢冷轧总厂　王　庆 ………………………………… 186

视传承传统文化为己任　醉心望江挑花
　　——安庆皖江中等专业学校　王世福 ………………………… 190

弘扬工匠精神　走技能成才技能报国之路
　　——合肥一科汽车电子科技有限公司　王仕雄 ……………… 193

育大国工匠　促职教发展
　　——蚌埠科技工程学校　王　旭 ……………………………… 196

情系高炉　追逐梦想
　　——马钢炼铁总厂　王志堂 …………………………………… 199

从0到1：合肥工业学校"网络信息安全"专业诞生成长记
　　——合肥工业学校　魏　飚 …………………………………… 201

情系炉台　砥砺前行
　　——马钢第四轧钢总厂　邬　琼 ……………………………… 205

耳濡目染　传承技艺
　　——歙县耕木堂徽雕工艺品厂　吴侠芳 ……………………… 207

丹心化作春雨　获得桃李满园
　　——亳州中药科技学校　吴小菲 ……………………………… 210

执刀数载　为传承坚守
　　——铜陵市中等职业技术教育中心　夏大超 ………………… 214

文都"守艺"人
　　——桐城市徽煌工艺品有限公司　项道友 …………………… 217

练技能　逐梦想　传精神
　　——马钢姑山矿业有限公司　肖　挺 ………………………… 220

与车工结缘　与传承相守
　　——马钢重机公司　谢叶华 …………………………………… 224

不忘医者初心　在传承中发展
　　——安徽中医药高等专科学校附属医院
　　　（芜湖市中医药医院）　熊　煜 …………………………… 227

怀揣汽修匠心　为国培养英才
　　——安徽省汽车工业学校　徐腾达 …………………………… 230

焚膏继晷兀穷年　扁鹊绝技献当代
　　——安徽上善若水中医研究有限公司　许跃远 ················· 233

泥火艺路铸匠心　皖陶徽瓷育新人
　　——安徽工商职业学院高职研究中心
　　　（工艺美术研究所）　杨帆 ································ 235

匠心筑梦　为职教坚守
　　——合肥职业技术学院　杨光明 ································ 239

刀木之痕　情刻徽州
　　——安徽省行知学校　杨丽 ···································· 242

工匠精神在指间飞扬
　　——蚌埠工艺美术学校　杨梅 ·································· 246

平凡岗位　精彩人生
　　——马钢长材事业部　杨长荣 ·································· 249

聚焦技术创新　传承知识力量
　　——合肥阳光新能源科技有限公司　杨宗军 ···················· 253

叶蕴芬芳
　　——安徽交通职业技术学院　叶生 ······························ 257

倾注满腔热情　勇攀技艺高峰
　　——阜阳科技工程学校　殷毅 ·································· 260

在现代科技中传承手工制茶技术
　　——安庆大别山科技学校（岳西县技工学校）　余方清 ········· 263

认真备好每一节课　精心教育每一位学生
　　——太湖职业技术学校　余业盛 ································ 266

一路芳华一路歌
　　——马钢能源管控中心　袁军芳 ································ 269

一个人　一件事　一辈子
　　——安徽徽州三雕传承艺术馆（安徽工商职业学院）　查嵘 ··· 273

传承工匠精神　创新剪纸技艺
　　——淮南联合大学　张传锦 ···································· 277

初心不改为传承
　　——阜阳科技工程学校　张晋 ·································· 280

谱写乡村育人曲　奏响边疆民族情
　　——六安市金安职业学校　张立新 ······························ 283

"醉"爱花鼓灯
　　——淮南职业技术学院　张士根 ………………………………… 289

剔墨纱灯　灯火传承
　　——芜湖电缆工业学校　张文泉 ………………………………… 293

坚守职教园地　奉献薪火力量
　　——滁州职业技术学院　张信群 ………………………………… 298

刻苦钻研　成就精彩钢铁人生
　　——马钢钢结构工程分公司　张 烨 ……………………………… 301

扎根炉台　冶炼人生
　　——马钢长材事业部　赵 滨 ……………………………………… 304

寄情农机　耕耘大地
　　——安徽电气工程学校　赵 翔 …………………………………… 308

磨砺技益精　匠心育英才
　　——安徽建工技师学院　周隆兴 ………………………………… 310

用影像诠释责任
　　——安徽银鹃影视传媒有限公司　周雅昕 ……………………… 313

传承工匠精神　用"匠心"培育新时代"大国工匠"
　　——芜湖职业技术学院　周自宝 ………………………………… 315

初心如钻　铸就人生梦想
　　——安徽省地质矿产勘查局　朱恒银 …………………………… 321

附录 ……………………………………………………………… **327**

  建设知识型、技能型、创新型劳动者大军，弘扬劳模精神和工匠精神，营造劳动光荣的社会风尚和精益求精的敬业风气，是深入贯彻落实党的十九大和十九届五中全会精神，立足新发展阶段，贯彻新发展理念，构建新发展格局，推动高质量发展的现实需要。习近平总书记在多个场合反复强调，要在全社会大力弘扬劳模精神、劳动精神和工匠精神。他在2016年视察安徽与企业界青年代表座谈时，特别指出，"无论从事什么劳动，都要干一行、爱一行、钻一行。在工厂车间，就要弘扬'工匠精神'，精心打磨每一个零部件，生产优质的产品。"不久前，在全国劳动模范和先进工作者表彰大会上再次强调，"劳模精神、劳动精神、工匠精神是以爱国主义为核心的民族精神和以改革创新为核心的时代精神的生动体现，是鼓舞全党全国各族人民风雨无阻、勇敢前进的强大精神动力。"由此可见，在党和国家最高层面，工匠精神已经得到了空前足够的重视和十分明确的肯定。

  当前，我国正处在实现两个一百年奋斗目标的历史交汇点。"十三五"规划目标任务即将完成，全面建成小康社会胜利在望，即将开启全面建设社会主义现代化国家新征程。在中华民族迈向伟大复兴的新发展阶段，新产业、新业态、新技术、新工艺不断涌现，层出不穷，加快技术技能人才培养尤为迫切和重要！各行各业要把传统技术技能的传承与创新有机结合起来，进一步弘扬工匠精神，着力培养本土化、留得住的新一代技术技能人才，培育具有安徽特色的"江淮名匠""大国工匠"，为实现"十四五"安徽经济社会高质量发展、建设美好安徽提供重要的人才支撑与可靠保障。

本书在"江淮名匠"征集评选活动的基础上,讲述百位(实际99位)江淮名匠的成长故事,展现他们精彩的人生和不朽的励志精神。读者通过阅读这些名匠故事不仅可以看到普通人如何成长为独当一面的技术能手的感人事迹,感受当代中国工匠的智慧力量,更可以看到他们如何在自己与事业、小家与国家之间做出选择,体味爱岗、敬业、奉献的工匠精神。本书的出版将对我们准确理解、深刻把握工匠精神的丰富内涵与精髓,大力营造弘扬工匠精神的舆论氛围和良好环境,着力推动职业院校高度重视工匠精神的传承与弘扬有所助益,为推动我省经济社会发展、建设美好安徽发挥积极作用。

钟情职教　圆金蓝之梦

> 打造金色蓝领，不仅在于操作技能的提升，更在于职业素养的培养与提升。
>
> ——安徽冶金科技职业学院　毕 兵

厂矿锤炼　技艺精进

毕兵是安徽冶金科技职业学院自动控制系教师、中国钢铁行业职业技能竞赛裁判员、马鞍山市技能大师。

1985年，毕兵进入有着"江南一枝花"美誉的马钢（集团）控股有限公司（以下简称"马钢"）工作，成为一名电工。进厂伊始，毕兵暗自立下誓言：多学技术，学好技术。于是在动力厂检修车间工作时，他放弃了清闲的工作岗位，主动找到领导要求做繁重的电机修理工作。他拜电气修理高级技师顾立宁为师，成为一名电机修理工。电机修理工的工作劳动强度极大，虽然"苦、脏、累"是它的代名词，但毕兵却乐在其中。测量数据、绕制线圈、嵌入绕组、正确接线、精准焊接……这些修理电机的技法，毕兵都学得扎扎实实。毕兵白天苦练操作技术，夜晚到夜大学习。随着电机修理技术的不断提高，各种常规

类型的电机的修理工作毕兵都能得心应手,为厂矿电力拖动设备的安全运行保驾护航,深得师傅们的赞许。

"机会是给有梦想的人准备的。"1987年,动力厂准备给电气调整部门补充新力量,决定在全厂范围内公开考核,择优录取员工。毕兵心怀"技不压身"的信念,毅然报名参加选拔。经过严格的考核,毕兵梦想成真,拜马钢电气专家朱宝贵为师,成为一名电气调整工。电气调整工的工作内容主要包括3个方面:企业新建工程项目的电气设备调试工作;企业生产突发事故的电气抢修工作;企业大型电气设备的年终检修工作。电气调整工因此又被称为"电工中的电工",要求其具备相当高的操作技能。虽然工作要求高、任务重,但毕兵始终不怕苦、不怕累,一直坚守在工作岗位上。朱宝贵师傅说过:"技术上的事只做第一,永远不要做第二。"毕兵始终将这句话铭记在心中。毕兵憋着一股干劲,不辞辛劳、虚心好学,在岗位上精益求精。在机器轰鸣的矿山磁选设备中控室中,在热浪滚滚的炼钢炉台上,在高低压变配电所里,在冶金大型轧钢机旁……到处都能看到他勤奋忙碌的身影。

1989年的夏季,毕兵来到马钢对口援建单位——安徽贵池钢厂支援其建设。夏日的正午,酷热难耐。不一会,天空又下起暴雨,电闪雷鸣。

"嘟——嘟——嘟——"这时检修车间的电话铃声急促地响起。毕兵从电话中得知,由于山洪暴发,钢厂中控室进了水,高压电机跳闸停转了。

毕兵急忙赶到现场,仔细检测设备后发现,高压电机的运行数据出现异常。如果用常规的方法进行检修,需要一天以上的时间才能将设备修好。可生产不等人,该怎么办呢?大家的目光不约而同地聚集在了毕兵的身上。后来经过充分论证,毕兵打破常规,提出了全新的检修方案,极大地缩短了检修时间。经过5个小时的抢修,最终高压电机又发出了往日那欢快的轰鸣声。

毕兵在厂矿电气设备新建、检修和抢修工作中摸爬滚打,他的操作技能也随着工作经验的积累而日趋精湛。

我国第一条H型钢生产线的投产、马钢第一座炼钢转炉的运转、"马钢粮仓"南山铁矿的第一台备压发电机组的并网发电、马钢援建贵池钢厂炼铁炉放出第一炉滚烫的铁水……都凝聚了他奋斗的汗水。

技艺传承　圆梦金蓝

大鹏一日同风起,扶摇直上九万里。1992年,毕兵积极响应国家大力发展职业教育的号召,服从组织安排,从火热的生产一线来到马钢技工学校(安徽冶金科技职业学院前身)。

"经师易遇,人师难遇。"职业教育不同于一般学历教育,它不仅要求教师具备丰富的理论知识、高超的操作技能,还要求教师拥有高效的教学方法,要善于将自己所学的教授给学员。怎样把自己的技术传授给学员们呢?这真是个甜蜜的烦恼啊!

毕兵反复思忖、推敲琢磨,翻阅大量的图书,在教学中不断改进自己的教学方法。他去大学里进修,系统地学习教育学、心理学等课程;和同行交流教学经验,合理地制订教学计划;认真准备教案,精心备课;运用各种教学手段,努力提高教学成绩。最终毕兵在教学实践中,总结出一套行之有效的教学方法。暑往寒来,在技艺传承中,毕兵始终秉承"职业教育,技能为本"的理念,不厌其烦地教导学员。他用通俗易懂的语言来阐述艰深的电气专业理论,用科学的操作方法向学员示范电工工艺,使学员对电气自动化有更加深刻的认识。在课题总结环节,他对学员的得与失进行全面的分析,力求使全体学员的电工技能得到全面的提升。在精心培养学员具备专业理论知识和操作技能的同时,毕兵还注重培育学员的职业素养、工匠精神,树立社会主义核心价值观。通过这一系列教学"组合拳",毕兵所培养的学员在国家职业技能鉴定中,取得了优异的成绩。

从1992年至今,毕兵培养的电工有数千人之多。在国家职业技能鉴定中,这些人职业技能合格率高达99%,为社会输送了大量的电气专业人才。其中享受国务院专家津贴的1人、电工技能大师4人、企业电气高级管理人员数十人、电工高级技师及普通技师数百人。

在教学时,毕兵常常思考:怎样才能进一步提高学员学习技能的积极性,激发他们求知的欲望?经过调研,毕兵决定带领学员参加职业技能竞赛,利用"羊群效应",带领学员共同进步。

2004年,毕兵作为安徽省职业院校代表队的教练,带领选手参加全国技工院校职业技能竞赛。为了让参赛选手们不受外界的干扰,专心准备比赛,毕兵干脆从家里带了简单的生活用品,一头扎进简陋的实习工厂,和参赛选手吃住在一起。

毕兵制定了周密严格的训练方案,集训备战,从理论知识辅导、实操水平提升、干扰训练及心理测试等方面进行训练,不断提升选手的综合能力。一天晚上,在训练休息间隙,毕兵洗了苹果正准备和大家一起吃。突然一个好的训练想法从毕兵脑海中"蹦"了出来。毕兵放下苹果,和选手们在电气设备上操作了起来……等第二天毕兵想起吃苹果时,苹果早已成了耗子的盘中餐。此事一时被传为笑谈。

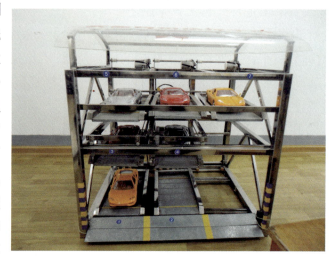

正是凭着这股废寝忘食的劲头,毕兵带领参赛选手在全国技工院校职业技能竞赛中一路过关斩将,最终斩获维修电工一等奖。当时这是安徽省在全国职业院校技能竞赛中取得的最好成绩,毕兵也因此被授予"优秀教练"的荣誉称号。

多年来,毕兵积极参加马钢和马鞍山市的职业技能鉴定、职业技能大赛辅导等工作,也多次担任马鞍山市、市属三区三县、马钢等各级各类技能竞赛裁判长和专家组成员。如2014年,他受聘担任当涂县第三届职业技能竞赛维修电工裁判长;2016年,受聘担任含山县职业技能竞赛维修电工裁判长;2017年,受聘担任马鞍山市第七届青年职业技能大赛维修电工裁判长和马钢公司第八届职工技能竞赛维修电工裁判长;2018年,受聘担任当涂县第五届职业技能竞赛维修电工裁判长等。

毕兵还亲自参加和指导学员、职工参加国家、省、市比赛,获得了30多项荣誉。如2008年,受聘担任"太钢杯"第四届全国钢铁行业职业技能竞赛马钢代表队天车工教练,指导选手杨长荣(马钢第三钢轧总厂天车工)荣获天车工竞赛第十名,杨长荣被授予"全国钢铁行业技术能手"荣誉称号;2009年,指导学员获得安徽省第三届职业院校技能大赛维修电工一等奖;2018年,指导学员参加安徽省职业院校技能大赛高职组"金属冶炼与设备检修"比赛项目,获得团体一等奖等奖项;指导学员参加全国职业院校技能大赛高职组"金属冶炼与设备检修"比赛项目,荣获团体二等奖和团体三等奖。毕兵也因此被人们誉为"金牌教练"。

常言道,"授人以鱼,不如授人以渔",毕兵深知其理。他先后参与米其林(中国)电气专业培训教材及世界银行农民工培训项目维修电工资源包的编写工作,还先后赴内蒙古、宁夏、辽宁、江苏等地开展校企合作培训。毕兵多次承担安徽省各类中职学校电气专业教师培训班的教学工作,恪尽职守,心系未来。毕兵从教近30年来,多次荣获"优秀教师""优秀教育工作者"的荣誉称号。2019年,又荣获"优秀培训师"的荣誉称号。2019年3月,"毕兵技能大师工作室"经马鞍山市人力资源和社会保障局批准成立。

毕兵常说:"职业院校的教师就是加油工,只有加油努力工作,企业的航船才能更加平稳地向着现代化的海洋破浪前行。"如今,毕兵仍然奋斗在职业教育第一线,在"打造金色蓝领、培育大国工匠"的征途中,不忘初心,砥砺奋进!

是金子总会发光

只要是金子，无论在哪里我都会发光，照亮自己和他人。

——安徽合肥机电技师学院　巢　杰

巢杰虽然曾为自己是一名职校生而灰心过，但很快他便选择了坦然面对。因为他坚信，即使高考失利，然而金子总会发光的。巢杰认为，作为一名职校生，只有苦练技能，将来才能在社会上占有一席之地。于是他抓住每一次实习的机会，从零学起，埋头苦干，多看、多想、多问、多练。功夫不负有心人，巢杰凭借勤学苦练，最终成为一名焊接高级技师，先后荣获中央企业技术能手、中央企业青年岗位技术手、合肥市双师型教师等多个荣誉称号。

作为一名普通教师，巢杰忠于党的教育事业，以教书育人为本，以敬业奉献为根，以强烈的事业心和责任感爱岗敬业，勇于创新，努力做好工作，力争在平凡的岗位上做出不平凡的业绩。

一直以来，巢杰尽心尽力完成本职教学工作。通过这些年的教学实践，他还摸索出一套行之有效的教学方法，使学生的焊接技能有了质的飞跃,基本实现了从初步接触焊接专业到适应企业焊接工作的无缝对接。在培训教学的过程中,巢杰认真讲授焊接理论知识,并带领学生投入焊接实践,帮助学生解决生产实践中的难题。

"普通教育有高考,职业教育有大赛。"当前,技能竞赛活动的开展和参与情况已经成为衡量职业学校教育教学质量的重要标准之一。巢杰在学校长期承担技能竞赛的指导工作。无论是严寒还是酷暑,他都能坚持带领学生参加实训,依靠自己扎实的专业功底和乐于吃苦奉献的精神,推动学校在技能竞赛上取得突破。一分耕耘,一分收获。近年来,巢杰所指导的多名学生在省、市焊接技能大赛中屡创佳绩,先后获得合肥市职业院校焊接技能大赛一等奖2项、二等奖4项、三等奖6项,获得安徽省职业院校焊接技能大赛三等奖1项。

巢杰坚信自己将会一直默默守护着职教园地,为培养学生成长成才奉献一生。

职业教育冲锋者　三尺讲台教学新

教给学生本领，教学生做人。

——芜湖机械工程学校　陈冲锋

近年来，我省职业教育体系不断完善，办学模式不断创新，招生规模和毕业生就业率再上新台阶，职业教育驶上了发展的"快车道"。在这个背景下，芜湖机械工程学校教师陈冲锋立足于自己热爱的职业教育岗位，潜心钻研教学，在数控技术应用专业教学中精益求精，在平凡的岗位上做出了不平凡的业绩。他的3次职业转型经历，让人们认识到了职教人的工匠精神。

从乡村少年到技术能手

20多年前，数控技术应用专业在很多高职院校还是一门新鲜的专业。这门专业对于生活在宿州农村里的陈冲锋而言，更是闻所未闻，但是这并不妨碍热爱机械、钟情数控技术的种子在陈冲锋心中发芽。"小时候，家里的拖拉机出了问题，都是父亲解决的，他还手把手教会了我如何修理拖拉机。从小我就对机械制造产生了浓厚的兴趣。"阔别家乡的20年里，在陈冲锋对那片土地的记忆中，除了有大麦、玉米、大豆和棉花，还有一台经常出问题的拖拉机。

2005年，陈冲锋进入安徽机电职业技术学院后，接触到数控技术，埋藏在陈冲锋心中的那颗热爱机械制造的种子破土而出。。通过2年的专业学习和实操训练，他对数控机床越来越熟悉，专业成绩在班级里也一直名列前茅。

2007年，深圳富士康公司来到学院对口招聘员工。虽然只招聘几十人，可报名参加招考的学生竟有几百人之多，竞争非常激烈。在当时，能够进入这样一家全国知名企业工作是很多学生的梦想,陈冲锋对此也心生向往。经过笔试、面试、体能测试等,陈冲锋最终如愿进入了这家企业工作。

从学生到蓝领不仅意味着身份的改变,还意味着对心态的历练。陈冲锋说:"进入工厂实习时,我才发现,在学校学的很多内容不能运用于实际工作中,但我没有退缩。在师傅的指导下,我没日没夜地练习,一点点地熟悉并掌握流水线加工技术。"得益于在校期间实操训练中形成的扎实功底,在3个多月的实习期后,陈冲锋成为车间为数不多的能实现"零废品"生产的技术能手,他甚至能够一个人同时操看4台机床。

技术能手、班组长、车间主任……如果不出意外,陈冲锋可能会按照这样的轨迹成长起来,成为工厂里一颗冉冉升起的技术之星。然而3个月后,陈冲锋人生发生了第二次转折……

从工厂蓝领到育人新秀

进厂3个月后,在一次偶然的机会下,陈冲锋回到母校,成为一名年轻的实训指导教师。实训指导教师,顾名思义就是负责"带学生实际操作设备"的老师。操作设备对于在工厂积累了丰富经验的陈冲锋来说并不难,然而完成从工厂职工到教师的职业转变并没有想象中的那么容易。

陈冲锋说:"工厂的实际操作和教学生是两回事。在工厂里,每名工人只负责流水线上的一个环节;而教育学生则意味着自己不仅要懂得如何操作机器,还要懂得如何将方法和技术教给学生,让学生不仅知其然,而且知其所以然。"从理论走向实践,凭着埋头苦干的劲头这或许不难;

从实践回归到理论,则要求教师必须具备教学智慧和更加刻苦的钻研精神。

担任实训教师的第一个月里,陈冲锋和同期入职的另外两名同事组成了业务研讨小组,每天"泡"在实训室里。他们从分析图纸开始,反复演练编程、校验和试切的每一个步骤,反复做实验,就是为了能在课堂上向学生们呈现最佳的教学设计和技术方案。"那段时间,我们吃住都在实训室里。晚上累了,就在木板上躺着睡一觉,第二天醒来接着上课。"陈冲锋感慨道。

功夫不负有心人。凭着精益求精的工匠精神,在2008年的安徽省职业院校技能大赛中,陈冲锋带领的团队获得数控车项目第一名。再回头看这次比赛时,陈冲锋觉得这次比赛对于他而言具有非常重要的意义。"经过这次比赛,我们的团队获得了认可,也进入了全省数控技术第一方阵。"陈冲锋说起这次比赛时,自豪之情溢于言表。

从三尺讲台新教师到职业教育的冲锋者

2009年,陈冲锋迎来了他职业生涯的第三次转折:他进入了芜湖机械工程学校任教。如何让学生在职业教育中得到发展,如何为社会输送技术人才,从而体现职业教育的价值,成为陈冲锋需要思考的问题。

虽然学生们都很喜欢上陈老师的专业课,但是细心的陈冲锋发现,在给学生们上车工理论课的时候,即便使用了多种教学方法讲授机床内部传动原理,但绝大多数学生还是会觉得所学的东西太抽象了。学生知其然,不知其所以然,学到的东西特别容易被遗忘。对于这个问题,陈冲锋进行了深刻的反思。后来他把3D打印技术"搬"到课堂上来,帮助学生理解抽象的理论,最后成功地解决了这一难题。他大胆尝试教学改革,将零部件测绘、CAD绘图、3D打印技术等融为一体,创新性地开设了一门综合实训课程。

陈冲锋回忆说:"我们成立了工作室,选了几名学生,连续工作了3个多月,天天在车床实验室里拆解机床。我们将每一个零件都拆了下来,利用千分尺等精密量具测量零件尺寸,然后再用软件建模、修模。光修模这个环节,我们就做了2个多月。"

在这段探索教学改革的过程中,陈冲锋经常在实验室里一待就是一天。一个月下来,人都瘦了好几斤。"一分耕耘,一分收获。"新的教学模式符合中职学生学习和技能培养的特点,学生能够积极主动地去学习,而陈冲锋的课也成为最受学生欢迎的实训课程之一。而受益于实训操作,学生们中级工考证的考试通过率达到了90%。他们走上工作岗位后大多能很快适应岗位要求,受到用人企业的欢迎。

普通高中有高考,职业学校有技能大赛。为了提升学校技能竞赛成绩,陈冲锋带着学生们每年从正月初五就开始集训。在集训期间,陈冲锋和学生们刻苦训练,饿了就吃方便面,困了就在教室里用桌椅搭成的临时床铺上休息。2010年以来,他和团队先后带领学生参加安徽省、芜湖市中职学校技能大赛,获省级奖项20多个、市级奖项50多个。陈冲锋个人也多次在全国、省及市技能大赛中取得优异成绩。他参与研发的微型高精密金属3D打印机已经正式投产,并在2018年获得第一届京津冀-粤港澳(国际)青年创新创业大赛南方赛区最佳团队奖和全国总决赛铜奖。

从教10多年以来,陈冲锋立足职业教育岗位,一门心思扑在技术研

发和教学上,取得了丰硕的专业技术成果。他先后获得芜湖市"技术状元"、芜湖市"首席技师"、芜湖市"十大杰出青年"等荣誉称号及芜湖市"五一劳动奖章"、芜湖市劳动模范等荣誉,并获批成立了芜湖市劳模创新工作室、芜湖市陈冲锋技能大师工作室、安徽省陈冲锋技能大师工作室、省级名师工作坊。陈冲锋现被聘为"一带一路"暨金砖国家技能发展与技术创新大赛3D打印造型技术专家。

教书育人,爱岗敬业。这是陈冲锋一直恪守的职业准则,也是他热爱职业教育工作的真实写照。他认为,职业教育旨在满足个人的就业需求和工作岗位的客观要求。职业教育侧重于实践技能和工作能力的培养。职业教育工作者应该在推动社会生产力发展、加快国家产业结构的调整与转型中与时俱进,开拓创新,成为新时代职业教育事业发展历程中的冲锋者。

匠心逐梦　传承弥新

> 工作是一种修行。在修行的道路上应沉得下心，耐得住寂寞，这样才会终有所成。
>
> ——马钢冷轧总厂　陈德春

敬业与坚守

现年55岁的陈德春是马鞍山市技能大师工作室的带头人、马钢集团首席技师。陈德春退役后被分配到当时的马钢公司初轧厂，成为一名技术工人，从事设备机械维护工作。在工作中，他依旧保持军人本色，勤奋好学、刻苦钻研，不畏艰难、勇挑重担，很快成长为一名技术尖兵，并被聘为所在区域的大班长。

时光荏苒，2002年对于陈德春来说是不平凡的一年，是极具挑战的一年。随着马钢奏响了"十五"钢铁主业结构调整序曲，陈德春所在的单位实施转产改造、冷轧薄板工程开工建设，而他从维护设备岗位转到镀锌生产线上工作。虽然全新的角色意味着一切从零开始，但陈德春不畏困难。他暗下决心，一定要把镀锌生产线设备、工艺、操作学懂学精。后来单位选派他先后赴武钢、宝钢以及德国蒂森克虏伯等国内外先进镀锌生产线进行学习。陈德春"干一行、爱一行、钻一行"，很快便掌握镀锌线工艺理论、设备结构和操作技能，成为马钢首条热镀锌生产线

上一名出色的操作人员。2005年,马钢具有国际先进技术的连续热镀锌的2#镀锌线入列。为了能够尽快驾驭这条技术含量高、操作工艺复杂、产品定位高的生产线,陈德春经常与技术人员一起交流、探讨和实践生产线的各种工艺参数,持续提高自身的技能水平。

宝剑锋从磨砺出,梅花香自苦寒来。2009年,陈德春参加马钢公司举办的第四届职业技能大赛,取得了镀锌工理论考试和实践答辩双第一的好成绩。他被公司聘为技师,并被授予热镀锌工"技术状元"称号。

站在新起点上,陈德春对自己的要求更加严格了。在工作上,他兢兢业业,任劳任怨,无论是在节假日还是在平时,只要生产线出现了问题,他总是在第一时间赶到现场查找原因、排除故障,直到生产线恢复正常后才离开。针对镀锌生产过程中出现的各种产品缺陷问题,陈德春总是在生产线上仔细查找产品产生缺陷的原因。2012年7月底,生产过程的带钢中间在光整机后出现一条连续的亮带。按照常规,机组立即进行工作辊换辊处理,但换辊后问题仍然存在。各方人员没有在第一时间内排查出原因,陈德春急在心里。如果不能及时把问题处理掉,那要么生产线停产,要么会生产出来大量的降级品。无论哪种情况,都会给企业带来巨大的损失。既然亮带缺陷出现在光整机工序后,陈德春决定追根溯源,逐一进行排查。光整机、工作辊加工车间、协作单位镀铬车间……陈德春仔细查看镀铬车间里准备镀铬的工作辊辊面,发现辊面上存在一条肉眼几乎难以识别的细微色差,原来问题出在工作辊打磨处理上。于是陈德春再度返回磨辊车间检查打毛机,发现有一个电极头火花太弱,导致辊面粗糙度不均而使生产过程中带钢出现缺陷。

在1#镀锌线3.0mm超极限厚度产品的开发、产能释放过程中,陈德春带领团队克服设计能力不足等困难,研究焊接参数,优化各段张力匹配。针对存在的问题,他同技术人员一起追踪、排查生产过程中的不稳定因素,最终解决了卸卷困难、优化组产等一系列难题,成功开发了3.0mm超极限厚度产品。

而在2#镀锌线生产0.3mm批量组产攻关时,针对薄规格瓢曲、炉辊打滑、速度不匹配、表面划伤等一系列难题,他通过不断摸索,先后提出优化极限薄规格生产、提高锌锅辊粗糙度和优化炉内张力匹配控制等建议,优化了生产工艺和组产模式,保证了0.3mm极限薄规格产品的稳定生产。

伴随着马钢高速发展,陈德春也从一名维修人员成为岗位操作人员,其以忠诚、敬业、执着、创新的劲头,将工匠精神融入实际工作,不断成长。2017年,陈德春被马钢集团公司聘请为首席技师。

创新与传承

新起点,新高度,陈德春深感自己的使命和责任重大。自担任公司首席技师以来,他始终坚持以问题为导向,立足现场,带领总厂涂镀团队紧紧围绕降本增效、稳定生产、提升产品质量、提高操作技能实施技术攻关和开展创新活动,先后完成总厂"1#镀锌线格力卷外观件色差改善""2#镀锌线退火炉炉辊速度不匹配改善攻关""3#镀锌线带钢清洗效果的改善""4#镀锌线厚镀层薄规格镀层不良"等数十项课题。陈德春还发表论文3篇,申报发明专利6项、实用新型专利6项,制定和优化操作作业指导十多条,申报秘密技术8项。其中"马钢镀锌汽车板生产技术攻关"项目获公司二等奖,"优化切边剪隔环、重合度参数,提升汽车板切边质量"建议获评公司合理化建议一等奖,"超极限3.0规格产品攻关批量生产"项目获公司岗位创新创效三等奖。陈德春为产品质量提升、新品研发、降本增效、提高员工技能等做出了积极贡献。

"一花独放不是春,百花齐放春满园。"陈德春深深明白这个道理。他在刻苦钻研业务、埋首技术攻关的同时,不忘"传帮带",努力将知识与经验传授给年轻人,促使技术团队业务能力的整体提升。为此,他组织编写了岗位作业指导书、马钢镀锌工网上练兵试题库;牵头冷轧工匠基地8个工匠团队开展各项工作,结合员工实际操作技能开展培训达160个课时;多次开设冷轧人讲坛技能专题论坛,开展安徽冶金科技职业学院工学一体班教学、马钢公司金属材精整工技能大赛培训及镀锌初级工取证培训等工作。在带领和教授徒弟的过程中,将12名拥有初级操作技能的员工培养成高级技工人才。今年陈德春被评为马鞍山市技能大师工作室领衔人。对此他表示,在新的征程中,自己将不忘初心、砥砺前行,做好马钢涂镀产品品牌建设的排头兵。

坚守匠心　助力非遗文化进校园

守望，不只是传承。
　　——滁州市机电工程学校（安徽滁州技师学院）　陈海珍

忠于传承

陈海珍，安徽无为人，毕业于阜阳师范学院美术学院，现为安徽省美术家协会会员、滁州市美术家协会会员、凤阳凤画研究会理事、安徽省创新行动计划项目凤画技艺大师工作室项目组成员。

在很小的时候，陈海珍就跟着父亲学画，伴着父亲哼着的"凤阳是个好地方"的小曲长大。2005年大学毕业的陈海珍被分配到凤阳县城东中学工作后，先后跟随德高望重的马夕林、吴德椿、涂维良老师学习凤阳凤画，后又拜马夕林为师，和凤画艺人马立敏一起学习、研究和创作凤阳凤画。从此，陈海珍扎根于凤阳这块沃土，与凤阳、与凤画结下了不解之缘。

匠心筑梦

在各位老艺人的指导下，陈海珍承继独特的民间艺术风格和陈式蛇头、龟背、鹰嘴、鹤腿、如意冠、九尾十八翅等技艺；在绘制技法上，以民间工艺色彩为主，吸取了中国工笔花鸟画的勾线敷色技法与现代色彩表现手法；在凤画创作材料的运用上，除运用传统材料外，还在进行用材的拓展与文创产品研发方面的探索。

陈海珍的作品多次在国家、省、市级比赛中获奖。她的作品《畅》入选第六届中国农歌会全国农民画作品展;《鼓动的新农村》入选"中国精神·中国梦"全国农民画创作展;《农家乐》入选"中国精神·中国梦"暨凉都福地、生态水城"全国农民画展;《秋韵图》入选首届安徽民间工艺精品展;《冬韵》《春》在《美与时代》《美术学刊》等期刊上刊登。陈海珍所在的凤阳凤画研究会还积极举办凤舞中华巡展,致力于推广凤阳凤画。

陈海珍说:"凤阳凤画不仅让我结识了一群有着共同语言、共同梦想的兄弟姐妹,还可以让我以教师的身份在孩子的心中种下保护、传承非遗的种子。"

近年来,陈海珍辅导的学生多次在安徽省职业院校技能大赛中获奖。与此同时,陈海珍还多次组织学生开展凤画现场展演活动。她还担任了传统文化项目凤画主讲老师,协助教育体育局办好传统文化项目专兼职教师培训班。

匠心、筑梦、自信、感恩,这是陈海珍对凤阳凤画传承教育始终坚守的写照。为了让广大学生传承凤画,保护、传承滁州非物质文化遗产,坚定文化自信,勇于担起建设文化强国的社会责任,她制定了安徽滁州技师学院凤画传承五年规划,将凤画传承写入人才培养方案,成立凤画社团,开设第二课堂。为此,她还参与编写了《公共艺术美术》,向全省中职学生普及凤阳凤画知识;2019年她又参与《品读非遗》凤画部分的编写工作。在陈海珍的努力下,2017年安徽滁州技师学院被评为第二批"全国中小学优秀文化艺术传承学校";2020年,学校又被评为"第二批市级非物质文化遗产传习基地"。凤画,这项艺术必将在中华大地美丽滁州绽放异彩!

钢城匠心　为理想奋斗

创新是企业做大唯一之路。

——马钢特钢公司　陈鸿旭

马钢特钢高线分厂的陈鸿旭，自毕业后就被分配到高线厂工作，为高线分厂奋斗了半辈子。他一直从事轧钢加热炉的操作、维护、检修、技改工作，主持和参与了高线加热炉的设计、新建以及马钢公司一些重点攻关项目及安徽省科技重大专项项目。由陈鸿旭带领的脱碳攻关团队，通过利用样块试验法（已申报专利）和加热炉的适应性技术改造（已获专利）提高了马钢高线弹簧钢的质量，满足了高端客户的需求，填补了安徽省内该产品领域的空白。他主持的加热炉燃烧效能在线智能检测与优化控制系统项目被列为安徽省重大专项项目。

陈鸿旭有着执着奋斗的精神，在工作中总是要把问题研究透了才肯罢休。正是因为这种精神，陈鸿旭才在几十年的工作中取得了很多成绩，为马钢创造了大量的财富，是马钢不可多得的人才。他根据自己丰富的实践经验，多次以最低的成本解除了困扰生产的"疑难杂症"。他参与的科技项目"Sialon复合耐热滑块的研制与应用"通过了安徽省科委技术成果鉴定,每年为公司直接创造经济效益400万元;其制定的加热炉水梁技术改造方案及应用,彻底解决了困扰公司多年的线材加热炉水梁漏水的难题。陈鸿旭多项攻关项目获得了公司职工创新创效二等奖、安徽省科技成果奖、马钢公司最优合理化建议奖、马钢公司三级合理化建议奖等奖项,多项相关成果已申请专利。

陈鸿旭于2017年被公司聘为加热首席技师,他积极发挥技能骨干带头作用,鼓励职工围绕公司生产经营建设难点、重点,开展技术攻关、技术创新和科技成果转化等扎实有效的活动,以解决技术难题,推动绝技、绝活的传承,促进高技能人才成长。他还在厂里创办了创新工作室,为职业技能发展提供研究平台和交流学习的基地,为公司和社会培养了一批善于解决问题的技能型、学习型人才。

追梦青年

但行耕耘,莫问收获。

——安徽江淮汽车集团股份有限公司　陈　凯

"但行耕耘,莫问收获。"这句朴实无华的话是陈凯的座右铭,也是他工作状态与职业精神的真实写照。正因坚守自我、不断追求进步,年纪轻轻的他在数控车工这一精密加工领域里已成为佼佼者,令同行心悦诚服。

在大赛中历练

"对三个件进行加工,要求将它们组配在一起,结果只有我完成了。"陈凯的语气很淡定,微微透着一丝喜悦,而其他的选手在规定的4个小时内只完成了"半成品"。就这样,在2014年集团公司第八届职业技能大赛暨江淮汽车集团股份有限公司第十八届青工技能大赛数控车工组比赛项目中,陈凯如愿折桂。

2011年刚入厂时,陈凯就崭露头角,在轻型商用车制造公司举办的"2+1"技能大赛中斩获了第二名。有了这样的历练和基础,2012年陈凯乘胜追击,先后拿下江淮汽车集团股份有限公司和集团公司数控车床比赛第二名,并代表公司参加安徽省第五届技能大赛,将数控车工组季军收入囊中。陈凯也因此获得省级"青年岗位能手"荣誉称号。

　　随后,陈凯参加了全国大赛。在全国大赛中,高手如云。陈凯虽然做了很多的准备工作,但这一次却只获得了第40名。陈凯并没有纠结于比赛结果,而是把这次比赛当成一次与同行切磋技艺的重要机会。陈凯说:"国家级比赛重在参与,要在比赛中看到自己与别人的差距","比赛使用的机床整个安徽省都没有,我们平常用的机床系统是法兰克系统,而比赛用的是西门子系统,去比赛的时候我连机床都打不开。"因为不了解比赛用的操控系统,陈凯与参赛的队友只能选择使用计算机编程模拟加工的方式进行比赛。

　　"同样的机床,同样的部件,同样的刀具,我1个部件还没有完工,而盐城的选手制作了2个部件。"陈凯认为,比赛失利除了因为自己对机床不熟悉外,还因为自己切削用量与参数选择不合理。"没有发挥刀具的优势,畏手畏脚,导致比赛时间不够用。"

　　"我们与其他选手相比,还存在很大的差距。尤其在软件方面,我们的基础比较薄弱。手工编程用于一般的车床、铣床还行,但是用于四轴、五轴的加工则完全不行,计算机编程则没有这样的弊端。"陈凯深深认识到问题的所在。

追梦原来不简单

　　数控车工是现代化的产物,其生产出来的产品具有生产批量大、尺寸精度高、表面光洁等优点;按动按钮,车床就可以自行运作。这是许多人对数控加工的基本印象,陈凯起初也认为数控车工操作"很简单"。

　　2011年刚下车间那会,陈凯跟着师傅干活,顺风顺水。第三天师傅休假,陈凯独自工作,问题就接踵而来了。

　　首先,车床打不开。"法兰克机床和人有关节炎一样,阴天会淘气,要多开几次机。"在师傅的指导下,陈凯好不容易启动机床,然而机床开动之后仍然无法干活。陈凯一查,原来机床不干活是因为机床压力不够。陈凯请教师傅后才知道机床缺少润滑油会导致压力不足,压力不足,机床则无法干活,"而师傅每天都会给机床加油"。

好不容易一切准备就绪,更换刀具之后陈凯开始干活,岂料更大的麻烦出现了:加工工件尺寸不对,一台前轮壳就这样报废了。

没有办法,陈凯只好再次打电话求助于师傅。原来刀具在加工时会不断地被磨损,加工出的工件的尺寸会不断变大。而新更换的刀具因为没有被磨损,不能加工出尺寸合适的工件。所以要想加工出尺寸合适的工件,就必须缩小工件尺寸,然后采取"补刀"的方式将机床调整到最佳状态。

"我看师傅干活时,按个按钮就行了,以为机床操控很简单。然而并不是这样。"陈凯后来掌握了师傅的"窍门",彻底改变了对数控加工的看法。"把所有的准备工作做好了,工作就简单了。"

有了这样深刻的教训,陈凯再也不敢轻视工作,而是扎扎实实学了起来。勤于动手,敏于思考,陈凯成为金一班组的"全岗通"。"每个厂家送来的毛坯料加工余量都不相同,要根据厂家送来的料的不同,在适当的时间进行毛坯料尺寸测量、更换刀具。这样既可以保证加工精度,又可以让刀具物尽其用,降低成本。"这是陈凯在工作中总结出来的经验。

陈凯说,数控机床和人一样都有"脾气",只有掌控好数控机床的"脾气",机床用起来才会得心应手。如今陈凯已经养成了习惯,每天早上7点20分就到车间提前检查、运行机床。"让机器处于稳定的运行状态是生产出合格产品的前提条件,这也是金一班的传统。"陈凯笑着说。

通过自己的不断努力,2014年底,陈凯在合肥市团委与人社局开展的第二届寻找"最美青工"的活动中,获得"青年岗位能手"荣誉称号。

2015年,他还被团中央评选为"全国最美青工"。

"要勇于追梦,敢于追梦,勤于圆梦,有梦就有未来!"这是陈凯的追梦宣言。陈凯希望自己能够继续行进在追梦的路上,不断进步,不断成长!

专注机车促成长　砥砺前行守匠心

没有什么可以阻止学习的脚步,只要肯学、肯钻研、肯尝试,就没什么学不会的。

——马钢铁运公司　成　鹏

在普通人眼里,驾驶内燃机车就是在两条固定的铁轨上牵引着车列跑,看起来很简单,实际上这条"龙"并不是那么容易驾驭的。要"拉得动、行得稳、停得住",不是单靠提提操纵手柄就可以做到的。除了需要严格执行"彻底瞭望、确认信号、高声呼唤、严控车速"这16字方针外,司机还需要做很多工作。在整备作业中要做到望、闻、问、听,及时发现问题,排除故障;在运行中,要观察前方线路、信号,还要观察机车转速、电压、风表、温度等各项仪表数据是否正常,了解安控装置上机车运行的实时位置、速度以及机车工作计划,熟悉机车经过的各个站点和线路的情况,随时应对可能发生的侵入铁路限界等意外情况,发生意外情况及时采取有效措施。

成鹏就是这样一名勤勤恳恳工作在岗位上的机车司机。成鹏,马钢首席技师、马钢铁运专家库成员、成鹏技能大师工作室的核心成员。成鹏1997年光荣退伍,来到铁运公司机务段工作后,就与火车头结下了不解之缘。23年来,他怀着对铁路运输事业的热爱,勇于担当、乐于奉献、刻苦钻研、砥励前行,在平凡的工作岗位上做出了不平凡的业绩,逐渐由一名普通的职工成长为铁运公司优秀共产党员和高技能人才。

专注机车促成长

进厂之初,成鹏便与机车结下不解之缘,一路从蒸汽机车司炉、副司机、司机成长为内燃机车副司机、司机、司机长。他干一行,爱一行,钻一行,成为同批进厂青年中的领跑者。

内燃机车结构复杂、电路繁复,乘务员的机车操作水平和应急故障处理能力在一定程度上决定了运行中的机车设备故障出现概率的大小。如何在复杂的情况下准确判断出故障点,快速排除故障,需要依靠专业知识的积累、丰富的经验和精湛的操作技术。只有这样才能有效地减少机车设备故障的发生,提高机车利用率,保障运行安全。

要想驾驶这个让铁运人引以为豪的加长版"跑车",就必须认真学习内燃机车理论知识,全面掌握内燃机车操作技能。凭着不服输的劲头,成鹏顺利地取得了内燃机车司机资格证,并在2006年被任命为GK1C-0372号内燃机车司机长,在成长的路上开始了新的征程。

2009年,成鹏第一次参加马钢内燃机车司机技术技能大赛,取得理论知识和实践操作技能总分第三名的好成绩;2010年、2011年,成鹏两次参加马钢公司职业技能大赛,均荣获二等奖,并获得马鞍山市"技术能手"和"马钢公司技术能手"称号。2016年他还在全国钢铁企业"职工网上练兵"比赛中获内燃司机组第十二名,荣获"优秀选手"称号。

凭借着勤劳务实的工作精神,成鹏竞聘为铁运公司机务段三作业区作业长,成为100多名乘务员和十几台内燃机车的管理者。他带领全作业区人员开展技能比武、修旧利废活动,针对工作提出合理化建议,并积极开展创新活动,提高在线机车利用率,把处理故障的方法和防范故障产生的措施编写成单点课,规范了乘务员操作,为铁运公司安全运输、保产工作打下坚实的基础。

砥砺前行守匠心

2017年,成鹏被聘为马钢首席技师,是铁运公司获得此殊荣的第一人。

作为马钢首席技师,成鹏围绕铁运公司安全运行、绿色铁运及降本增效三个重点开展课题攻关工作,先后承担并完成了机车安全监督系统升级改造、GKD1型内燃机车无线遥控改造、马钢内部铁路铁水液传内燃机车信令无线遥控改造、内燃机车乘务员教学培训模拟操作台等数十项技术改造和课题攻关项目。液传内燃机车遥控标准化作业程度高,大幅度降低了现场作业人员的劳动强度,为公司推进标准化和人力资源优化提供了支撑。成鹏结合自己掌握的理论知识及实践经验编写了《GK1C内燃机车作业指导书》,将机车各部件位置、外观及点检要求以图文形式进行了描述,方便乘务员进行物件辨认、了解点检要求及技术标准,帮助乘务员掌握故障查找及应急处理方法。成鹏还多次担任机车司机考评裁判,撰写了多篇关于机车运行的调研报告和技术业务论文,取得多项实用新型专利。二十三载专注于机车,二十三载安全行车无事故。

在成鹏的带领下,他的团队既具有扎实、深厚的专业理论知识,又拥有精湛的实践操作技能,更拥有不断创新的先进理念,是马钢公司在内燃机车运用领域技术水平最高的团队。以成鹏为核心的马鞍山市技能大师工作室更是充分发挥精英团队的力量,有效推动铁运公司技术、技能创新成果在乘务员队伍中应用和推广。

以技能大师工作室为载体 践行制造精神

——安徽江淮汽车集团股份有限公司 程 韬

程韬是安徽江淮汽车集团股份有限公司一名优秀的基层员工,在基层时刻发挥着优秀技术工人的作用。他在不断解决问题的同时,还为公司培养了大量的技术青年。

迎难而上 争创先进

程韬是高级钳工技师出身,在公司20多年的时间里逐渐成长为一名质量改进专家,主要从事解决车身制造过程出现的各类问题方面的工作。他在瑞风前门关闭力、尾门偏移、车身精度提升等改进工作中展示了技术实力。他运用科学方法系统地解决问题,同时向技术青年传授知识与经验。

在瑞风"前门关闭力"疑难问题的解决过程中,程韬运用内窥镜与三坐标结合测量的科学方法,对闭力这一无法具体测量的参数进行了量化

测量处理,将导致问题产生的缺陷完全量化,并试验装配手工样件,明确了改进方案,系统性地对其进行改进,彻底地解决了这一难题。

在瑞风"尾

门偏移"问题的解决过程中,程韬通过对大量的数据进行分析与试装验证,制定了工装调整方案。他带领质量改进小组,利用20多个午休时间,亲自动手进行操作。每天进行改进,在线跟踪,最终完成改进方案的实施,尾门偏移问题得到了彻底的解决。

吃苦耐劳　勇于担当

瑞风车型从2001年开始生产,其工装经过10多年的使用有所磨损。程韬充分调查了现有工装的磨损情况,结合夹具的结构特点与产品的质量保证要素,对地板线2#位和车身线2#位的结构进行大胆的改造,确定了MPV地板线、车身线、左右侧围线夹具40余组的关键单元及车门线、辅线的9副工装夹具结构优化复制方案,并合理利用假期有序实施安装、调试。在工装改进现场,程韬身先士卒,放弃了休息时间,甚至在节假日,仍活跃在生产线上。在车身线改造项目中,他每天从早上8点一直工作到夜里12点。在遇到输送线同步改造、调试车身无法下线检测的问题时,他硬是带着调试小组,用肩膀将一台台车身从线体上抬了下来,最终保证项目改进按期完成。

刻苦钻研　夯实基础

由于早期设计工艺较为落后,瑞风产品的质量保障需求远远多于其他产品,而这要求技师要理解产品早期设计理念。为了更快、更有效地提升瑞风车身精度,程韬将10多年前瑞风标杆进口车身、瑞风初期调试的测量标准和部分设计图纸找了出来,对其进行系统的分析、优化,并结合现有车身产品技术,重新修订了瑞风长穿梭、短穿梭及全序产品件的精度标准,制定了三坐标测量标准。同时,在车身精度标准修订过程中,他发现多处车身左右同特征点处存在不一样的测量标准的问题。他通过研究原图,并结合车身的改进依据修订当前车身测量标准,保证车身左右同特征点处拥有对称测量标准,为车身制造精度的确定提供了可靠的依据。

优化工艺　创新发展

在车身制造过程中,如何不断优化制造工艺、降低车身制造成本是全体基层技术质量人员工作的一个重点。程韬在充分认识车身制造工艺特性后,提出了优化冲压坯料尺寸、合并模工艺、焊装BPR胶运用等工艺方案,为公司节省了大量的成本。从2014年到2019年,程韬通过优化瑞风冲压、焊接工艺,为公司节约成本共计560万元。同时他针对焊装夹具定位,开发了几种实用型夹具定位机构,如侧围夹紧固定机构、可调节车身尾门装具、利用孔洞制作的专用夹爪机构等均申报并通过了国家专利认证。

程韬在公司工作的23年里,立足岗位,不断创新,以"程韬车身品质技能大师工作室"为载体,推动团队提升能力。而工作室也一步步成长为肥西县级、合肥市级、安徽省级、国家级技能大师工作室。同时,他系统地开展车身制造各类难点问题的攻关工作,取得了显著的成绩。未来,程韬将继续践行工匠精神,在创造创新的道路上奋力前行。

攻坚克难　勇于创新

> 持之以恒地学习技能，善于发现问题和解决问题，你就会感受到收获的喜悦。
>
> ——马钢炼铁总厂　戴　滨

戴滨现为马钢炼铁总厂职工，先后参与过马钢多项高炉重点工程建设，掌握了丰富的炼铁工艺知识，积累了丰富的实践工作经验。他2001年被聘为高炉原料工技师，2005年被聘为马钢技能专家，2009年至今一直是马钢首席技师，2017年被授予"安徽省技术能手"荣誉称号，现为"戴滨创新工作室"领头羊。

戴滨是高炉系统操作与技术攻关方面的专业人才。2003年，他的2500m^3高炉槽下"动静条自清理筛网"振动筛的研制与应用和小粒烧结矿的回收利用技术获省级科技成果奖。2009年，戴滨"高炉炉顶矿石时，解除二次均压阀充压，降低氮气消耗"的建议获公司一级合理化建议奖。

2010年，他的高炉系统节能增效新技术集成获安徽省科学技术奖二等奖。2012年12月，以戴滨命名的第一个职工创新工作室正式成立。2013年，2#高炉炉顶上料闸改为上阀箱结构技术获评为安徽省重大合理化建议项目并获技术改进成果奖。2014年，戴滨参加马钢重点工程建设，并作为高炉上料专业组长负责高炉上料系统的工艺设计、自动化控制工艺设计、工程建设等工作。2015年，"新型皮带输送机自动防跑偏装置"和"新型无料钟炉顶齿轮箱水冷系统"两项成果获得国家实用新型专利认证。2017~2018年,"高炉矿槽区域水清洗回收利用系统""一种高炉槽下细颗粒物料回收系统""一种高炉辅料添加系统"获国家实用新型专利,"高炉矿槽区域水清洗回收利用系统及其使用方法"获国家发明专利。

长期与高炉相依相伴的戴滨针对高炉系统存在的各种问题展开技术攻关和技术创新工作。2013年,他带领创新工作室团队设计发明的新型无料钟炉顶齿轮箱水冷系统,能够控制齿轮箱温度,减少高炉炉顶氮气消耗量,年节约成本270多万元。他的高炉槽下落物清扫改造方案可以减少汽车运输费用和回收利用落料,全年为公司节约成本500多万元。在马钢4号高炉重点工程建设中,戴滨提出的改变高炉槽下工艺布置的方案成效显著,一举为工程投资节约成本430多万元。

攻坚克难 助推高炉生产创佳绩

由于长期扎根于生产一线,戴滨对高炉生产组织、设备、工艺等驾轻就熟,对制约和影响高炉稳定顺行的薄弱环节和大小问题都了如指掌。通过提高职工操作技能和实施技术攻关等措施保证高炉长周期稳定高效顺行一直是戴滨不懈的追求和努力的方向。

二铁总厂3座高炉槽上供料皮带头部灰斗积料一般通过汽车外运出来,其中灰斗积料中含有部分成品原料,而之前的回收方式无法把混料中的原料筛选出来。高炉冶炼原料是成本大头,有效减少原料在运输过程中的损耗、最大限度提高原料使用率是戴滨进行改造的目的。通过在原有灰斗侧下方加阀接入DN100的管道,在槽下N3、N5皮带接口处设置灰斗,将杂矿与矿系统的皮带及头部的积灰漏斗合成一个落灰方管等措施,戴滨成功地完成了改造。

在马钢4号高炉重点工程建设中,戴滨凭借数十年来积累的与高炉工程建设、炼铁工艺和设备性能等相关的知识和经验,针对高炉槽下工艺设计存在的问题与不足提出意见和建议,并提出改造高炉槽下工艺的方案。4个多月的生产实践证明,该方案成熟可靠、成效显著。

勇于创新　降本增效成果丰

2012年12月,以戴滨命名的第一个职工创新工作室在总厂正式成立。该创新工作室旨在为一线劳模、技能专家、生产技术骨干等职工,搭建展示才能的平台,推进一线职工创新团队建设,深挖职工潜能,提升广大职工的技能水平和创新能力,不断增强企业竞争能力。

在戴滨的带领下,该创新工作室创新创效,连克高炉槽下N1皮带机头部水气清扫装置改造、上料1#主胶带机电机驱动系统改造、3座高炉热风炉预热器功能恢复、高炉炉顶集中润滑系统智能改造、水冷系统热交换器技术升级等技术难题,每年为企业降本增效5000万元以上。

二铁总厂3座高炉自投产以来,每到夏季,随着气温的升高,炉顶氮气消耗量大幅增加,1#、2#高炉氮气消耗量由平时的10万m^3/天上升到13万m^3/天,每天多消耗氮气3万m^3左右。氮气成本为0.3元/m^3,这意味着每座高炉每天要多支出9000元。戴滨分析认为消耗氮气多的原因有以下几点:环境温度上升,导致齿轮箱、下阀箱热量发散减慢,设备温度上升;冷却水进水温度上升,导致热交换效率降低,调整换水频次及水流量后,效果不佳,设备温度上升;齿轮箱、下阀箱设备温度超管理上线,只能加大氮气吹扫流量以降低温度,导致炉顶氮气消耗量增加,成本上升。

为解决这些难题,戴滨带领创新工作室成员"泡"在现场,反复观察,仔细揣摩,潜心研究,最终发明设计了一种新型无料钟炉顶齿轮箱水冷系统,控制住了齿轮箱的温度,减少了高炉炉顶氮气消耗量。在不改动现有炉顶齿轮箱冷却水系统的情况下,在冷却水系统中加入小型工业冷水机(60kw),以降低齿轮箱冷却水温度,提高热交换效率,降低齿轮箱、下阀箱温度,以减少氮气消耗量。这一措施大获成功,每年通过减少氮气消耗量,节约成本270多万元。

持之以恒　提高职工技能"挑大梁"

1998年,因为勤奋好学、技能优异和工作出色,戴滨成为第四炼铁厂炼铁车间上料组大组长。针对大高炉上料系统设备繁多、人员变动频繁等诸多实际情况，戴滨多次对上料组进行班组成员培训，先后开展了上料理论知识与实践技能培训、反事故训练等活动。通过培训与考试，上料组成员操作水平有了很大的提高，适应了高强度、高要求的高炉操作需要，为马钢大高炉成为全国一流高炉做出了重要贡献。

2005年以来，针对公司工艺装备水平的不断提高及马钢开始采用大工种合并模式，公司原来使用的教材已不能满足职工培训需求，戴滨主编了"高炉运转工岗位培训教材系列"《高炉运转岗位常见故障及其处理方法》等5部近百万字的培训教材，供单位培训员工使用。与此同时，戴滨一直坚持带徒工作。多年来，他已培养出40多位岗位技师和操作能手，这些人成为该厂生产、经营、建设战线上"挑大梁"的人物。2015年他又开始为马钢重点工程编写岗位培训资料，并担任授课教师，培养岗位操作人员，为重点工程2016年顺利投产、10天之内达产奠定了坚实基础。

除此之外，戴滨还于2011年承担了《国家职业大典》中运转工岗位的修订工作；承担了总厂委托培训土耳其高炉人员及高炉开工的方案编写审定工作，参与编写了《土耳其高炉开工方案》；负责"无料钟炉顶及槽下上料"课程；参加印度高炉技术服务资料编写工作，编写了《高炉槽下焦炭自清理震动筛技术》《高炉槽下烧结矿自清理震动筛技术》《无料钟炉顶布料控制技术》等技术文件。戴滨为对内提升职工队伍整体技能，提升高炉冶炼经济技术指标，对外塑造企业良好形象、增强企业竞争力做出了很大的贡献。

让制造智能化　让技艺传承下去

> 我希望自己能够帮助学生掌握技能，让他们有能力去选择自己想要的生活，成为自己想成为的人，成为祖国建设所需要的人，也让自己成为幸福的教育人。
>
> ——合肥市经贸旅游学校　丁学冬

不忘初心　追求真我

丁学冬，毕业于安徽工业大学。大学毕业后，他进入安徽移动公司担任政企部项目经理。在待遇丰厚的工作岗位上，他没有忘记自己的梦想——成为一名光荣的教师。2014年，丁学冬通过层层选拔，顺利进入合肥市经贸旅游学校，成为一名教师，从事学校单片机及工业机器人的实训教学工作。在工作中，他一直在思考如何提升中职生的操作技能，让他们适应智能制造这个大环境。丁学冬将智能编程理念融入实训教学，让中职生学会使用智能编程，缩短自动化生产线的安装与调试时间，以实现自动化生产线的智能化改造和升级。

2017年，丁学冬参加了首届工业机器人技能大赛。那时候，合肥市经贸旅游学校还没有任何与机器人有关的设备与专业教师。丁学冬知道这场比赛对于他来说，可能更多地意味着"重在参与"，但是他还是希望自己能够带领学生创造奇迹。在比赛的前一个月,丁学冬带着学生赶往上海,参观了相关设备,学习了机器人基本操作技术。回校后,丁学冬将所拍的图片、视频进行汇总分析,解析整个比赛,从网络上查找相关资料,陪着学生在实训室住了整整两个星期,带着学生不断进行模拟比赛。在做了无数次的练习后,丁学冬指导的学生以安徽省总分第一的成绩取得了国赛资格,并最终荣获全国二等奖。俗话说"巧妇难为无米之炊",然而丁学冬却带着学生在一无设备、二无经验的情况下,克服了重重困难,做成了这"无米之炊"。

引入智能编程　让制造智能化

通过技能大赛,丁学冬开始接触到工业机器人,学校的工业机器人专业也迅速建了起来。随着教学的深入,丁学冬深刻认识到教学不能仅仅停留在点对点的示教上,中职生也应该掌握高级编程技术,能够有效地控制工业机器人,提高生产效率,提高自身的竞争力。带着这个目标,丁学冬潜心研究,将学习到的嵌入式系统相关概念融入工业机器人教学,并对实训的设备进行改造与优化。在其不懈的努力下,原本在传统工艺下需要四五个小时才能完成的工业机器人安装与调试工作现在仅需要1个多小时就能完成。这大大提高了操作人员的工作效率,增加了设备的功能。

在2019年12月举行的第三届安徽省工业机器人技术比赛中,丁学冬以教师的身份参加了比赛。面对仅仅接触了3天的国产机器人设备的他沉着应对,直接将自己设计的机器人算法运用到设备中,在赛场上示教了4个点位信息,只用了40分钟就完成了整个平台(机器人、PLC、视觉系统)的编程与调试工作,最终获得教师组一等奖。

传道授业　传承技艺

丁学冬指导的学生在单片机及机器人的各级各类比赛中,一直表现优异:在全国职业技能大赛中获二等奖5人次,三等奖4人次;在安徽省职业技能大赛中获一等奖9人次,二等奖6人次,三等奖2人次;在合肥市职业技能大赛中获一等奖6人次,二等奖8人次,三等奖6人次。

如今,丁学冬一直工作在工业机器人智能编程与教学领域,潜心研究工业机器人的智能化控制,不断研发新技术。2016年至今,丁学冬被邀请至合肥格力、海尔等企业,长期承担新员工岗前技能培训工作;2018年至今,他一直担任合肥市公共实训中心的工业机器人培训师;2019年担任安徽省职业技能大赛(高职组)工业机器人项目裁判。他还先后多次受邀前往天长工业学校、金寨技师学院和阜阳科学技术学校等学校,承担工业机器人实践方面的技术指导工作,服务于职业教育。

一直以来,丁学冬积极参与世界技能大赛——移动机器人项目的研究工作,与省内多所学校的专业老师展开交流、互助。丁学冬希望依靠智能化推动安徽移动机器人项目早日走上世界竞技舞台。

天道酬勤　为梦想坚守

> 只有在人生的道路上不断磨练自己，提升自己，才能最终成就自己。
> ——安徽江淮汽车集团股份有限公司　丁　元

提起丁元，大家都会竖起拇指说："只要他认准了目标，就会努力地去实现。"1997年，21岁的丁元从安徽省汽车工业技工学校（现安徽汽车工业技师学院）毕业后就来到了江淮汽车厂，被安排到轻型商用车制造公司车架厂工作，一干就是23年。在这23个春秋里，身边的同事换了一拨又一拨，而他却始终风雨无阻地奋战在焊接工作的最前线。在学校里成绩一向突出的丁元，刚进厂时本以为自己在焊接方面可以驾轻就熟、马上出师，但是动手操作的时候，接连碰了许多钉子。这时他才发现理论学习和实际操作还是存在很大差距的。

学习焊接技术可不是一件容易的事情。就拿"蹲"来说，过去丁元每天都要蹲一两个小时，腿蹲得都直不起来，晚上回家后，膝盖和小腿痛得根本让人睡不着觉。这还不算什么，最让丁元难受的要数焊接金属时焊枪发出的热量和刺眼的光。焊接时焊枪的温度有几千摄氏度，丁元的手臂和脸部经常被烤得脱了皮。夏天气温高，容易出汗，汗水流过，脱皮的地方针扎似的痛。焊枪发出的刺眼的光经常晃得丁元头晕眼花，坐在那里半天起不来身。尽管有太多的艰辛和不易，有太多的困难要去克服，丁元总是笑着说："既然认准了目标，那么为了梦想就要努力地去追求！"

通过自己的不懈努力，丁元接二连三地获奖。他先后获得公司焊接技术状元、优秀员工、劳模、优秀共产党员、优秀培训教师、师傅典范、合肥市技术能手、职工技术标兵、青年岗位能手,安徽省"538"拔尖人才等荣誉称号。丁元的工作室还获得过安徽省机械工会创新工作室、安徽省优秀质量小组奖、安徽省技术成果二等奖、安徽省技能人才培养成果奖等荣誉称号和奖项。

高精尖技能项目攻关

丁元不仅是一个焊接高手,还是一个"发明家"。拼装焊接轻卡纵梁与加固板无专用工具,为了缩小拼装焊接时的间隙,只能用手动扳手夹紧轻卡纵梁与加固板。这不仅导致生产效率低,而且增加了劳动强度。丁元通过摸索和实践,制作了专用工具,将手动扳手改为气动扳手,使工作效率提高了70%,降低了班组员工的劳动强度。

"在人生的道路上不断磨炼自己,提升自己"是丁元的座右铭。他始终把提高职业技能和自身素质放在第一位,充分利用各种学习机会学习专业理论知识,不断提升自己、充实自己。2010年,公司成立王振宇焊接技能大师工作室,丁元以骨干和大师的身份在工作室中发挥重要作用。在其不断努力下,工作室先后获得安徽省职工创新工作室、省技术创新成果奖、省技能人才培养成果奖等荣誉称号和奖项。在王振宇焊接技能大师工作室的10年里,丁元从一位普通的学员渐渐成长为一名大师。除了承担工作室日常管理、计划编制、总结、活动策划等工作外,丁元还负责多个自主开展的多个项目,近3年来为公司创造效益近200万元。

丁元把新工艺和新方法运用到生产中,完成了第一台校车底盘车架的焊接。国家对校车安全越来越重视,校车市场不断扩大,为满足校车市场的需求,底盘技术部门设计开发了校车底盘,但是因为无专用成型模具,所以所生产出来的纵梁需重新进行切割、拼装、焊接,产品质量无法得到保证。为了保证纵梁的孔位精度，使轴距长度一致，车架厂决定由技能大师王振宇牵头、以丁元为骨干，带领工作室成员成立攻关小组，从画线、做样板、切割、焊接等关键工序入手，以解决难题。2012年由丁元主导完成的校车焊接合计142台，合格率高达100%。他还把新技术成果运用于第一台军车驾驶室防雷板的焊接，填补了安徽省内军车生产技术领域的空白。

坚持"传帮带" 培养高技能人才

丁元在严格要求自己的同时，还始终把"传帮带"放在心里。近3年来，他共培训学员600人次左右，鉴定技能近50人次；所带学员在合肥市级比赛中包揽前三名，并获得"技术状元"和"技术能手"称号；所培训的学员有6人获得焊接高级技师证书，18人获得技师证书。根据员工技能的强弱和学员知识的储备情况，以丁元为主力的高级技师团队编写了焊工人才初、中、高三个等级的实践培训系列教材，以方便学员的技能学习。2018年，丁元使用"OJT四步法""1+1、1联2"等方法和项目拉动培训模式培养徒弟，编制岗位层级要求评价表，通过年中、年末两次技能测评及参加技能比赛的方式

检验徒弟的学习效果。目前2名徒弟在2018年合肥市的比赛中取得好成绩，直接拿到了国家技师证书。丁元还在安徽汽车职业技术学院开展大师讲堂教学活动，受到师生的一致好评。

丁元有一个梦想，那就是成为一流的焊接大师。为了这个"梦"，他一直努力而执着地前进着。

焊花飞舞写人生

> 作为一名专业焊接人员,我不仅要立足本职岗位,发扬"工匠精神",为企业发展做贡献,还要将自己的技艺传授给更多的年轻人,让朵朵"焊花"在江淮大地上绽放。
>
> ——安徽马钢设备检修有限公司 范兴海

坐落于全国文明城市、中国诗歌之城马鞍山市的安徽冶金科技职业学院(安徽马钢技师学院),有一位客座教授范兴海,是践行"工匠精神"的杰出代表。他从一名普通焊工成长为"焊王",斩获了"安徽省技术能手""中国宝武银牛奖""马钢劳动模范"等一系列荣誉。作为马鞍山市

和马钢的双料焊工"首席技师",范兴海主持和参与了多项大型技术攻关项目,相继攻克多个焊接技术难题,填补了多个国内技术领域的空白。他还是一名金牌"教头",将自己的"绝活"毫无保留地教给年轻焊工,至今已教出千余名能独当一面的新生代"焊工",持续地为企业和社会贡献力量。

机遇只垂青于有准备之人

谈起与焊接的结缘,还得从范兴海刚进厂不久时的一个心愿聊起。1986年,范兴海当学徒还不到一个月的某天的上午9点,已成为历史的车

轮老轧制线高压水管突然爆裂,乳白色的水柱瞬间喷起10多米高,轧钢被迫停产。由于回水问题,管道内残余压力需要1个小时左右的时间才能卸掉。事态紧急,生产段长、维修段长都在第一时间里找到范兴海的师傅。原来范兴海的师傅有一手绝活——管路带压焊补。在短短10分钟的时间内,爆裂口就被牢固的焊缝驯服了,生产段长高兴得连连与范兴海的师傅握手表示感谢。听到生产段长那敬佩的话语,看到师傅脸上那开心的笑容,范兴海的心被深深地触动了,原来细细的焊条有着这么大的魔力!他也要掌握这样的绝活!从那一刻起,范兴海就下定了决心:这一辈子就和焊接卯上了,他要通过自己的努力,成为别人敬重的人!

从那天起,范兴海在师傅的指导下,制订了详细的学习计划,每天要求自己完成规定的练习量,不完成不下班。手腕练肿了就贴张膏药,眼睛被焊光灼了就敷敷毛巾。除了必要的开支,为数不多的收入全部用于购买专业图书。看得懂的就记下来,看不懂的就请教别人。不知不觉中,他的理论知识量、实践技术水平悄然跃居班组榜首。

常言道:机遇只垂青于有准备的人。1992年,范兴海迎来了人生的第一个转折点。他首次代表马钢参加安徽省首届焊工技能大赛,在大赛中一炮打响,荣获"焊接技术能手"称号。此后他又连续10多年参加了公司、市、省各类焊接技术比赛,比赛成绩每次都名列前茅。

喜欢啃工作中的硬骨头

范兴海爱琢磨、善钻研,喜欢啃工作中的硬骨头。30多年来,他主持完成了20多项焊接技术攻关项目,获得了45项国家专利授权,并在期刊上发表论文22篇。他还在马钢首次攻克大直径、薄壁煤气管道纵、环焊接缝焊后热处理难题,并成功将此项技术运用到马钢焦化煤气管网工程中;首次攻克了管管自动焊接技术,并在马钢"十三五"重点工程国内第一条重型H型钢生产线的设备安装过程中应用了此项技术;攻克高炉炉壳自动焊接工艺难题,大幅度提升了施工质量和效率,这一工艺的使用在马钢2号大高炉技术改造工程拼抢工期中发挥了关键作用。范兴海为破解生产难题研发新技术,有33项发明,研制实用新型工装,其中"低合金超高强度钢30CrMnSiNi2A钢等强度激光焊接"技术在2019年"华东六省一市焊接技术交流会"上获得了认可和赞誉。他制作的"大型高炉炉壳焊接新工艺实践操作培训"课件在第七届钢铁行业课件评选活动中荣获三等奖,有效地解决了现场维检工程难题,显著提升了工效。

早在2010年,范兴海就开始从事焊接工艺研发工作。那时法国阿尔斯通公司向马钢发来了地铁消音轮的订货意向,但当时在国内市场上还没有此类产品。

低噪声车轮,就是在车轮辐板的两侧设有环形槽,环形槽内镶嵌有消音环。消音环优选为金属环,消音环与环形槽之间的摩擦,可以吸收振动能量,从而达到降低噪音的目的。2010年,马钢首次开发国内降噪地铁车轮新产品,并结合马钢地铁消音车轮加工及地铁消音车轮金属消音铁环焊接技术特点,确定了消音铁环嵌入地铁车轮消音槽后的制作技术、焊接新工艺,以降低车轮运行中的噪声。地铁消音车轮金属消音铁环焊接质量稳定,焊缝美观,焊接效率高。

而生产地铁消音轮产品的技术关键就在于消音环的制作焊接。在工程师的协助下,范兴海编制了从工装、选材、成型、焊接直至检验的消音环整套制作工艺。经过一段时间的摸索,他与其他6名同事编制的地铁消音轮制作工艺标准顺利通过了欧标认证,试制的产品也一次性通过外方验收,填补了国内消音轮领域产品的空白。迄今为止,马钢制造的多种规格的焊接消音轮已成批量地应用在国内外地铁线上,成为马钢的又一项拳头产品,取得了品牌和效益双丰收。

一花独放不是春　百花齐放春满园

2014年,范兴海又有了一个新的身份,他被安徽冶金科技职业学院(安徽马钢技师学院)聘为焊工理论及实操培训指导老师。"担任校外导师使我可以接触到新的东西,能够了解现在的学生学习的内容,了解业界在研究什么。这对我的实务工作也有一定的帮助和促进作用。"范兴海说道。

2017年,安徽马钢设备检修有限公司工匠基地的建立,给范兴海提供了更大、更专业的授课平台。范兴海利用现场检修机会和工匠基地配套实训装置,针对每位学员的实际技能、岗位特点和个人发展意愿等开展员工培训工作。作为金属承压类实践教师的范兴海还负责马钢部分二级厂矿特种作业锅炉压力容器焊工的取证和复审工作,他一共开展锅炉压力容器培训项目400余项,培训的合格人员有200余人、欧标"BV"认证人员6名,推进了马钢焊接技术人才队伍建设。

2018年9月,以范兴海名字命名的创新工作室成为"全国冶金行业优秀职工创新工作室"。同年,经马鞍山市首席技师评审委员会严格的评审,范兴海被评为第四届"马鞍山市首席技师"。作为专业带头人,范兴海先后担任安徽省金研激光再制造技术开发有限公司焊接工艺首席特聘专家,中钢集团安徽天源科技股份有限公司、泰尔重工股份有限公司、华菱星马汽车(集团)股份有限公司三家上市公司的焊接专业等级鉴定指导教师。2019年5月,马鞍山市人力资源和社会保障局批准成立"范兴海技能大师工作室"。

目前,作为国家级手工电弧焊焊工技能教师的范兴海,已指导200多人通过技能鉴定考核并助其取得高级技师、技师资质,培养千余名高级技工,助力马鞍山市及周边企事业单位技能人才队伍建设。

青年中医人　为传承坚守

坚持育人初心，牢记发展中医药事业使命，做现代中医人。
——合肥职业技术学院　方　琼

中医诞生于原始社会，春秋战国时期中医理论已基本形成，之后历代均有总结与发展。中医文化对汉字文化圈国家影响深远，如日本汉方医学、韩国韩医学、朝鲜高丽医学、越南东医学等都是以中医为基础发展起来的。2006年5月25日，国家中医药管理局对外公布，把中医药的9个项目列入第一批国家级非物质文化遗产名录；2018年10月1日，世界卫生组织首次将中医纳入其具有全球影响力的医学纲要。

1995年，方琼考进安徽中医学院针灸专业，师从胡玲教授、高尔鑫教授，进行大学本科5年的学习。17岁的方琼对中医一无所知，只记得高教授在开学典礼时说的话："唐代名医孙思邈在《大医精诚》中说，'凡大医治病……必先发大慈恻隐之心，誓愿普救含灵之苦……不得问其贵贱贫富……亦不得瞻前顾后，自虑吉凶，护惜身命'。这就是我国传统医学历来倡导的救死扶伤、道济天下的医德。你们要有'医者仁心'，把中医传承下去。"方琼记住了这句话，一直牢记和践行中医精神。大三时，家乡邻居腰椎间盘突出症犯了，去当地乡镇卫生所看病，遵医嘱吃西药、卧硬板床休息，然而一个月过后还是不能起床，邻居最后只好求助于方琼。方琼为他做了穴位放血、针灸、拔罐治疗，3天后这位邻居就能下床走路了。方琼那时候觉得老师教给自己的中医知识实在是太神奇了。从那时起方琼暗下决心，尽力帮助有需要的人。

2003年，方琼考入安徽中医学院中医基础专业，成为边玉麟教授的研究生。在边教授的指导下，方琼研读了许多中医经典著作，如《黄帝内经》《伤寒论》《金匮要略》《脾胃论》……学会了开中药汤剂，完成了毕业论文《〈黄帝内经〉时间医学浅探及其对后世的影响》。在这期间，方

青年中医人 为传承坚守

琼有幸得到"皖南刺血派"传人王峥老师的教导。在各位良师的教导下,方琼顺利完成了学业,熟练掌握了三棱针刺血、针灸、拔罐、温针灸、艾灸、刮痧、中医四诊等中医知识和技术。

2007年,方琼进入巢湖职业技术学院(现为合肥职业技术学院),成为一名教授中医知识的专业教师。时至今日,她已有13年的教龄。方琼不忘当初学习中医的初衷,努力让自己成为一名优秀的专业课教师,致力于培养掌握中医知识和操作技术的新一代康复治疗师,把三

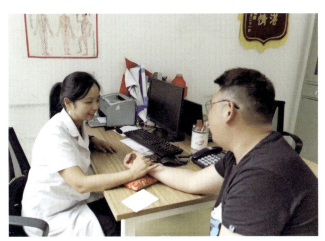

棱针刺血这项民间中医技能传承下去。为进一步提高自己的实践教学水平,多年来方琼一直在合肥市第八人民医院康复科兼职,将实践中学习到的知识与技能教给学生。

为了将三棱针刺血技术更好地传承下去,方琼大师工作室每年教授2~4名学生掌握此项技能。方琼在实践中发现,传统的三棱针刺血工具容易导致患处出血量大,患者难以忍受治疗工具带来的疼痛。在临床工作中,方琼发现使用梅花针刺络可以减少患者的疼痛感,但使用梅花针刺络患者出血量太少,治疗效果不明显。后来方琼又用测血糖针头代替三棱针进行治疗,收到了良好的治疗效果。新的治疗工具既能减少病人的疼痛感,又能保证疗效,在临床运用上得到推广,获得了病人的认可。

方琼将理论与实践相结合,收获累累硕果。2018年她获得安徽省高等职业院校教学能力大赛一等奖和全国职业院校技能大赛教学能力比赛一等奖,2019年获得安徽省教学成果一等奖。近3年来,她主持安徽省教学研究项目1项、校级质量工程项目4项,并主持安徽省方琼大师工作室项目。方琼还申报了大量科研课题,完成安徽省重点科研项目1项,主持完成了2项校级重点科研课题,参与安徽省重点科研课题多项。此外方琼

还利用业余时间和学校提供的平台"方琼大师工作室",为学校教师、学生及附近居民无偿提供中医治疗,获得了大家的一致好评。

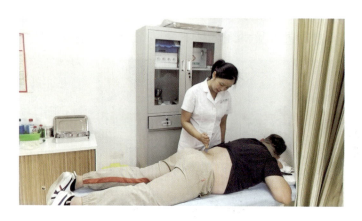

"赤子仁心,无愧时代。"行医育人十几年以来,方琼一直坚守自己的信念——别人把身体托付给自己,自己必须全心全意为他们服务。作为一名共产党员,方琼心系患者,时刻践行医者仁心行的大爱初心,谱写了人间处处有真情的质朴赞歌。

严谨而奋进　执着而坚定

> 严谨而奋进的工作精神，对精湛技术的执着和坚定的追求，这就是我们需要传承下去的工匠精神。
> ——安徽耐科装备科技股份有限公司　方唐利

方唐利，毕业于合肥工业大学。毕业后的他进入半导体设备制造及研发行业，成为一名技术开发人员，一直从事半导体封装设备的新品研发工作。

刚进入公司实习时，方唐利从接线、走线等基本工作做起，想为今后的调试、研发工作打下坚实的基础。转正后，他被安排到自动封装系统设备处工作。自动封装系统设备是高自动化的设备，是国家专项研发的自动封装设备，制作工艺难度大。想要掌握这套设备的工艺流程、技术难点，并能达到灵活运用的水平，不是一件容易的事。这要求工作人员必须有不断钻研学习的精神，能耐得住寂寞，能从枯燥乏味的学习中找到乐趣。经过几个月的学习，方唐利最终掌握了这套设备的工艺流程和技术难点。

2012年方唐利参加了全自动点胶机上位机开发工作，并配合合肥工业大学完成上位机的设计开发，同时又参加了注塑机开发项目。2012年6月，公司开拓市场，第一套自动封装系统产品进入天水华天科技股份有限公司。当时封装业内流行着一句话——得"天水"者得天下，可见天水华天科技股份有限公司在业内具有极高的声望和影响力。天水华天科技股份有限公司对产品质量要求非常高。公司领导经过慎重考虑，最后决定将天水首套产品系统交给方唐利进行调试，并让他去天水公司现场跟踪生产过程，解决生产过程中出现的问题，并根据客户需求进行现场调试，以提高设备运行的稳定性。经过一个多月的现场奋战，天水华天公司最终认可了这台自动封装系统产品。由于质量过硬，这台设备还被天水华天公司选为样板机，为两家公司的合作奠定了良好的基础。

集成电路行业属于国家七大战略性新兴产业中的新兴信息产业，集成电路自动封装系统属于集成电路封装必备的工艺装备，属于高端装备制造业产品。随着市场发展的需要，封装企业越来越注重多排、高端产品的研发，同时对封装产品制作的研发设备也提出了更高的要求，而现有的设备已经无法满足发展的需求。目前国内各大集成电路封测厂如江阴长电先进封装有限公司、南通富士通微电子股份有限公司、天水华天科技股份有限公司等，制造高端产品所使用的自动封装系统多是从日本、新加坡等地进口的。这些系统售价和服务成本都很高。

为了适应市场发展需求，公司决定成立新品研发项目组。方唐利带领项目组先后完成了180吨全自动封装系统、全自动封装移动预热平台系统、手动压自动化改造、动力下置切筋系统、全自动装管切筋系统等项目的开发工作。目前开发的新产品已被各大厂家采用，其中全自动封装移动预热平台系统更是填补了国内行业领域的空白，直接打破了国外产品

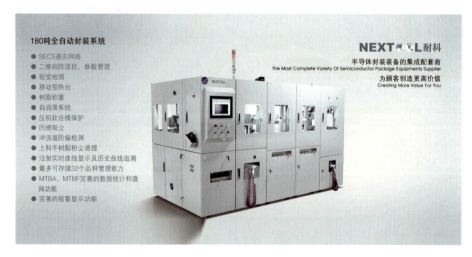

及技术垄断的局面。目前此系统已实现批量生产和销售,客户反映良好,极大地提升了企业的核心技术竞争力,为市场开拓奠定了坚实的基础。

面对疫情、国际竞争激烈等不利因素,方唐利所在的公司逆流而上。为打破先进封装设备国内空白、国外垄断的局面,公司决定组建项目组,研发晶圆级先进封装设备,这个重任再一次落到了方唐利和他的团队肩上。虽然征途困难重重,但是方唐利和他的团队没有犹豫,继续发扬艰苦奋斗的精神,执着追求精湛技术,永不止步,勇攀高峰。

方唐利还致力于培养高技能人才。安徽耐科装备科技股份有限公司与安徽铜陵技师学院(铜陵市中等职业技术教育中心)是校企合作单位,方唐利主要负责安徽铜陵技师学院学生实习阶段的机械制图培训课程。多年的工作经验和其总结的培养心得与方法,使方唐利在教学方面有着自己独特的方法。在他的指导下,学生能很快识别机械图纸与掌握绘图技术,方唐利也因此被授予"优秀师傅"的称号。

在工作和教学中,方唐利继续坚守精益求精的信念,秉持努力拼搏的精神,为公司、为学校、为社会奉献自我。

大赛点亮人生　技能改变命运

精于技艺，专于执着。

——安徽机电职业技术学院　郭　顺

来自皖北农村的郭顺，高中毕业于太和县第二中学，高考成绩离本科线差了几十分。究竟是选择复读还是选择就业，郭顺当时很迷茫，而家人与好友则建议他学习一门技术。由于对汽车比较感兴趣，郭顺最终选择了安徽机电职业技术学院汽车检测与维修技术专业。进校之后，他报名参加了技能大赛，通过努力成为种子选手，连续2年参加省赛、国赛并取得一等奖的好成绩，打破了学校相关方面的纪录。

面对未知路，先树立一个小目标

2012年9月，郭顺刚进学校的时候，教室、食堂、宿舍三点一线的校园生活成了他生活的全部。后来郭顺得知将要举行全国职业院校技能大赛，在那一瞬间，郭顺突然对自己未来的路有了明确的认知——参加技能大赛！郭顺暗下决心，一定要在大赛中展示自己，让自己获得成长。经过层层选拔，郭顺最终获得了同师兄一起参加集训的机会。

集训的时候，郭顺每天忙碌而辛苦地学习着怎样快速而高效地解决各种难题。那段日子虽过得很忙碌，但也很充实。 通过集

训,郭顺对技能大赛的基本要求和主要流程有了一定的了解,自己的技能也有了很大的提高。他坚信天道酬勤,只要努力就一定能参加全国职业院校技能大赛。

经过废寝忘食的练习,郭顺成功入选参赛团队,代表学院参加了安徽省职业院校技能大赛,并最终获得一等奖。年轻人总是希望自己能飞得更高,他暗自下定决心,一定要拿到国赛一等奖。当时郭顺心里很清楚,这个目标对于自己、对于学校、对于安徽省来说有多么重要。

备战国赛的日子是郭顺一生中最难忘的日子,他每天投入大量的时间和精力备赛。从2015年3月开始,针对国赛的新一轮集训开始了。那段时间的生活很枯燥,也很艰苦。郭顺同一起参加比赛的2位同学每天从上午8点到晚上10点一直待在专门的场地练习技能,按照老师的要求练速度、练配合、练精准度。集训期间,郭顺真正体会到了什么叫做废寝忘食、心无旁骛。通过历练,郭顺的能力也有了稳定的提升。

这一路走来,有付出也有收获。在全国比赛中与高手切磋竞技,让郭顺成长了。

面对过去,心怀感恩

全国技能大赛结束之后,郭顺获得留校任教的机会。郭顺对于能够留校任教心存感激,他按时完成教学任务,不断与其他教师交流,并参与教科研项目,发表论文……任教5年来郭顺积极参加各类培训,提升学历,以满足理论课程教学的

需要。他指导的学生参加了各级各类比赛,取得了不错的成绩。2016年指导学生参加安徽省职业院校技能大赛获得一等奖;2017年指导学生参加全国机械行业职业院校汽车检测与维修技能大赛获得二等奖、三等奖;2018年指导学生参加安徽省职业院校技能大赛获得一等奖,指导学生参加全国职业院校技能大赛获得二等奖;2019年指导学生参加安徽省职业

院校技能大赛获得二等奖,指导学生参加全国职业院校技能大赛获得一等奖。郭顺自己也获得了很多奖项和荣誉。2014年,郭顺获安徽省职业院校技能大赛"汽车检测与维修"项目一等奖4项,全国职业院校技能大赛"汽车检测与维修"项目二等奖1项、三等奖3项;2015年,获安徽省职业院校技能大赛"汽车检测与维修"项目一等奖,全国职业院校技能大赛"汽车检测与维修"项目一等奖,这也是安徽省在该项目上获得的最好成绩;2019年在第五届"立信杯"全国职业院校汽车专业教师能力大赛中荣获高职组汽车维修赛项一等奖、汽车电气系统故障诊断项目第一名,并获得全国优秀指导教师荣誉称号。2019年7月,郭顺还受邀接受中国教育电视台的采访。

郭顺很感谢母校对他的栽培,他也坚信自己能为母校的发展贡献力量。在郭顺看来,只要心中始终坚守最初的信念,就能把握方向,努力实现自己的梦想。

怀揣匠心　　不辍前行

> 以强烈的大局意识和责任感，用心开展教育，敢于创新，不断探索创新教学模式，不断提高教学水平，尽心尽力地为数字校园、智慧校园建设发展服务，为教育事业做贡献。
>
> ——阜阳工业经济学校　郭　义

勇挑重任践匠心

从教16年来，非科班出身的郭义一直工作在教学、科研的第一线，是师生、兄弟学校及社会各界眼中的计算机技术领域的"超级专家"。为了更好地服务于学校和学生，服务于教学，他始终坚持学习，积极加入各种技术研究、研发团队，经常与省内外专家进行交流，走访各知名企业进行学习和研讨。郭义还先后开发过深圳多家大型企业网站、黄山区电视大学网站、数字化校园平台、教学软件（荣获安徽省一等奖）等网络系统。他还积极承担学校教科研研究、信息化建设工作，在教育信息化、职业院校数字校园和智慧校园建设、智慧教学研究和示范资源建设等方面有着专门的研究和突出的贡献。由他主持的"国家示范性职业学校数字化资源共建共

享计划科研课题"成果（全国共66项,安徽省唯一1项）推广应用于阜阳市财政惠农支农政策培训,惠及近万名农民。

敢于争先怀匠心

近年来,郭义一直扎根于教育教学中,在工匠精神的引领下,一直在争先进、做表率。由郭义牵头组织的教育部"网络空间人人通"阜阳基地（全国2所中职学校入选,安徽省唯一1所入选学校）培训,覆盖了全国200多所学校,完成了全国近500名校长和骨干教师的培训工作,得到领导和老师的高度认可。

郭义发明的专利及软件为数字校园及智慧校园等建设解决了一系列的设计、建设和应用难题。同时,郭义也正在研究、设计开发"让眼睛'说话'——智慧视觉控制服务系统"和"1+1+N智慧物业"等系统。2020年"1+1+N智慧物业"一期阶段成果在安徽省首届中华职业教育创新创业大赛中荣获三等奖。郭义还在安徽省第八届职业技能大赛阜阳市选拔赛"网络安全"赛项中取得第一名的好成绩,受到阜阳市人力资源与社会保障局、阜阳市工会、阜阳市教育局等部门的高度认可。他主编的安徽省"十三五"规划教材《MySQL数据库应用案例教程》内容实用,覆盖面广,其中引用的案例具有一定的实战性和可操作性,已被多所中高职院校用于教育教学及比赛中。

近年来,郭义始终冲在学生技能大赛辅导工作的最前线,竭尽全力地让学生们成为拥有一技之长的"工匠人才"。他辅导的学生在安徽省、阜阳市各类技能大赛中荣获过一、二、三等奖的好成绩。2013-2015年郭义在辅导学生参加省、市级职业院校技能大赛"电子商务运营"赛项培训时,指导学生创业开网店,如成立的淘宝普通C店月营业额突破36万元,净利润在21万元左右。

近年来,郭义还主持了国家及省市级课题多项;在全国职业教育教学成果奖省级评选中荣获一等奖2项、二等奖1项;发表论文10余篇,出版教材及专著4部;获国家授权发明专利1项、软件著作2项;在全国职业院校信息化教学大赛和职业院校技能大赛中多次获奖。先后荣获全国"教育志愿者",安徽省"优秀指导教师""教育信息化工作先进个人",阜阳市"优秀班主任""优秀共产党员""技术能手""五一劳动奖章""优秀指导教师""兼职教研员""专业技术优秀教师"等多项荣誉及称号。

郭义始终坚守在教学第一线,捧着一颗赤子之心,率先垂范,切实履行职责,关爱学生,努力让自己成为师德高尚、教艺精湛的教师,成为一名学生喜欢、家长满意、领导和同事认可的优秀人民教师。

坚守匠心　逐步前行

——安徽合肥机电技师学院　何海洋

现年39岁的何海洋,是一名钳工高级技师。小时候他受父亲影响,对各种物件都十分好奇,喜欢动手试一试,是家里的"破坏大王"。闹钟、收音机……拆了又装,装了又拆,只为一探究竟。

长大后的何海洋接触到更多的机械,并对机械产生了浓厚的兴趣。1996年初中毕业后他义无反顾地选择了机电一体化专业,正式开启了钳工的学习生涯。何海洋有幸成为八级钳工马师傅的学生,在马师傅细致耐心的教导下,他很快掌握了钳工的各项基本技能。在

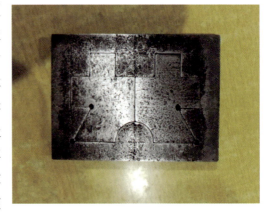

实习阶段,他又因马师傅的推荐,进入当地大型工厂,系统地学习了电工、车工及电焊等技能。

2000年毕业后,何海洋单枪匹马去了深圳,歪打正着地进入了模具行业。何海洋因谦卑好学而深受师傅们的喜爱,他们毫无保留的言传身教,让何海洋爱上了这个行业。随着时代的发展,力求上进的他在2005年和2006年利用业余时间到深圳职业技术学院"充电"。从中级、高级、技师、高级技师,他一步一个脚印走来。他坚持将理论与实践相结合,多次参与公司产品设计及设备改造,如连续模产品在模内攻牙的改装设计、汽车排气管切管模具的研发、橄榄球头盔焊接工艺设计等。

2019年,何海洋参加了安徽省广德市宣城地区农民工职业技能大赛,荣获钳工组一等奖,获得"青年岗位能手""技术能手"等称号,并获得

"五一劳动奖章"殊荣。同年,他还代表宣城地区参加安徽省农民工职业技能大赛,荣获钳工组二等奖。

随着社会分工进一步专业化、精细化,掌握一定专业知识和技能的人才不仅会在就业市场上受到青睐,而且也能赢得社会的推崇。学校和社会因而十分重视职业教育,重视培养职业教育教师。多年的工作经验告诉何海洋,成为职业教育教师除了需具备一定的理论知识基础外,还需要根据技术技能的发展不断学习,需要在真实的环境下或在企业中进行操练,需要老师倾其所有教授学生。何海洋是这么想的,也是这么做的。他言传身教,根据学生的特点发掘其潜力,彰显其价值,真正发挥好"传、帮、带"的作用。何海洋指导的学生在合肥市2020年中等职业学校技能大赛中荣获"二等奖"3项和"三等奖"1项的佳绩。

何海洋不忘初心,秉承"工匠精神",不断地提升自我。他希望在今后的教育培训工作中,能让孩子们学有所成,为企业发展输入新动力,为国家发展、社会进步输送更多的人才。

忠于职教　为育人而奋发前进

用心服务，快乐分享，温暖他人，感悟人生。

——黄山旅游管理学校　黄　卉

一脉传承，践行黄炎培职教思想

三尺讲台，三寸舌，三寸笔，三千桃李；十年树木，十载风，十载雨，十万栋梁。她成长在"教师世家"，父亲是一辈子默默扎根于农村基础教育行业的乡村老师。黄卉自小被父亲的默默耕耘和无私奉献精神所熏染，幼小的心灵里早就播下了"三尺讲台，默默耕耘"的种子，她坚信"长大后我就成了你"。为了更好地教育职校导游专业的学生，激发学生对导游工作的热情，她钻研课本，努力提升技能，参加并通过了全国导游资格考试，成为一名导游。同时，她还致力于公益事业，成为中国红十字会救护培训师，多次开展培训工作。

黄卉认为，自己选择了教师这一职业就应当用自己的努力去敬业爱生，教书育人。在工作中，她牢记"使无业者有业，使有业者乐业"的宗旨，始终牢记黄炎培职教思想，积极开展炎培思想理论研究及社会实践工作。无数个早晨，黄卉迎着朝霞走进班级，和学生交流；无数个傍晚，她带着倦意和欣慰回家备课，进行教学研究。"一切为了学生"就是她为人师的座右铭。13年的专业学习和积累让黄卉付出良多，也收获良多。她获得了第六届黄炎培职业教育奖杰出教师奖（全国职教一线教师最高荣誉），"安徽省金牌导游员""安徽省文明旅游使者",黄山区首届"十佳班主任""师德标兵""优秀共产党员"等荣誉及称号。

坚持学习,不断创新职教工作

仰之弥高,钻之弥坚。作为黄山旅游管理学校的一名优秀党员和青年骨干教师,黄卉在思想上紧跟着党走,参与各项社会服务活动,为青年教师树立榜样,带好头。在教学方面,她总是积极要求进步,向前辈虚心学习,研究教学方法,提高

教学水平,打造高质高效课堂。在教研方面,黄卉坚持进行专业研究,勇于探索,不断创新,注重提升专业技能。

凭借着一股韧劲,黄卉默默扎根于职教行业十多年,坚持以学生为本,一门心思做职业教育,取得了很多成绩。黄卉导游技能大师工作室获批成立,她还是安徽省"旅游英才培养计划"("双师型"教师培养)项目负责人、省级王锋导游专业省级名师工作坊成员;参与国家级课题项目1项,主持省级项目2项;参与安徽省旅游服务与管理专业指导方案编写,并获省级教学成果二等奖,参与中职宾馆英语精品课程教材的编写,获省教学成果二等奖;在国家核心期刊及省级期刊发表文章多篇。黄卉还多次参加大赛,获国家级比赛奖项1次、省市级奖项多次。

辅导后辈,提升个人教学能力

"办职业教育,不但要注重学生职业新知识与技能的培养,而且要注重习惯的养成。"作为班主任,黄卉践行黄炎培职教思想,关爱学生成长,深受学生和家长爱戴。中秋节她悄悄准备好月饼,与学生分享;端午节准备好绿豆糕和粽子跟同学们一起吃;在母亲节时,让每位同学给妈妈发个信息、打个电话或为妈妈准备惊喜,培养学生的感恩之心……在学生眼里,她就是"妈妈",同学们亲切地称呼她为"班班妈妈"。在黄卉的教导下,她的学生

在省市级导游技能大赛中屡屡获奖,获省级奖项5人次,市级奖项多人次。培养2016年度全国"最美中职生"1人,所带的导游班学生的导游资格考试通过率达95%,创造了黄山旅游管理学校和安徽省导游考试通过率的新纪录。黄卉也多次参与导游行业大赛的辅导工作,辅导的学生多次获奖。

玉壶存冰心,朱笔写师魂。成绩的取得离不开她十多年来的默默奉献和不懈奋斗,黄卉用自己的实际行动,诠释了教师这个职业的深刻内涵。本着干一行、爱一行、钻一行的信念,在工作岗位上,她兢兢业业、任劳任怨、埋头苦干,每天改变一点点,完成每一个小任务,成就大目标。在今后的工作中,她将不忘初心,以永不放弃的态度、饱满的工作热情,迎接每一个挑战……

职业教育培养出来的烹饪大师

做一名好老师是我的人生目标。

——合肥市经贸旅游学校 黄雷鸣

黄雷鸣，1992年毕业于合肥市经贸旅游学校，是合肥市早期职业教育培养的学生之一。黄雷鸣从1994年开始在合肥市经贸旅游学校担任学校烹饪专业课教师，见证了职业教育从无到有、从弱小到强大的过程。作为一名职业教育发展历程的经历者和参与者，黄雷鸣感到无比荣幸。

20多年来，黄雷鸣一直刻苦钻研烹饪技能，始终抱有一颗不断学习的心，多方求教于老一辈的烹饪大师。这种学习精神不仅使黄雷鸣收获良多，也使他获得了大师们的称赞。

"不忘初心，方得始终。"经过多年的刻苦学习，黄雷鸣在行业领域里收获满满。他于2004年获得安徽省烹饪名师称号；于2008年获得安徽省烹饪大师称号；于2010年获得国家级中华金厨奖；于2012年成为烹饪一级高级技

师；于2014年获得全国餐饮业评委资格；于2015成为首席安徽省餐饮业评委和安徽省职业技能鉴定专家委员会专家；于2016-2018年先后获得中国注册烹饪大师、安徽省先进工作者、安徽省最美厨师等荣誉称号，成为改革开放40年国家级餐饮行业技艺传承突出贡献人物。

学高为师　争做学生爱戴的好老师

做一名好老师是黄雷鸣的人生目标。自踏入教育行业以来,黄雷鸣始终以勤勤恳恳、踏踏实实的态度来对待工作,以"当一名好老师"作为自己的座右铭。20多年来,黄雷鸣始终坚持如一,为旅游烹饪专业培养、输送了大批人才。

2008年,教育部提出"普通教育有高考,职业教育有大赛"的教育工作思路。黄雷鸣按照国家要求,贯彻相关文件精神,担任了烹饪专业大赛的指导老师,至今培养了不少的学生。仅2019年一年参加各级各类比赛荣获第一名的学生就有7人,是名副其实的金牌教练。

关注学校发展　致力专业建设

黄雷鸣自2010年开始担任烹饪教研组组长以来,一直致力于打造出一支优秀的烹饪专业教育教学团队。烹饪教研组现有专业教师12人,其中中式烹调、面点技师8人,高级营养配餐师、中式烹调师4人;另外还聘用了4名烹饪企业、行业技术技能型人才担任本专业兼职教师。学校烹饪

专业自2014年秋季学期招生起,中职和3+2学制中餐烹饪与营养膳食专业现有9个班,在校生450余人。

多年来黄雷鸣一直致力于烹饪专业建设,积极与行业专业、兄弟院校开展交流活动,依托产教结合培养更多企业需要的优秀烹饪专业人才。在校领导的指示和关心下,学校于2016年8月成功地与北城世纪金源大饭店签订了中餐烹饪与营养膳食专业现代学徒制试点工作合作协议;2016年10月,结合本专业发展现状,黄雷鸣成功申报了安徽省中等职业教育质量提升工程建设项目——中餐烹饪与营养膳食专业省级示范专业建设和合肥市现代学徒制试点项目——中餐烹饪与营养膳食专业现代学徒制试点。

结合创业教育、创新教育,黄雷鸣指导学生开展社团建设工作,面向本校学生、教师和社会,利用专业优势提供专项服务,积极参与省内各级各类专业活动,担任各类竞赛的评委,承担职业技能鉴定工作,提升系部、学校的影响力,为社会提供服务。

梦想，从"新"开始

> 每个人心中都有一个梦想，为了梦想去努力就一定能有所收获。
>
> ——安徽淮北煤电技师学院　纪海矿

"每个人心中都有一个梦想，为了梦想去努力就一定能有所收获。"这句话用在淮北矿业工匠大师工作室成员纪海矿身上最为合适。

纪海矿，淮北矿业工匠大师，于1991年12月参加工作，现为安徽淮北煤电技师学院教师。他曾获得全国煤炭行业"劳动模范"，安徽省"五一劳动奖章"、安徽省省属企业"538英才工程"拔尖人才、安徽省技术标兵、淮北矿业拔尖人才等荣誉及称号。

自参加工作以来，纪海矿立足岗位、履职尽责，关注细节、勤于思考，能够抓住工作重点、难点，认真分析与煤矿瓦斯相关的各种参数，掌握现场瓦斯管理的第一手可靠资料，为矿井瓦斯管理工作献计献策，有效地推动了矿井安全生产工作。

刻苦钻研，练就一身过硬本领

瓦斯管理与"一通三防"知识息息相关。搞好瓦斯管理，要求工作人员必须熟练掌握"一通三防"的知识要点和拥有过硬的现场管理技能。

"学习不能停止，要么不干，要干就要干好。"纪海矿在心里暗暗下定决心。为了成为一名优秀的瓦检工，纪海矿坚持不懈地刻苦钻研业务知识，先后学习了《煤矿安全规程》《通风与安全》《瓦斯检查工》等专业图书及有关资料，并多次参加各类技能竞赛。2014年，他参加了安徽省首届职工技术比武矿山行业安全知识技能竞赛。此次比赛高手云集，给纪海矿带来了非常大的压力。然而纪海矿并不气馁，他暗暗定下目标想要做出一番成绩。他根据比赛日程,安排时间,把自己关到"小黑屋",忘我地投入学习。功夫不负有心人,通过刻苦的学习和训练,纪海矿最终获得一等奖。同年,在安徽省煤炭行业瓦斯检查工技术比武中,他又取得二等奖的好成绩,为淮北市和淮北矿业集团争得了荣誉。在纪海矿看来,每一次的竞赛都是人生历练的舞台,也是个人成长的一次机会。

瓦斯管理,如同在针尖上"跳舞"

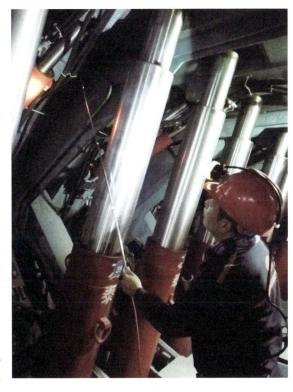

"瓦斯管理无小事。"瓦斯事故防治一直是煤矿安全生产的头等大事,关系矿区广大职工的生命安全。作为瓦检工的纪海矿深有感触,要想降服瓦斯这个"火魔",确保安全生产,瓦检工不仅要有较强的责任心,还要有较高的业务技术和素质。矿井瓦斯检查、隐患排查必须做到心细如丝,不留隐患。他经常紧盯井下重点头面,掌握现场瓦斯管理的第一手资料,认真分析瓦斯变化规律。他经常下井排查处理各类隐患,每天在井下工作长达10个小时。纪海矿说:"细节决定成败,成功贵在坚持。"只有在工作中,认真把握好每个操作细节,抓好"一通三防"管理的每个环节,始终把瓦斯管理工作放在心上,时时刻刻对其慎之又慎,才能杜绝瓦斯事故的发生。多年来,他排查处理各类隐患数千起,有效地保障了矿井的作业安全。

根据多年的工作经验,纪海矿总结出了"三勤一总结"工作法和光学瓦斯检定器故障判断五步法。"三勤":一是勤想,首先预想到工作区域可能产生的问题,制定相应的预案;二是勤检查,在工作中按规定路线勤检查,不放过任何一个盲点、死角,及时排查处理各类隐患;三是勤汇报,及时汇报井下工作区域有关情况和问题。"一总结"指的是在工作过程中,及时记录问题,对隐患类型进行分类整理,并对其进行认真分析和总结,想出解决问题的办法,切实把各项工作做到实处。光学瓦斯检定器故障判断五步法是指五步检查(包括零部件、药品、气路、光、电路、仪器精度),有助于瓦检工提高对光学瓦斯检定器故障判断的能力。

转变角色,精心传技

为提高岗位操作人员实际操作能力,纪海矿带领团队成员组织编写了《瓦斯检查工技能提升手册》《瓦斯检查工实用读本》及通风专业培训课件等培训材料。这些培训材料图文并茂、生动直观、简洁易懂、针对性强。经过精心施教、准确示范和强化培训等环节,学员在实际操作、隐患排查、原因分析、故障检查与排除等方面的能力有了很大的提升。

为了提升员工素质和技能水平,努力把握技能员工培训工作的一般规律和特点,纪海矿创新工作思路,以岗位技能提升为重点,以课堂教学、实际操作为载体,因人施教,不断探索适合矿井工作岗位要求的教学方式方法,现已摸索出理论与实践相结合的教学三步法。这一教学方法的第一步是开展基础培训,进行相关工种基础知识教育,使员工掌握岗位专业理论知识和操作流程;第二步是学习与分析案例,对案例产生的原因、解决问题的措施及处理效果进行分析总结,通过教师例举案例、学员分享自身案例等方式,激发学员参与培训的积极性,不断提高学员自身综合素质;第三步是实操课堂训练,根据工作流程实操步骤,要求学员进行实操演练,实训教师在旁进行指导和评价,积极鼓励学员参与技术交流和互动,共同提高实操水平。

多年来,纪海矿在通防专业各类培训班授课达54期,培训学员1800多人次,为企业高技能人才培养做出了积极的贡献。

一技之长能"动"天下

用喷枪喷出精彩人生。

——安徽省汽车工业学校　贾奇伟

贾奇伟是安徽省汽车工业学校的一名专业教师。出于对汽车专业的热爱,他于2008年进入安徽省汽车工业学校工作。虽然当时安徽省的汽车喷漆专业还是一片空白,但贾奇伟通过努力,最终获得了世界技能大赛汽车喷漆官方品牌巴斯夫企业核心教师资质认证及国内职业技能竞赛指定品牌PPG企业教师资质认证。贾奇伟还于2012年建成我省首家汽车喷漆技术PPG校企合作班,这个校企合作班在2018年获批为第45届世界技能大赛汽车喷漆赛项集训基地,这也是安徽省目前唯一汽车类赛项集训基地。

在贾奇伟的努力下,学校钣喷专业团队、教师及学生多次获得全国职业技能竞赛大奖、全国青年岗位技术能手及全省优秀指导教师等荣誉及称号,学校的汽车喷漆专业也成为安徽省汽车工业学校的"拳头"专业。在这些成绩的背后,贾奇伟付出了常人难以想象的努力。从专业实训室设备的添置到国家基地的建设,从专业课程体系的改革到梯队年轻教师的培养,作为钣喷教研组组长的贾奇伟都投身其中,乐此不疲。

潜心钻研　精益求精

多年来,贾奇伟参加了国内外各类专业比赛,在学习和交流中掌握了先进的水性漆喷漆技术、车门内外免磨工艺、车色盲调技术及汽车彩绘技术,其中他的汽车彩绘技术更是填补了目前国内汽车喷漆技术领域的空白。这项技术的难点在于如何利用喷枪雾化喷出颜色渐进、物体虚实结合的具有立体感的汽车涂膜,使其具备普通车身贴膜改色所不具备的高光泽度、高耐候性、抗石击性等特性。汽车彩绘对技术人员的喷枪手法、气压控制以及运用颜色的能力都有极高的要求。贾奇伟发现,让学生学习汽车彩绘技术不仅能提高他们对专业的兴趣,还能让他们在板件制作的过程和评比中学会追求精益求精,践行工匠精神。

一技之长能"动"天下

世界技能大赛每两年举行一次,素有"技能奥林匹克"之称。我国于2011年首次参加世界技能大赛,获得一枚银牌,到现在连续两届蝉联金牌榜榜首。

作为安徽省汽车喷漆项目世赛专家组组长,贾奇伟连续4届指导选手参加世界大赛全国选拔赛。2012年,他指导的选手沈刘代表安徽省进入第42届世赛汽车喷漆项目中国集训队,实现我省该项目入围国家队零的突破。2018年,他再次指导我省选手进入第45届世赛国家队,并被国家人力资源和社会保障部聘为汽车喷漆项目中国教练组指导教练。在俄罗斯喀山举办的第45届世界技能大赛汽车喷漆项目的比赛内容包括保险杠修补(限时2小时)、遮蔽和塑料件喷涂(限时2小时)、车门内外UV及免磨工艺(限时4小时)、引擎盖湿碰湿喷涂(限时2小时)、轮毂制图(限时2小时)、翼子板修补及划痕抛光(限时4小时)六大模块,总耗时16个小时。该项比赛不仅耗时长,而且评比标准近乎苛刻。大赛要求汽车喷漆的厚度误差不能超过0.01毫米,这个厚度相当于一根头发丝直径的1/6。在这项世界级比赛中,我国参赛队伍最终获得世界第7名的好成绩。

选手的成功离不开教练团队的努力。十几年间,贾奇伟放弃节假日,经常和选手加班训练至深夜,反复研究每块板件的膜厚、干燥时间、纹理均匀及每一处的喷涂和打磨。2021年第46届世界技能大赛即将在上海举办,作为汽车喷漆项目第46届安徽省专家组组长的贾奇伟将再次带领省集训队选手向世赛冠军发起冲击。

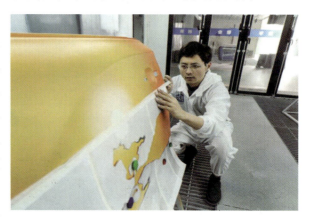

面对汽车技术的革新及日益激烈的竞争,一直敢于迎接挑战的贾奇伟虽然感受到压力,但也对自己充满了信心。贾奇伟认为,既然自己选择了这个岗位,那么就要继续努力,发展汽车喷漆技术,发展职业教育,为国家培养技能人才。

接过南丁格尔的灯　照亮生命的旅程

"以病人为中心"，尽自己最大的努力为患者减轻病痛。
　　——安徽中医药高等专科学校附属医院（芜湖市中医院）　贾荣荣

"看到她来了，再痛再苦再有怨气我们都会会心一笑，她就是有这样的魔力。"这是芜湖市中医院肿瘤科二病区病人对一位护士的评价。人们口中的这位护士就是贾荣荣，她是医院"十佳护士"、科室总带教老师，是弋江区最美劳动者、芜湖市最美护士和省级肿瘤专科护士，还是省级护理技能竞赛个人一等奖获得者。她爱说爱笑、喜欢关心他人，为肿瘤患者创造了一个"无痛的世界"。

肿瘤科病人多、病情复杂，尽力减轻患者的痛苦、延长他们的生命是肿瘤科医护人员的职责。在肿瘤科工作的8年里，贾荣荣一直牢记这一点。

在病房里，她常常陪着患者、患者家属聊天，告诉他们与疾病相关的知识，鼓励他们战胜病魔。贾荣荣曾前往江苏省肿瘤医院进修，学习B超引导下塞丁格技术PICC穿刺术，并利用这项技术解决了许多患者的静脉通路不畅问题，为保护肿瘤患者的血管贡献了力量。

在护理肿瘤患者的过程中，有各种突发情况，可贾荣荣从来没有怕脏、怕累过。曾经有一名肺癌患者出现突发性窒息，急需实施人工负压吸痰术。由于情况紧急,参与抢救的贾荣荣没有一丝犹豫,她直接俯下身子,为患者实施吸痰术。刚吸了两次,患者突然反射性呕吐,吐了她一身。贾荣荣依旧没有丝毫犹豫和迟疑,继续投入抢救工作。经过一个多小时的抢救,患者最终脱离了生命危险。

在肿瘤科,贾荣荣每天都笑脸盈盈,想着法子逗病人及家属开心。其实,大家不知道,多年前,贾荣荣父亲也因肝癌在肿瘤科住院治疗过。每次照顾病人,看到病人忍受着病痛折磨,她都会想起自己的父亲,会回想起伤感的往事。不过,在工作中,她会压抑着伤感,笑脸面对每一位病人。每天,她都尽心尽力地做着护理工作:通过晨间护理,了解患者的睡眠、进食情况;为患者定时翻身拍背,了解患者有没有患褥疮或是下肢深静脉血栓……

35岁的贾荣荣不仅是患者的守护者,还是肿瘤科护理姐妹的知心"大姐"。科内同事遇到困难,都愿意向贾荣荣倾诉。每到春节,贾荣荣总是尽量让家远的护士回家过年,而自己主动代班。作为科室的带教老师,她认真做好"传、帮、带"工作,把自己学到的经验、知识毫无保留地传授给学生。

"接过南丁格尔的灯,照亮生命的旅程"是贾荣荣的座右铭。在走过14年护理路后,她依旧在坚定地前行!选择护士这一职业,为人们的生命护航,她无怨无悔。

知行合一　培养乡村工匠

以汗水滋养学生,培养学生掌握技能。

——芜湖机械工程学校　江兴龙

技能指导结硕果

江兴龙是芜湖机械工程学校的名师,在多年的职业教学中取得了一系列优秀成果。2012年指导学生汪雪参加安徽省教育厅、安徽省人力资源和社会保障厅主办的职业院校技能大赛,荣获中职组"种子质量检测"项目省级三等奖;2014年指导学生李玲莉参加安徽省教育厅、安徽省人力资源和社会保障厅主办的职业院校技能大赛,荣获中职组"种子质量检测"项目省级三等奖;2015年指导学生胡培莉参加全国应用型人才综合技能大赛,荣获全国二等奖;2018年指导园林专业学生俞果参加芜湖市第十八届中等职业学校技能大赛,荣获"蔬菜嫁接"项目市级二等奖,指导园林专业学生柯娟、刘淋淋参加芜湖市第十八届中等职业学校技能大赛,双双荣获"蔬菜嫁接"项目市级三等奖。他德技并修,在育人方面也收获满满。2012年指导学生凌超超、李燕、张静参加教育部主办的第九届全国中等职业学校"文明风采"竞赛《职业生涯规划设计》比赛,凌超超荣获全国一等奖,李燕、张静荣获全国三等奖;2013年指导学生刘平平参加安徽省教育厅组织的第十届全国中等职业学校"文明风采"竞赛《职业生涯规划设计》比赛省级复赛荣获省级一等奖。经过多年的探索,江兴龙同志编写的《农林专业校企合作德技并修育人模式》在2019年安徽省第五届职业教育校企合作典型案例评选中,荣获安徽省教育厅颁发的省级三等奖。

产教融合,服务"三农"

江兴龙在教学之余,不断进行技术创新。如2013年他与人合作研制的科技成果"广玉兰耐低温胁迫生理特性及栽培技术研究"荣获河南省教育厅、科技厅颁发的科技成果二等奖,该科技成果在河南省产生的经济效益、社会效益、生态效益俱佳。在技能传承方面也发挥了示范辐射作用:2016—2018年江兴龙省级名师工作坊团队在南陵县实施的农业部万亩水稻绿色增产新技术行动方案,历时3年的实践,2018年南陵县农委农业技术中心对该示范行动项目进行了总结,充分肯定了芜湖机械工程学校名师工作坊领衔人江兴龙所做的技术贡献,在南陵县域产生较大的经济效益和生态效益。

2016年江兴龙名师工作坊与安徽禾众农业科技股份有限公司合作,初探校企共建中职农艺专业实训基地,着力增强农林专业学生的职业能力。校企合作取得的成果:①《校企合作共建中职农艺专业实训基地初探》论文在2017年5月安徽省教育厅第三届职业教育校企合作主题征文评选活动中荣获省级三等奖。②"双元"+"三园"育人模式荣获安徽省教育厅第六届校企合作典型案例一等奖。③推动了环保农业的发展。江兴龙指导蓝莓基地农民用葫芦作砧木,西瓜作接穗,采用劈接育苗防治西瓜枯萎病,为发展环保农业起到了示范作用;2018年4月编写的《蓝莓基地套种西瓜防病新技术》讲义也得到繁昌县农科教办公室的肯定。④智慧农业繁昌模式。在蓝莓植株间套种西瓜,以提高作物的光能利用率;在垂钓中心种植芡实、莲藕、竹叶菜以提高池塘的经济效益。2016年芜湖机械工程学校江兴龙名师工作坊还与江腾农业生态科技有限公司合作共建了1500亩的生产实习基地,为培养学生的工匠精神和职业能力提供了实践场所。

知行合一,止于至善

农业企业的实践和长期的农村生活经历,江兴龙注意到农民用剪刀剥除水生植物芡实果实总苞刺效率低,于是潜心研究,于2020年向国家专利局申请实用新型专利1项。

该实用新型专利工具能提高芡实加工效率:①便于对芡实总苞进行除刺,方便工人后续加工,能够整体提高生产效率;②通过控制防护手套的长度,方便工人对不同大小的芡实总苞进行除刺。养生意义:随着人们生活质量的提高,保健意识的增强,人们渴望采用食物疗养来增强机体免疫力,而芡实是一年生水生草本植物,不喷洒农药,芡实种子呈球形,具有补脾止泻、固肾生精、祛湿的作用,对大便泄泻、遗尿和尿频、慢性肠炎都有辅助治疗作用。

课堂教学、校企合作的结晶

2017年,江兴龙参编了安徽大学出版社出版的《中等职业学校对口升学考试考点复习指导·种植类》,该书的出版为中职、高职、本科贯通架起了立交桥,编写体例深受学生欢迎。2019年,为遵循产教融合、校企合作的理念,凸显专业与产业、教学过程与生产过程、课程标准与行业标准、学历证书与职业资格证书对接的教改特色,江兴龙名师工作坊团队编写的特色教材《种子质量检验技术》,并出版发行。该书既可满足职业农民培训、技能鉴定之需,又能满足中职生参加技能竞赛的需求。此书2019年已用于繁昌县新型职业农民培训。

不负春光,再出发

江兴龙名师工作坊在农科教结合、产教融合方面起到了示范作用,2018年7月14日,安徽省专业带头人首席负责人丁艳芳率全省中职学校农林专业课教师来芜湖机械工程学校参观学习江兴龙名师工作坊建设经验,丁艳芳把江兴龙名师工作坊建设经验在宣城市工业学校校园网站进行了公开报道,丁艳芳认为学习江兴龙名师工作坊建设经验能为探寻中职教师专业发展之道提供借鉴。

江兴龙名师工作坊将立足乡村,与繁昌县农科教办公室合作培养农村致富领头雁;立足课堂,为乡村培养农业技能型人才,争做芜湖职教改革先行市的先行者!

敬业、责任与技术

> 鼓励工人追求工匠精神，倡导工艺改良，追求技术创新，确保产品品质。
>
> ——安徽省第一轻工业学校　巨智超

2008年大学毕业后，巨智超以第一名的成绩考入安徽柳工起重机有限公司设计研究院（以下简称"安徽柳工"）。经过5年的锻炼和努力，他熟练地掌握了机械产品设计的基本知识与技能，能熟练地进行零部件的设计。现在，巨智超掌握了多种设计方法，能够利用计算机软件如CAD、CREO及ANSYS等进行零件的辅助设计，并能分析和解决多种类型的工艺问题。

革新技术　创造效益

"遇到问题不能放弃，要做就做第一。"这是巨智超常挂在嘴边的一句话。在安徽柳工担任工艺工程师的5年里，巨智超完成了公司多个技术的创新工作，帮助公司取得了较好的经济效益。

U型臂是公司新产品CLG TC500起重机的关键部件，U型臂的研制成为新产品GLG TC500起重机研发的关键，为了不影响CLG TC500起重机的研发试制，他带领项目攻关小组成员团结合作，反复地进行样件试验，不断收集和分析试验数据，逐步确定U型臂试制工

艺方案。在制作U型臂的过程中,项目组成员凭借着坚韧不拔的毅力,不断攻克工艺难题,最终成功制成U型臂,获得省级表彰。

项目组于2010年9月20日顺利完成了2套CLG TC500起重机U形臂的制作。经检验和试验确认,其各方面性能表现良好,符合新产品设计要求。这不仅意味着项目组圆满完成U型臂项目攻关工作,还标志着安徽柳工已经全面掌握了U型臂设计和制造的核心技术,极大地提高了公司的制造技术水平。该项目在2011年12月荣获广西重工业先进工艺工装成果一等奖。

TC系列汽车起重机新产品是安徽柳工2011年针对市场需求推出的重要产品,其主要结构件制造工艺水平的高低关系产品整体质量的优劣。巨智超在此项目中负责TC系列(TC200、TC250、TC250-4、TC500)汽车起重机结构件工艺研究、工艺方案的制定、工艺评审及工艺策划工作,并负责指导车间工人现场施工。通过系统全面的策划,巨智超理顺了新产品的制作工艺流程,使新产品能够顺利下线。在TC系列底盘车架结构件生产工艺策划中,他还设计并制造了汽车起重机后段拼焊气动工装。这种工装整体结构合理、使用方便且性能稳定,大大提高了后段车架的质量和生产效率,降低了生产成本,帮助公司取得了良好的经济效益。该项目荣获广西装备工业2012年先进工艺工装成果二等奖。

同时,巨智超还带领小组完成了"履带起重机CC550履带梁及车架的制作工艺""强夯机CM350主要结构件制造工艺"等技术攻关项目,给公司带来了较好的经济效益。

转变身份　再创辉煌

"我从来没有想过能进学校当教师!"接过学校的聘书,巨智超的激动之情溢于言表。从机械工程师成为专业教师,身份转变让他既感到光荣又感到有压力。虽然在实践环节,巨智超对自己很有信心,但理论授课对于他来说,还是有一定难度的。巨智超不灰心、不放弃,向学校有经验的教师"取经",全身心地投入教育教学工作,为职业教育发展投入全部的心血。

辛苦的付出最终迎来了丰硕的成果。2013年至今,巨智超主要承担了AutoCAD、机械加工技术、机械制造工艺基础、Creo机械设计等多门课程的教学任务。同时,他取得了丰富的教科研成果,多次在省市三优比赛中获奖,在《装备制造技术》《锻压装备与制造技术》《学周刊》等国家级、省级重点期刊发表论文多篇,主编中等职业教育规划新教材《机械制图习题集》。2016年,在"挑战杯—彩虹人生"安徽省职业学校创新创效大赛中其指导的三件作品取得两银一铜的成绩,在安徽省中职学校"三优"评比中荣获优秀论文

二等奖,在第十三届安徽省中职学校"文明风采"竞赛中辅导学生获得省级二等奖;2017年,在安徽省职业院校技能大赛中辅导学生获得省级三等奖,在蚌埠市中等职业学校技能大赛中指导学生获得市级一等奖并荣获"优秀指导教师"称号;2018年,在蚌埠市中等职业学校技能大赛中指导学生获得市级二等奖;2019年,在安徽省中职学校"三优"评比中荣获优秀教学软件二等奖,参与建设的AutoCAD课程成为蚌埠市中等职业学校精品课程。

因为有梦想,所以才奋斗不息;因为有希望,所以才追求不止。巨智超作为一名普通的机电专业课教师,以不甘平庸的进取劲头和默默奉献的精神,在平凡的岗位上努力实现着自己的人生价值,也以实际行动践行着新时代的工匠精神。

三十年坚守初心　七星手工造纸逆风前行

在我心里，只有手工制作出来的宣纸才能真正称得上是宣纸。

——安徽泾县七星宣纸厂　雷　春

几十年前老艺人走村串户讨生活，靠的是手艺，吃的是百家饭。随着经济社会发展，"磨剪子锵菜刀"的吆喝声早已远去，很多老手艺逐渐淡出我们的生活。

在机械化大潮的影响下，从事传统手工造纸工作的人越来越少，手工造纸成本越来越高，宣纸源产地——泾县的手工宣纸制造业也面临着巨大的挑战。然而即使面对巨大的市场压力，七星宣纸依然坚持传承手工造纸技艺。

白手起家　创业成功只凭勤奋和诚信

金鳖江氏雷春，泾县榔桥镇人，1973年1月24日出生于泾县榔桥镇河西村老屋组。雷春家有兄弟五人，他排行老四。

1988年9月，15岁的雷春前往泾县校企生力宣纸厂（原丁家桥镇枫坑红叶宣纸厂）做学徒。学有所成后，雷春离开生力宣纸厂并找到了人生的第一份工作，成为中国宣纸集团公司晒纸工，而正是这份工作改变了雷春的人生轨迹。从初出茅庐的学徒到成

为独掌一面的老师傅,雷春在中国宣纸集团公司一干就是15年。

15年累积的经验让雷春萌生了自己办厂的想法。后来雷春离开了中国宣纸集团公司,开始了自己的创业之路。然而创业并不容易,更何况雷春没有学历、资金、人脉,有的只是一腔热情和15年的造纸经验。面对重重困难,雷春转变了思维,他决定先做销售,积累资金和人脉。靠着勤恳和诚信,雷春的销售业绩蒸蒸日上。一转眼又是几年过去了,雷春终于靠自己,白手起家创办了安徽泾县七星宣纸厂。

"精耕细作"30年 不忘初心继传统

七星宣纸厂成立之后,雷春依靠自己15年的造纸经验,对招来的工人进行培训。他要求每一位工人一丝不苟、精益求精,认真对待造纸的每一个工艺。雷春说:"任何一个环节出了问题,都会对宣纸的品质产生影响。"

"手工造纸,虽然看似简单,但想要做出好纸来却很不容易。"粗略计算,手工宣纸制作需要经过六大步骤:选材、制浆、捞纸、晒纸、检验和剪纸,而细细分来,则手工制作宣纸共有108道工序。"要想制作一张品质上乘、特性优良的宣纸,泾县特有的地理条件、合适的造纸材料和经验丰富的匠人这三个条件缺一不可。"雷春说。

"我的父亲是个竹器编织手工艺人,我们称之为篾匠。做手艺的人对自己的要求都很高,父亲从小就对我们弟兄几个说,做事要有耐心,要做就要做到完美,"雷春说,"从我当学徒时做的第一张纸算起,我的造纸生涯至今已有30年了。虽然现在机械越来越先进,但在我心里,只有手工制作出来的宣纸才能真正称得上是宣纸。"

七星宣纸厂从创立至今已有近20年的时间，一直在坚持用手工制作宣纸。雷春认为："虽然机械生产更加便捷和高效，但在宣纸制造业，机械生产永远无法取代传统手工工艺。每一张手工宣纸，都经过了时间的洗礼，也都承载着中国传统手工艺乃至传统文化的精髓。宣纸制作不仅仅是门手艺，也是泾县的名片。坚持手工造纸不光是为了守业，更重要的是为了技艺的传承。"

2014年，七星宣纸厂被定为宣城市工业学校校企合作单位，雷春和夫人谢春华也被聘请为学校的培训老师。七星宣纸厂也正按照雷春说的那样，为泾县培养手工制作宣纸传承人贡献着自己的一份力量。

潜心职教　匠心筑梦

> 职业老师一定要走上专业岗位，才能真正了解所教的职业；职业教育要抓住职业，让学生认识和领略到职业的前景和魅力。职业教育更要寓教于乐，化冰冷为热情，让学生拥抱多彩的生活。
>
> ——合肥铁路工程学校　李立胜

作为一名土木工程专业的老师，李立胜深知自己教学必须要有丰富的实践知识和较强的操作能力，仅依靠书本知识难以教好学生。这一方面是因为土木工程专业理论深奥，教起来非常枯燥，学生学起来乏味；另一方面是因为部分职业学生文化基础欠佳、听课吃力，很容易产生抵触厌学的心理。如果教师具备丰富的理论知识和实用的技术，能够把深奥枯燥的理论化繁为简，用案例诠释深奥的土木理论，让枯燥的教学鲜活起来，那么学生的学习兴趣会大大提高，教学效果也会显著提高。

正是基于这样的考虑，李立胜在繁忙的教学工作之余，通过自己的努力考取了国家级注册监理工程师证书。他还利用自己的社会资源，争取到了在施工现场进行实践的机会，实地参加工程建设。从2001年开始，李立胜先后担任过监理工程师、总监代表、总监理工程师等职务，参与过肥西县某小区路道排工程、长丰县某校新校区、张集乡养老院等工程建设。李立胜一方面学以致用，为社会做贡献；另一方面积累了丰富的实践经验，为课堂教学积累了大量素材，真正做到了理论和实践的相结合。

在平时的教学工作中李立胜是个出了名的有心人。在工程实践中,他收集了大量施工工艺和施工方法资料,并将其总结加工成教学资料。在教学中,李立胜善于将实践与理论有机结合起来进行授课,使学生很容易听懂书本上的内容。他幽默风趣的教学风格受到学生的欢迎,学生们都乐意听他的课,李立胜因此多次被学生评为"最受学生欢迎的老师"。

李立胜深知,一花独放不是春,万紫千红春满园。他不但自己经常下工地,还以"土建专业老师实践的必要性"为课题,对专业教师下工地实习的必要性和作用进行深入研究,积极倡导甚至利用假期,带领青年教师到企业进行实践。这对改善专业教学效果和提高教学质量起到了很大的助推作用。

无论是对专业理论的孜孜追求,还是克服困难下工地进行实践,李立胜都是为了搞好教学,提升教学水平,提高教学质量。在德国学习期间,他学到了很多新的教学方法,如行动导向教学法、项目教学法等,加上他平时注重不断学习新的教育教学理论,李立胜掌握了多种实用的教学方法。李立胜能够根据教学内容,灵活地运用各种教学方法,他的教学深受学生欢迎。

李立胜深知能力不是与生俱来的,而是经过不断训练才能提高的。职业教师不光教知识,更重要的是培养学生拥有一定的职业能力。例如,混凝土配合比设计是"工程材料"课程的教学难点,他在设计这部分教学时,采用了小组分工的教学方法。根据具体情况,李立胜选出一部分学生,把他们安排到施工单位项目部和检测单位试验室中去,让他们"担任"项目经理、项目总工、试验主任、试验工程师……在实践中了解和解决专业难题。

再如,针对混凝土工程课程中的混凝土搅拌教学内容,李立胜模拟现场,采用情景教学角色扮演的教学方法,让学生扮演项目工程师、混凝土工等角色,自己则扮演监理部监理工程师角色。通过模拟监理工程师现场巡视场景,帮助学生了解施工过程中混凝土施工配合比、上料方法、搅拌程序、搅拌质量等。

李立胜根据教学内容,在课堂上设置相应的情境,让学生置身其中,解决问题,在解决问题的过程中训练学生、培养学生,提高了他们的能力。

在他的培养下，一大批学生顺利走向工作岗位。

李立胜是位敬业爱岗、德才兼备的"匠心筑梦者"。从教30多年来，他心无旁骛、兢兢业业、孜孜以求，在职业教育的园地里默默耕耘。由于努力和勤奋，李立胜先后被评为省专业带头人、省级名师工作坊领衔人、省特级教师、省教育系统优秀党员等，为我省职业教育发展贡献力量。

宝剑锋从磨砺出

持之以恒地努力，持之以恒地练习，持之以恒地进步。锲而不舍，必能取得良好的业绩。

——马钢炼焦总厂 李平

一份耕耘 一份收获

1986年，年仅20岁的李平退伍后被分配到马钢炼焦总厂，从事电焊工作。从上班的第一天开始，他就严格要求自己，脏活累活总是抢着干，并虚心地向老师傅请教。就这样，在很短时间内他就熟练地掌握了岗位操作技能。凭借着自己掌握的技术和积累的经验，李平发明了"带压补焊"技术，这一技术在实际运用中取得较好的效果。工作的头几年里，李平就荣获了马钢公司"电焊工技术能手""优秀青年"等荣誉称号。

面对已经取得的成绩，李平仍不止步。1999年，他考入马钢高级技工学校。经过2年机修专业知识的学习，他又返回到工作单位，干起检修钳工的工作。"钳工"，简单地说就是靠一把手锤和扳手就能搞定的工作。如何在这看似简单的工作中做出成绩，李平思考了很多。他说："在工作中要善于观察与思考、善于学习和总结。"工作之余，李平更是放弃休息时间，以厂为家，跑现场、查图纸，全身心地投入设备点检和维护工作。他还主动探寻技巧，思索解决问题的好方法，担当起厂里解决生产难题的排头兵。李平的"推焦车液压站漏油操作法"，一

举解决了推焦车液压站长期漏油的难题。2004年,他在全市职工技能比武中,获得了"马鞍山市钳工技术能手"称号。

2004年2月,李平担任了"国产化"第一套干熄焦作业区作业长。面对新的工作岗位,他更加严于律己、以身作则,充分发挥模范带头作用。在工作中,做到"心中有数、心中有路";在业务方面,积极探索新技能,总结新方法,不断优化生产工艺,规范作业标准;在管理上,他注重人才的培训,定期组织生产技术骨干利用"小讲台""单点课"等灵活多样的方式为职工讲解专业知识,营造"文明安全、讲奉献、求上进"的良好学习氛围。通过开展"一专多能""岗位之星""导师带徒"等活动,李平为职工提供施展拳脚的平台,很好地调动了职工的工作积极性和学习热情。

此外,李平充分发挥技术特长,针对疑难问题,主动出主意、拿方案,排除隐患。在作业区推进"设备零故障竞赛"及"优化干熄焦运行"竞赛活动,强化设备定修管理,降低设备故障率,积极推动干熄焦系统全面规范化生产和维护工作,为保障马钢干熄焦装置稳定运行奠定了基础。

近年来,李平参与了马钢干熄焦对外技术支持项目,先后带队完成22项国内外干熄焦装置开工与职工培训任务,受到同行一致好评,使马钢干熄焦成为炼焦行业干熄焦技术的品牌。

在李平的带领下,马钢干熄焦作业区于2010年被中国机冶建材工会评为"全国机械冶金建材系统工人先锋号",他本人也荣获马钢公司"劳动模范"及"全国钢铁行业干法熄焦工技术能手"荣誉称号。

小成功靠自己　大成功靠团队

2017年,李平被马钢公司聘为"干法熄焦首席技师",肩负起马钢六套干熄焦运行与管理的工作职责。3年来,他注重发挥团队作用,以"李平创新工作室"为平台,集思广益,鼓励创新,带领工作室成员,持续开展课题攻关、岗位创新创效等活动,以技术创新助推干熄焦生产长期稳定顺行。

马钢干熄焦装置经过"李平创新团队"不断的技术创新与改造,其经济运行指标处于国内同行领先水平,与干熄焦装置有关的两项技术成果分别获得焦化行业技术创新成果一等奖和安徽省科学技术三等奖。李平创新工作室于2015年被安徽省机械冶金工会认定为"职工技能创新工作室",于2020年4月被马鞍山市认定为"李平技能大师工作室"。

当前,李平又接到新的任务:如何顺应"绿色发展、智慧制造"的发展要求,实现马钢干熄焦生产智能化,保持公司行业引领地位……李平将在这条路上继续走下去,为马钢公司再创佳绩。

妙手剪出新天地

越努力越幸运，我的命运我做主。

——安徽省灵璧师范学校 李 文

剪纸艺术是世界级非物质文化遗产之一。作为一种镂空艺术，其在视觉上给人以绝妙的透空感和非凡的视觉享受。每逢佳节等喜庆之时，人们便将美丽鲜艳的剪纸贴在门、窗户、墙壁和灯笼上，烘托出更加喜庆的气氛。

一次偶然的机会，李文为朋友婚房创作一幅鸳鸯戏水双喜剪纸画时体会到了剪纸的乐趣，从此她便一发不可收拾，学起了剪纸。勤奋和专业的绘画功底让李文在剪纸的创作中能够举一反三、触类旁通，很快她就掌握了这门传统手工艺，并痴迷其中。

李文潜心研究创作剪纸艺术15年。她的作品线条纤细连贯，风格清秀，意境高雅。李文的剪纸技法取经于版画、国画和油画，融民间艺术与现代艺术、古典艺术与装饰艺术、中国艺术与西方艺术于一体，把南方剪纸与

北方剪纸、民间艺术与现代艺术、古典艺术与实用艺术结合了起来。既体现了刀法与纸感的和谐，又融进了写意和写实；还蕴含了精巧细腻的画幅创作与层次丰富的统一。李文在把握好传统剪纸手法的同时，又彰显出线条与色彩、单色与套色、染色与贴裱的魅力，根植于传统而超脱于传统，承继传统而又有所创新，将经典灵璧元素和自己的审美情趣融为一体，创作出别具风格的艺术佳作。

十几年来，李文扎根灵璧，遍访家乡的山山水水。在醉心山水之余，她运用剪纸艺术形式，将家乡的秀美春色、山水花鸟、地标建筑和源远流长的灵璧"虞姬、奇石、钟馗"统传文化表现得淋漓尽致。在李文看来，剪纸可循的摹本，自己已了然于胸，而创作剪纸作品则源于内心艺术灵感的迸发，是一种倾诉和对民间文化执着的追求，默默地传播着人类"真善美"的普世价值。她立足于灵璧，善于思考，勤于创造，为使剪纸这项中华民族传统手艺传承下去而付出了很多的心血。在李文的世界里，一人、一桌、一剪纸，足矣！

李文积极承办或参加各级各类比赛，在比赛中历练自己、提升自己。李文大师工作室承办灵璧县首届"凤凰杯"剪纸艺术插花大赛，李文获评优秀指导教师。2021年6月，在全县"学党史、悟思想、办实事、开新局"微党课评比活动中，荣获三等奖。作为剪纸艺术的践行者和传承者，李文把自己对剪纸艺术的理解和感悟，付之于文，著之成书。她先后编写了幼儿手工制作、绘画与手工、美术基础灯等方面的教材。

与剪纸邂逅至今,李文已获得多项荣誉和奖项。2016年,李文参加教育部、财政部组织实施的职业院校教师素质提升计划中等职业学校青年教师企业实践培训,被评为国家级培训项目优秀学员。2018年5月,被授予第四届宿州市工艺美术大师荣誉称号。同年,被评为安徽省中等职业学校公共美术课教师省级培训项目优秀学员。2019年,获批成为市级非物质文化遗产项目灵璧剪纸钟馗县级代表性传承人。此外,她还获得了多项"十佳教师"、教科研成果先进个人、优秀党员等荣誉称号。2020年12月,"李文剪纸"还被宿州市教育局认定为"终身学习品牌项目"。2021年10月,"李文剪纸"被安徽省教育厅认定为"终身学习品牌"项目。

此外,她还积极参与非物质文化遗产宣传工作,传承非遗文化。2020年5月,安徽大型综艺节目《跑神计划》举办"美丽石都·神奇灵璧"节目,安徽电视台知名主持人马滢、阿伟,安徽城市之声知名主播小虎、怡子组成跑神团,相聚在灵璧钟馗文化园中。李文接受了采访并参与互动,现场表演了剪纸绝技,向观众展示了非物质文化遗产的魅力。这一节目已被学习强国学习平台,今日头条、搜狐网、新浪、国家发展和改革委员会官网,以及《拂晓报》《安徽日报》《党政周刊》网等40多家媒体报道,为宣传非物质文化遗产贡献了自己的力量。

日前,李文就李文剪纸、李文核雕的三种技法等申请专利,希望借助知识产权的力量为传承非物质文化遗产献策献力。

寄情职教　匠心筑梦

以教育信息化全面推动教育现代化。

——安徽渔之蓝教育软件技术有限公司　李媛媛

职教情深　革故鼎新

李媛媛，毕业于蚌埠工艺美术学校，她对职业教育有着深深的感情。2015年，为响应国家"大众创业、万众创新"号召，安徽渔之蓝教育软件技术有限公司成立了，公司致力于通过信息技术的创新与服务，推动职业教育信息化可持续发展。

有人说，李媛媛是安徽职教的女儿，有人说是她推动了安徽职业教育信息化的发展。饮着淮河水长大的李媛媛，有着淮河人鲜有的细腻。职业院校求学的经历让她懂得什么是匠心，她将工匠精神注入每一个工作环节，严谨敲打着每一行代码，严格测试着每一个系统。

李媛媛作为职业教育信息化专家，她利用信息技术帮助学校提高管理水平，提升教学质量，以信息技术推进特殊教育发展，以信息技术推进安徽职业教育现代化。她用实际行动践行"劳动光荣、技能宝贵、创造伟大"的时代新风尚。

成果转化　示范引领

李媛媛多年从事职业教育研究和职业教育信息技术应用研发，在职业教育信息化领域有较深入的研究和丰富的实践经验。

在行政主管单位业务管理与决策方面，李媛媛牵头设计并承建了"安徽省教育厅职成处信息化综合管理平台""安徽省中等职业教育质量提升工程信息化管理平台"（省政府重点工作工程），"安徽省农民中职教育管理系统""安徽省中华职教社信息化管理平台"等多个省级信息化平台，利用信息化做业务流程管控，利用大数据挖掘和大数据分析，为行政主管部门相关决策提供数据支撑。

在产学研方面。与多所国家职业教育信息试点单位、"双高计划"项目院校、应用型本科学校形成长期产学研合作与共建实习实践基地。信息技术与教育教学深度融合，进一步提高教学质量与人才培养质量。

在示范引领方面。牵头设计的应用系统围绕新一代人工智能产业的机器人、语音识别、图像识别研发了多个落地应用。其中"智慧迎新生"系统还受到了教育部的认可，在全国推广应用，并取得了较好的成效。

不忘初心　牢记使命

每一行整齐的代码,都饱含着浓郁的情怀和工匠精神;每一个信息化平台的建成,都凝聚着无数汗水。作为十几年的老党员,李媛媛不忘初心,牢记使命,努力提高自身专业技能,提升软件服务能力,助力以教育信息化全面推动职业教育现代化,为推进职业教育在"中国制造2025"迈向"中国智造2035"服务进程中贡献一份力量。

不忘初心　匠心筑梦

> 重视大国工匠精神的宣传工作，培养更多的学生成为有担当、有作为的大国工匠，用工匠精神筑就新时代的"制造梦""中国梦"。
>
> ——安徽新华学校　廖磊

现年34岁的廖磊，是安徽新华学校数控专业的一名骨干教师、数控车工技师、国家级考评员。从初出茅庐的愣头小伙到技术娴熟的技师，虽然廖磊一路走来历经艰辛，但他不忘初心。虽然在最初的几年里，廖磊在职业发展的道路上有过迷茫，有过退却，但是在历经种种困难之后，他坚持了下来，并最终有所收获。

初识数控机床

高考结束后，廖磊考虑到家庭经济状况不佳，毅然决然地选择报考机械专业，想早些就业，挣钱养家。开学后，在专业课老师的带领下，廖磊参观了数控实训室，看到了数控机床，自此廖磊便深深地迷上了数控机床。实训室老师看廖磊对数控机床感兴趣，就带着他入了门。从此，廖磊学习数控知识一发而不可收。

不积跬步，无以至千里；不积小流，无以

成江海。廖磊深刻地认识到,成功是靠一点一点积累而成的,学习更是如此。作为机械专业的学生,廖磊明白自己只有不断地学习专业知识和技能,才能够有所成就。在这种信念的支撑下,廖磊在大学期间一直坚持理论学习,利用课后时间积极地练习技能。

探究数控机床

2007年7月,廖磊进入浙江兆丰机电股份有限公司技术中心实习,从事数控工艺安排、编程等工作。在各位前辈和师傅的指导下,他很快掌握了数控生产技术,成了厂里的技术人员。廖磊还利用业余时间自学更多的数控技术,解决了有关产品的一些疑难问题,为企业节约了成本。在工作中,廖磊将经手的每一个产品、每一个零件都当作自己的孩子,精心爱护,不懈打磨。

2008年7月实习结束后,廖磊进入了浙江机电职业技术学院从事数控编程与实训教学工作。从技术人员转变为教师,廖磊感觉自己压力很大。虽然压力大、困难多,但他认为这是个提升自己的好机会。面对学校多样化的数控实训设备,廖磊对设备资源进行整合,以项目为途径,以任务为载体,分组进行实训教学,从而提高了实习实训教学的整体质量。廖磊非常注重收集教学的典型案例,并结合本校学生的特点编写了数控技术实训课题,使用模块教学法教学,收到了良好的教学效果。在2011年,他还考取了数控车工技师职业资格证书,为自己的努力交上了满意的答卷。

2012年9月,廖磊进入安徽新华学校,成为数控专业骨干教师。在教学过程中,他将自己在企业实践中学到的经验毫无保留地传授给学生,希望他们能够和自己一样热爱自己的专业,为数控专业发展做出贡献。

共筑数控机床强校强国梦

细节决定成败,廖磊始终坚信这一点。无论是在企业中工作,还是投身于教学,廖磊始终严格要求学生精益求精,勇于探索、追求创新。在工作和生活中,廖磊是个追求完美的人。从事数控教学12年多以来,他始终很"较真","数控加工讲究精度、质量,只有心细如发,才能精益求精"。在教学过程中,廖磊始终向学生灌输"做事不能马马虎虎"的理念,要求学生重视细节,追求品质。灼灼年华,熠熠生辉。作为数控专业的"老师傅",他平时还特别注重学生的素养提升和职业的发展,积极组建学习型班组,指导多名学生在各类竞赛中获奖。

从教以来,廖磊勇挑重担,以身作则,甘于奉献,为培养和锻造新时代技术人才贡献智慧和力量。

扎根矿山献芳华　磨练技能成标杆

立足岗位强技能，扎根矿山立新功。

——马钢南山矿业公司　林震源

扎根采场　成就"首席技师"

1995年，19岁的林震源从马钢技校毕业后被分配到马钢南山矿，从事采掘设备大中修工作。25年来，他始终扎根在采场一线，凭着求真务实、笃学不倦、精益求精的工作作风，逐渐积累了丰富的经验，练就了扎实过硬的业务技能，在属于自己的路上，不断努力、不断前行。

为了学到真本领，林震源珍惜每一次的检修工作，仔细地观察师傅每一招每一式，并将其牢记于心。下班了，他就自己练技术，并利用业余时间翻阅各类检修方面的图书。在长期苦练之下，林震源的技能水平大幅提升。他不仅能在工作中独当一面，还参加了许多的赛事，在比赛中不断成长，先后取得"统力杯"马鞍山市第二届青年技能大赛"装配钳工"第二名、"华菱杯"马鞍山市第三届青年技能大赛"机修钳工"第一名、安徽省第七届青年职业技能大赛机修钳工第三名、第六届"振兴杯"全国青年职业技能大赛决赛机修钳工第七名的好成绩。从一个"门外汉"成长为业务尖子，再成为"拿奖专业户"，林震源不断演绎着自己的青春故事。

取得了这么多的成绩固然可喜,但他丝毫没有自满,他始终认为坚定地认为"做工作,就一定要做到位","艺多不压身"!在繁重的工作中,他还自学了焊工、制图等专业知识和技能,逐步把自己打造成一名"一岗多证"和"一岗多能"的技术多面手。现在的林震源不仅精通各类矿山机械设备的维修与安装,还精于机械设备的改造与完善。他用青春编织着梦想。2017年林震源被马钢公司聘为首席技师,成为马钢最年轻的首席技师。

立足岗位　成就"功勋矿工"

工匠皆有爱岗敬业之心。凭着对矿山事业的热爱及对本职工作的执着,林震源立足岗位,每每在急难险重情况下沉稳应对,屡出奇招,解决难题。也正因为如此,在南山矿业公司成立60周年之际,林震源和那些为南山做出过卓越贡献的老前辈一同被授予"功勋矿工"的至高荣誉。

作为最年轻的功勋矿工,林震源备受瞩目,他的工作成绩更是令人惊叹。2014年林震源发明的"不退铲杆,$10m^3$电铲推压齿轮更换法",因为安全合理地简化了检修工艺,大大降低了劳动强度,被评为先进操作法,并在马钢矿山系统推广应用。同年,他还取得了安徽省评标专家资格证书,成为安徽省入库专家。

2015年,被称为"最有生命力"的露天开采工艺的国家级资源综合利用重点工程半连续工程开工建设,他全程参与其中。因为林震源表现出色,在工程结束后他被委任为半连续工段设备副段长。虽然岗位变了,但林震源对待工作的态度始终如一。

半连续生产工艺属于全新生产工艺,多数操作人员不能驾驭这种工艺,所以培训员

工掌握生产工艺便成了难题,林震源再次勇挑重担。他既当指挥员又当战斗员,白天在生产线上工作,晚上研究工艺标准,编制培训教材。他将复杂的工艺操作过程分解成具体的操作步骤,方便操作人员掌握。经过林震源的培训,在短时间内54名新工人全部合格,成为生产的生力军。与此同时,通过对系统的分析,林震源凭借自己超强的学习能力和钻研精神迅速掌握了新工艺系统的核心和精髓,进而针对新系统开展了大量的设备改造和国产化备件替代工作。

近年来,他先后获得国家授权专利9项,国家二级创新工程师资格认证,首届全国企业创新方法大赛二等奖、第二届全国冶金青年创新创意大赛三等奖。他还获得了安徽省"538"英才工程拔尖人才、马钢劳动模范光荣称号,并享受安徽省政府特殊津贴。

情系矿山建设　铸就"工匠大师"

林震源用火一样的热情和精湛的技艺回报着养育他的十里南山,诠释了新时代产业工人的人生价值,也感染着身边的每一个人。2016年8月11日,市级林震源技能大师工作室成立。林震源深知独自前行走得很快,结伴同行则可以走得更远。他同大家商讨创新项目的实施,促进攻关成果及时转化,积极培养青年员工,带领全体职工创新创效。经过2年的努力,工作室培养出一批优秀职工、创新个人和创新团队,创新成果树已结出管理创新、技术创新、方法创新、工艺改造等方面的20多个硕果。其中,"胶带运输自控系统中高压柜稳定接受自控信号的方法""一种用于胶带运输机托辊维修的支撑装置""一种吊挂式托辊胶带运输机纠偏装置"等10多项创新成果获得国家知识产权局专利,"拓展资源利用空间,延伸矿业产业链,推进全矿床开发利用"获得安徽省重大合理化建议项目和技术改造改进成果奖,累计创造经济价值数百万元。林震源和他的团队还斩获首届中国创新方法大赛二等奖,第三届冶金青年创新创意大赛二、三等奖各1项。他本人也获得了安徽省青年岗位能手、马鞍山市技能大师工作室领头人、马鞍山市首席技师、马鞍山市技术能手、马鞍山市青年岗位能手、马钢优秀工匠等光荣称号。

"技不在高而在德,术不在巧而在心。"林震源对技艺的追求发自内心,近乎痴迷。他用自己的劳动践行着中国工匠精神,把自己打造成马钢最年轻的首席技师。他是年轻人学习的榜样,也是众多奋斗在一线的全国钢铁工业员工中的普通一员。他将继续在平凡岗位上释放出灿烂、绚丽的青春之光!

绘吉祥凤画　做工匠之师

> 作为民间绘画之一的凤阳凤画，只有与时俱进，才能获得更好的传承与发展。
>
> ——滁州城市职业学院　刘晓玲

凤阳凤画是拥有六百多年历史的安徽省级非物质文化遗产，是一种以凤凰为主题的吉祥画。凤阳凤画的形成、发展、兴盛是凤阳地区独特的地理环境、历史传承和大众心理共同作用的结果。它以其古老丰富的生命象征内涵和艺术象征形象，在凤阳地区发挥了社会启蒙和文化调适的作用，成为凤阳地区民众心中约定俗成、久盛不衰的文化传统，为凤阳人的心灵带来莫大的慰藉和情感力量。

凤画魅力　人生之恋

刘晓玲，生于1974年11月，现为滁州城市职业学院艺术系副教授、安徽省美术家协会会员、安徽省民间文艺家协会理事，是土生土长的安徽凤阳人。

起初，刘晓玲只是听从学校安排，将本地民间艺术凤阳凤画带入职业学院课堂。但随着对凤画艺术了解的加深，特别是拜省级凤画传承人、工艺美术大师吴德椿先生为师后，刘晓玲对凤画的兴趣越来越浓，对传承与发展凤画有了强烈的使命感。自此之后，她把工作以外的时间都交给了凤画，不懈创作。

绘吉祥凤画 做工匠之师

刘晓玲的凤画作品曾获得过全国教师美术书法摄影作品竞赛专业组二等奖,先后入选全国农民画展、安徽青年美术大展和滁州美术双年展,共有50多幅作品参加了凤阳凤画专题展览。刘晓玲的凤画作品还被宜兴美术馆、皖西博物馆、安徽财经大学收藏,获得了人们的喜爱和认可。她还收集整理了凤阳凤画历史照片300余张、凤画作品图片200余幅,并将其制作成电子档案;她开展田野调查,对在世凤画传承人进行采访,为凤画的保护、传承、发展与研究贡献良多。刘晓玲不仅注重凤阳凤画的创作,还注重理论的研究。刘晓玲发表论文数篇,并著有凤画研究专著《凤阳凤画理论与实践研究》。

沤心沥血　工匠之师

非遗走入职业院校的课堂既是出于保护非遗的需要,又是出于培养职业人才的需要。刘晓玲不断探索职业院校非遗保护与传承工作,完成了"凤阳凤画"省级精品课程的建设,促进了民间美术教育教学观念转变、教学内容的更新和教学方法的革新,提高了人才培养质量,推动了高等学校优质课程教学资源共建共享。

由于教学能力过硬,刘晓玲在2019年及2018年安徽省高等职业院校教学能力大赛获得一等奖1次、二等奖1次,获得省级教学成果二等奖、安徽省"文明风采"竞赛优秀指导教师奖。她还获得了滁州巾帼标兵、学院优秀教师等荣誉称号。

刘晓玲主持、参与了多项课题,完成省级精品课程"凤阳凤画"的建设,建立了安徽省创新行动计划凤画技艺大师工作室。凤阳凤画精品资源共享课程不但服务于在校学生,还惠及热爱中国传统民间文化,愿意了解、学习凤阳凤画的社会人士。近年来刘晓玲又以凤画技艺大师工作室为平台,培养了大量凤画技艺人才,为本地非遗文化的传承发展做出了突出贡献。她不仅培养了大量凤画技艺人才,还将文化传承、文化研究与文化产业教育相结合,促使滁州城市职业学院的凤画大师工作室成为中华优秀传统文化教学的基地和研究的平台。刘晓玲借此打造了一个以民间艺术与教育发展相融合的文化产业,填补了本地特色文创旅游产品的空白。

多年来,刘晓玲在业余时间为喜爱绘画的学生及社会人士提供免费教学,用自己的言行影响着每一位学生。她将继续传承发展凤阳凤画,为优秀传统文化发展添砖加瓦。

产教融合　传承非遗

> 非遗技艺的传承需要与日常生活相结合，与现代技术相结合，与学校相融合，让更多的年轻人了解非遗，认识非遗，传承非遗。

——铜陵职业技术学院　刘哲军

刘哲军，高级工艺美术师，铜陵职业技术学院教师，2014年获批省级优秀教师。他负责学校的工艺品设计与制作专业建设工作，近年来配合学院连续开展了三届海峡两岸铜陵铜雕艺术大学生实训夏令营活动。在铜艺产品创新设计方面，刘哲军注重将传统工艺与现代技术相结合，将工艺产品与文创产品相结合。在实践中，他将非物质文化遗产"失蜡法"铸铜工艺和锻铜工艺与现代3D建模技术相结合，开发了实用性、装饰性俱备的文创产品，助力非物质文化遗产传承与发展。

非物质文化遗产"失蜡法"工艺也称"熔模法"，其制作工艺主要包括以下几个步骤：第一步泥塑模型；第二步制作硅胶阴模模具；第三步将蜡与硅胶阴模模具结合制成蜡模；第四步在蜡模外敷造型石英砂材料，制成整体铸型；第五步加热石英砂模将蜡融化，形成空腔铸范；第六步在空腔中浇入液态铜水，铜水冷却后得到成型铜工艺品。

按照校企"共建、共管、共享"的原则，刘哲军联合铜

陵百度装饰设计公司、铜陵铜官府文化创意股份公司等行业龙头企业,依托"铜工艺传承创新平台",建设智慧型、开放型、设计型、生产型实训实践教学创新设计工作室4个。在校内实践教学基地和工作室中引入企业管理理念和管理文化,完善实训基地管理制度,加强实训基地管理,使实训平台能为区域性经济发展服务,并与周边地区的文化产业示范基地和产业园区一起成为具备设计研发、创意孵化、成果转化、技能培训、知识产权转换等功能的设计创意产业基地。

刘哲军参与企业主持起草的国家轻工行业"铸胎珐琅工艺品""锻铜工艺制品"两项行业标准获批在行业内产生巨大影响。通过内培和外聘等措施,刘哲军到企业进行培训,聘请企业设计师进校授课,力图打造一支精艺术、懂技术、会学术"三术型"高水平师资队伍,使艺术设计专业创新型教学团队在行业领域具有更大的影响力。

为响应国家"一带一路"倡议,开展广泛的国际合作与交流,提升专业国际影响力,发挥"铜陵市铜雕艺术研究院"省级对台交流基地的作用,刘哲军充分利用海峡两岸(铜陵)铜雕艺术大学生实训联盟、海峡两岸铜雕艺术大学生实习基地开展交流活动。在活动中,来铜交流学习的

台湾省高校有9所,师生有200人次。

为传承传统文化,刘哲军邀请省级非物质文化遗产"中国传统失蜡法"传承人郑东平,成立郑东平大师工作室,并依托铜陵市铜雕艺术研究院,打造"铜工艺传承创新平台"。刘哲军在非遗传承、人才培养、设计研发、交流展示、创新创业五大方面开展了大量的工作,将铜艺特色文化创意设计全方位植入校园,美化育人环境。他还承办了铜陵市大国工匠"铜艺产品设计"人才培养项目,充分发挥铜艺文化育人的功能,助力学生成为在创意、艺术、技能方面有创造性的个性化人才。刘哲军将继续带领师生开展铜艺文化创意活动,为铜陵区域文化发展贡献才华和智慧。

躬身为师 传承技艺

> 其实，我的追求很简单，我希望把自己的知识和技术传授给我的学生，让他们有一技之长。
>
> ——宿州应用技术学校 陆杰伟

练就十八般真本领

陆杰伟的父亲是县城机械厂的一名工程师，陆杰伟从小就经常跟父亲去厂里玩。他好奇地站在庞大的机器前，听着机器轰鸣的声音，看着飞转的钻头，对机器产生了浓厚的兴趣。他经常偷偷地把家里的缝纫机、墙上的挂钟拆掉又装回去，这样一玩就是半天，乐此不疲。初中毕业后，陆杰伟报考了当地的技校，学习自己喜爱的机械加工专业。经过3年的刻苦学习，他掌握了专业基本知识和技能。

1988年大学毕业后，陆杰伟被分配到中煤三建总机厂工作。工作期间，他踏实肯干，遇到不懂的地方，就向老工人请教，将知识和经验记录在随身携带的小本子上。在厂里师傅的指导下，陆杰伟很快掌握了普通车床车削技术。在工作中他及时地将生产中出现的问题反馈给生产厂家，生产厂家根据反馈迅速做出回应，对设备进行技术改进，大大提高了工作效率。在工作闲暇之余，陆杰伟还自学了焊接、数控、线切割等技术，逐步成长为厂里的技术骨干，并多次受到表彰。

深耕职教绽芳华

2001年是陆杰伟人生中不平凡的一年,在这一年里,他被宿州市第二职业高级中学(宿州应用技术学校前身)聘为机械加工专业实训指导教师。在职业教育的田地里,他已辛勤耕耘了17个春秋。

在这个岗位上,作为职教战线上的新兵,陆杰伟从头学起,努力学习教育教学理论知识,钻研实训教法。每次上实训指导课时,他都丝毫不敢马虎,在车间里先精制教学实训物件,然后再在课堂上精确地展示实训物件,认真地教学,把自己的技能毫无保留地教给学生。

2011年,陆杰伟的学生张赛在全省职业院校技能大赛中获一等奖,并进入国赛。在集训期间,他研究加工精度技巧,每晚忙到十二点多才休息。就这样,陆杰伟和学生一起学习钻研,共同进步。功夫不负有心人,在陆杰伟的指导下,张赛最终在全国职业院校技能大赛中荣获铜奖,陆杰伟为自己、为学校和安徽省赢得了荣誉。

此后,陆杰伟辅导的学生在市、省以及国家级职业院校技能大赛中相继取得优异的成绩。2012年,他指导的学生孙邱鹏、张乐获得安徽省中职组普通车工二等奖。2013年,王也获得宿州市普通车工项目一等奖、安徽省车工项目一等奖,李雅格获得安徽省车工项目二等奖。2014年,韩星星获得全国职业院校技能大赛铜奖,陆翔宇获得"中望杯"全国机械职业院校"零部件测绘三维数字建模与制图"技能大赛零部件测绘赛项三等奖,王福康获得宿州市普通车工项目一等奖、安徽省中职组普通车工一等奖。2015、2016年,陆翔宇在安徽省职业院校技能大赛中获得机械零部件测绘与绘图技术项目二等奖、中职组车加工技术项目一等奖,在全国职业院校技能大赛中获得中职组车加工技术个人三等奖。2017年,曹建成获得宿州市普通车工项目一等奖、安徽省职业院校技能大赛中职组车加工技术个人一等奖。陆杰伟本人多次被授予"优秀指导教师"称号。

"师者,传道授业解惑也。"作为实训指导教师,在执教过程中,陆杰伟坚持把"立德树人""传道授业"放在首位。中职学生文化基础相对薄弱,上课的积极性不高,但他坚信没有教不好的学生,坚信在教会他们做事之前,更重要的是教会他们做人。为此,他走到学生中去,做学生的知心朋友,帮助学生解决困难,确定人生目标,树立理想抱负。陆杰伟始终认为:"教好学生,让学生成才,就是现在我所追求的目标。"

为技艺坚守　为未来传承

坚守岗位，坚持信念，坚信自己。
　　　　——安徽江淮汽车集团股份有限公司　鹿　伟

　　毕业于安徽汽车工业技师学院的鹿伟是"合肥市涂装技能大师工作室"的领衔人，现就职于安徽江淮汽车集团股份有限公司重型商用车分公司，从事汽车涂装技术工作。在涂装岗位上，鹿伟一干就是20年！

　　鹿伟在校学习的是汽车涂装专业，进入公司后他接触的人生第一个工作就是汽车涂装喷涂。那时的国内汽车行业涂装工艺还没有机器人自动喷涂装备工艺，所有的涂装工作几乎都是靠人工操作完成的。

　　刚接触涂装喷涂时，鹿伟每天跟在师傅后面观摩学习。看着师傅在防护用品的保护下，挥动着喷涂工具，他非常好奇，跟在师傅后面学习喷涂的一招一式。看到一台台冰冷的金属件被喷涂上各种亮丽的颜色时，鹿伟期待着自己也能像师傅一样掌握喷涂技能，尽快上岗。然而，随着工作、学习的不断深入，鹿伟越来越不适应涂装喷涂工作的苦、脏、累，以及有毒有害的作业环境。2000年前后，涂装作业环境非常恶劣，夏季喷漆室中高温高湿，喷涂工人还要穿戴厚厚的防护服，全身起了痱子，被汗水持续腌渍，痛苦不堪；睫毛上和指甲缝里的油漆无法清理干净；由于长期戴防毒口罩，面部出现了很多勒痕，不得不每天往脸上涂抹大量的凡士林，防止面部被勒伤；车间里不能洗澡，经常下班带着一身油漆味回家。这些困难对于当时20岁不到的鹿伟来说是个极大的考验。工作了一段时间后，当时一起来学习喷涂的同事最后只剩下他一个人。这期间他也有过换岗位甚至是离职的想法，车间领导就这一情况多次找鹿伟谈话，认为他是个干喷漆的"好苗子"，不干涂装工作很可惜。鹿伟想着单位很需要喷涂工，如果连自己也走了，可能会影响车间的生产。在犹豫中他慢慢地静下心来，告诉自己无论多苦多累都要好好学习喷涂技能，不能影响单位的正常生产。等学好这门手艺,单位喷涂岗位有了新工人,自己再离开也不迟。就这样,鹿伟留了下来。

经过2年多的学习和工作,鹿伟的喷涂技能愈发娴熟,还学会了喷涂岗位其他的技能,带起了徒弟,当了小师傅,被聘为车间班组长。看着自己的工作得到领导和同事们的认可,看着自己也可以像当初师傅那样喷涂出一台台合格的产品,鹿伟的成就感越来越强,之前的那种学好技能再离开的想法也越来越淡了。他觉得身边的一切越来越亲切,想要学习的东西越来越多,对涂装工作越来越感兴趣。

2002年,公司的新产品瑞风商务车需要进行小批量生产,车间把重要的喷涂工作交给了鹿伟。而鹿伟之前喷涂的是表面积较小的单涂层卡车,喷涂工艺、质量等方面的要求和瑞风车喷涂相比有很大差异。正在这时,公司安排鹿伟去韩国现代公司学习。通过此次学习,鹿伟懂得了要想学好涂装不能仅满足于学会涂装技术,还要懂得如何在现场、设备、工艺

上做好质量预防性管控。学成归来,鹿伟积极配合车间从细节着手,制定出现场质量提升管控方法,使瑞风车的漆膜质量得到了较大幅度的提升。虽然当时的涂装作业环境、工艺设备条件和现代公司的相比有较大差距,但公司员工用手罐枪喷涂出来的漆膜质量和认认真真的工作态度还是让现场的韩国人竖起了拇指。从每天生产一两台合格的产品到每天生产出近40台合格产品,产品数量及质量满足了瑞风商务车的初期市场需求,鹿伟个人也在此期间得到了锻炼。

2005年,为满足市场需求,公司决定将高端轻卡的面漆升级为金属漆。鹿伟接到首批5台高端轻卡的试喷任务时,时间已临近春节。为了

不耽误公司正常生产进度,按时完成高端轻卡的试喷任务,鹿伟利用正常生产结束后的时间进行高端轻卡试喷工作。喷涂完成后的漆膜附着力不好,导致车身表面出现了大面积漆膜脱落现象。多次返修后,老的缺陷未能解决,新的漆膜缺陷又逐渐凸显。由于缺少多涂层低温型油漆现场喷涂经验,尽管他三天两夜吃住在车间里,但仍然未能成功。带着失落的心情,回到家已是大年三十的下午了。春节在家,鹿伟的脑子里一直在想着怎样去解决这个问题。趁着空闲,他仔细地对试喷的环节一项项进行梳理,终于找到原因,节后立即和车间反馈,并成功解决了这个问题。

这件事让鹿伟深刻意识到喷涂工艺严谨的重要性,学习到了新材料的使用方法,也领悟到了工作再忙也不能急躁,只有静下心来认认真真、踏踏实实地去做,才能不断地提升自己。

在后来的工作中,鹿伟相继完成了公司多种新车型涂装验证工作,个人的业务能力也逐步得到了提升。在涂装技能大赛中,他多次获得涂装工技术状元称号。2012年,他成为公司第一个涂装工高级技师,也是公司第一个"80后"高级技师。2013年,以他个人名字命名的涂装工技能大师工作室挂牌成立,该工作室先后获得了安徽省"创新工作室""合肥市大师工作室"称号。鹿伟个人也获得了"538英才""合肥市名师带高徒"及"劳动模范"等荣誉称号。

鹿伟现在主要承担公司重卡产品涂装现场工艺技术管控、疑难问题攻关和人才培养工作。他先后完成公司重卡产品车身升级水性漆项目,实现了国内第一条商用车水性漆喷涂的应用;完成水性漆漆膜外观质量攻关、特种色油漆手工喷涂混线生产攻关、涂装输调漆供漆小系统应用、跨越涂胶密封性研究与应用等诸多项目,拥有发明专利4项。在公司高端重卡"跨越"产品涂装现场技术攻关和品质提升项目中,鹿伟围绕"密封性""防腐性""美

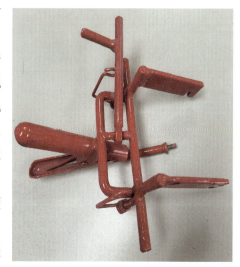

观性"三大涂装特性,通过对标和多轮攻关,促使公司高端重卡跨越产品漆膜质量的各项技术指标基本达到标杆车的水平,实现公司"跨越"产品涂装质量水平领先国内主要竞品重卡产品,树立了国内重卡行业新标杆。在技术攻关、提升产品品质的同时,鹿伟还解决了诸多涂装生产瓶颈等问题,为公司提质增效奠定了基础。

鹿伟利用技能大师工作室平台,创新开展高技能人才培养开发工作,对现场型、技能型、复合型等多种类型人才开展有针对性的培养工作,依托项目攻关技术创新,采用师徒结对培养法、"理论直教+操作指导"培养法、分层培养法、"以赛促练"培养法、"岗位交叉互换"培养法等培养方法开展"传帮带"工作,累计培训700余人次,先后培养涂装技术人员1名、涂装技师1名、现场技术管理人员1名、高级工7人,并完成合肥市名师带高徒培训任务,为公司的经营发展提供人才保障。

鹿伟工作的20年来一直扎根生产一线,立足现场、坚守岗位,本着"用一生钻研一门手艺,把一生奉献给一项事业"的初心,努力学习;依托公司的资源和大师工作室平台,发挥自身专业优势和模范带头作用,精益求精做好现场技术疑难问题攻关工作,传承技能,带好队伍,以培养出更多的涂装人才,为公司的发展作贡献!

以赛促学　以赛促教　情系创新教育

> 大学生竞赛指导教师要坚持立德树人，推进创新创业教育，发挥学科竞赛活动在教育教学改革和创新人才培养中的重要作用。

——马鞍山职业技术学院　罗家毅

创新实验室里的"孩子王"

对于刚刚30岁的罗家毅来说，今年已是他在高校工作的第九个年头了。9年里，除了完成正常教学和科研工作外，罗家毅总是"泡"在创新实验室里，与他的那些喜欢动手实践的大孩子们一起，为了每年暑假的各类学科竞赛进行着日常训练。与其说罗家毅是他们的指导教师，不如说他是他们当中的"孩子王"。

创新实验室里的这些同学里既有大一的新生，也有一些临近毕业的学生。他们都有一个共同点——以实验室为"家"，除了上课睡觉外，他们基本都待在实验室里。他们大多数从大一开始就一直跟随罗家毅学习，罗家毅也与他们一起顶着寒暑熬夜备赛,经常吃睡在实验室里,一起为解决问题日夜煎熬,为赛场上的次次征战呐喊助威……这些大孩子与罗家毅年纪差距不算太大,师生间格外有共同语言,私下里大家都会亲切地喊罗家毅为"老罗"。

创新实验室与普通的教学课堂不同,其主要培养大学生的实践动手能力。罗家毅积极向学院申请学科竞赛经费,为实验室添置"家当",实验室里摆满了各种小巧实用的电子设计、魅力无穷的智能车模型,以及时尚的旋翼无人机……实验室里的这帮孩子成天埋头做实验。因为白天课程较多,他们多利用课余时间,甚至是节假日,在实验室里看书备赛。这些学生健康快速地成长着,很快他们便可以在每年的各大学科竞赛的赛场上一展风采。

赛出成绩　赛出友谊　赛出风格

早在2010年罗家毅第一次参加全国智能车竞赛时,他就深深地迷上了这个集自动化控制、计算机编程、电子技术、传感器、机械等众学科知识和原理为一体的智能小车模型,在获得安徽省赛区的二等奖后,又在全国大学生电子设计竞赛中获得了省一等奖。从教之后,罗家毅以竞赛负责人及指导教师的身份坚持指导学生参加电子设计、智能汽车、机器人、单

片机、工业自动化等各大学科的竞赛，累计培训指导学生1800人左右，其中参加省级及以上赛事的有400多人，获国家级奖项近10项、省级一等奖20余项、省二等奖及三等奖60余项，培养了一批批实践能力突出的创新学生。

罗家毅时常鼓励学生找准定位，发挥特长。经过大学4年实验室事务的锻炼和竞赛磨砺，创新实验室中的这些学生之间建立了深厚的友谊。他们不仅在专业学习上有了长足的进步，而且在实验室的培养环境中发挥了专长。有的人理论成绩平平却动手能力突出，有的人擅于某一技能，有的人积累了丰富的团队管理经验，有的人在社会交往中有所收获……他们在后续的学习和生活中有了更多的追求，不知不觉成为班级里的领头羊，在期末统考、计算机等级考试、评奖评优、毕业设计，尤其是考研和就业中表现突出。罗家毅与学生们在学科竞赛团队的建设过程中也有所收获。

传承精华　守正创新

> 弘扬中医药文化，传承国药精粹，要怀有仁心仁德，传承与创新并举，才能更好地为人类健康服务。
> ——安徽中医药高等专科学校附属医院（芜湖市中医医院）　祁　俊

几千年以来，中医药为中华民族的繁衍昌盛做出不可磨灭的贡献。在发展过程中，人们不仅积累了丰富的中药炮制方法与技术，而且发明了一套中药炮制加工工具。中药炮制是指在中医理论的指导下，按中医用药要求将中药材加工成中药饮片的传统方法和技术，古时又称之为"炮炙""修事""修治"。药物经炮制后，不仅可以提高药效、降低药物的副作用，而且方便存储，药物炮制是中医临床用药的必备工序。2006年5月20日，中药炮制技术经国务院批准列入第一批国家级非物质文化遗产名录。

传承国粹

现年54岁的祁俊是国家中医药管理局中药炮制技术传承基地的传承人。1982年，年仅16岁的他初中毕业后，以优异的成绩考入芜湖中医学校（现为安徽中医药高等专科学校）中药专业学习。在校期间，在吴厚献、魏贤英、孙火玉等老师的悉心指导下，祁俊刻苦学

习中医基础理论、中药学、中药炮制、中药鉴定、中药制剂等中医药知识，掌握了中药实践操作技术。从此，祁俊就与中医药结下不解之缘，被中医药深厚的文化底蕴和博大精深的技艺所吸引。

1985年，19岁的祁俊中专毕业后，被分配至芜湖市中医医院（安徽中医药高等专科学校附属医院）从事中药加工工作，又有幸与范正田主任中药师，张才武、张太慈、邢昆等老药工（他们都是芜湖张恒春药厂经验丰富的药工）一起工作。中药加工炮制技术的好坏直接关系到中药饮片质量和临床疗效，坊间早有"炮制不严而药性不准"之说。中药炮制分为修制（纯净、粉碎、切制）、水制（润、漂、水飞）、火制（炙、烫、煅、煨）、水火共制（煮、蒸、炖）等，每种中药需要根据药性和临床辨证施治的需要进行加工炮制，才能发挥药效。这就要求中药加工人员必须掌握每味中药的药性、炮制方法和技术，这样才能保证中药质量和疗效。

祁俊当时所在的芜湖市中医医院日门诊量近万人，中药饮片有500多味，日使用量有1000多公斤，中药饮片全部靠医院职工自己加工。中药炮制工作条件艰苦，工作脏累差，因此许多中药加工人员不愿意从事这项工作。由于祁俊能吃苦，加之对中药加工炮制工作十分热爱，对患者高度负责，他接下了这份工作。祁俊虚心地向老师傅们请教、刻苦地学习，先后师从范正田主任中药师、张太慈老药工及张才武老药工学习传统中药火制技术、水火共制技术、传统制剂技术，并跟随邢昆老先生学习中药临床运用技术。在各位中药老前辈的指导下，祁俊很快掌握了中药修制、水制、火制、水火共制等炮制技术和中药传统剂型丸、散、膏、丹的加工技术，成为医院中药炮制技术骨干。2016年，芜湖市中医医院被国家中医药管理局批准为国家级"中药炮制技术传承基地"，祁俊被认证为中药炮制"恒制派"第六代传承人。

创新发展

中医药是中华民族的伟大创造，为中华民族繁衍生息做出了巨大贡献，对世界文明进步产生了积极影响。虽然中药汤剂一直是中医防治疾病的主要手段和方法，但由于煎煮麻烦、药汁苦涩，难以适用于当代人，特别是年轻人、儿童以及长期服用的人群,中医药在防病治病中的特色优势难以发挥,老中医专家的临床经验得不到很好的传承。为了解决这些问题,祁俊带领技术团队,通过夜以继日的实验,攻坚克难,利用现代先进药学技术和工艺将名老中医专家临床经验方和中药古老汤剂改造成颗粒剂、胶囊剂、合剂等现代剂型。这不仅方便患者携带、使用,而且有利于提高中药质量和疗效,提高患者依从性。祁俊先后将国家级名老中医骨伤科戴勤瑶、内科李有伟、心血管科郑梅生、脾胃病科唐喜玉、妇科束琴等医生的验方,开发成40多种中药制剂,并获得药监部门批准销售,年销售额达3600万元。由于医院的这些中药制剂疗效好、质量高、价格低廉,因此吸引了省内外患者前来就诊求药,扩大了医院的影响力,提高了医院声誉,发挥了中医药的独特优势。这一举措不仅受到广大患者的欢迎,而且得到了国家中医药管理局和安徽省中医药管理局的肯定。

祁俊带领团队成员与临床合作,积极开展中药现代化研究,先后获批校级、市级、省级、国家级科研项目10余项。特别是治疗高血压的中药制剂"玉夏胶囊"和防治股骨头坏死的中药制剂"五虫化瘀通络胶囊"在全国属于首创,填补国内相关领域的空白。科研项目"降压制剂证候和疗效研究"取得安徽省科技成果,"新安医学降压中药玉夏胶囊临床疗效研究"项目获中华中医药科技成果三等奖,"中药降压制剂证候及疗效评价"项目获芜湖市政府科学技术二等奖,"新安医学中药降压制剂玉夏胶囊治疗高血压临床疗效"项目获中华中医药学会科学技术三等奖,"玉夏胶囊降压作用机理研究"获安徽省中医药学会科学技术二等奖;"复方中药降压制剂的研发应用"项目获安徽省中医药学会科学技术三等奖;"抗股骨头坏死中药制剂开发应用"项目获安徽省中医药学会科

学技术三等奖、芜湖市总工会职工创新成果大赛二等奖和2016-2018年安徽中医药高等专科学校"科研成果二等奖"等。

祁俊从事中药炮制和制剂技术工作和研究已有35年,在其工作室里存放着的学习笔记和实验记录有200余本。他将工作中的经验和心得体会详细记录保存下来,出版著作2部,在国家级专业期刊发表学术论文30余篇。

如今,祁俊仍坚守在中药炮制、制剂加工、中药传承和创新的第一线。从2008年起,祁俊担任安徽中医药高等专科学校附属医院(芜湖市中医医院)国家中药制剂能力建设项目负责人、国家中医药管理局中医临床药学重点专科负责人和学科带头人、国家中药炮制技术传承基地负责人和传承人、芜湖市总工会"祁俊创新工作室"带头人。他还是安徽中医药高等专科学校药学系兼职教授,依靠自身经验指导学生学习,致力于传承中药传统技术,培养中医药文化新人。祁俊认真贯彻落实习近平总书记关于对中医药工作作出的重要讲话和指示精神,遵循中医药发展规律,传承创新,守正精华,切实把中医药这一祖先留给我们的宝贵财富继承好、利用好、发展好,为人类健康服务。

传承针推技艺　　服务健康中国

> 针灸推拿是中医传统特色治疗手段之一，在人类疾病治疗和预防保健中发挥重要作用。我们要努力继承和发扬针灸推拿技术，为实现健康中国增添动力。
>
> ——安徽中医药高等专科学校　强　刚

精心施教　匠心育人

强刚是安徽中医药高等专科学校的一名退休教师，现年65岁。自参加工作以来，强刚一直从事针灸推拿专业教学与临床诊疗工作，先后承担推拿学、推拿手法学、推拿治疗学、推拿练功学、保健按摩学、中医伤科学、骨伤科护理学、中医筋伤学、中医养生学、气功学概要等课程的教学工作。在教学中，他坚持为人师表，管教管导，严格按教学进度实施教学，不迟到、不缺课；认真组织教学，坚持课后与学生进行交流，收集学生的教学反馈，以调整和改进教学。由于工作认真、踏实肯干，强刚深受学生的好评，在每学期的教学评估中都名列前茅，并多次在年度考核中获评优秀。

强刚坚持采用启发式教学结合临床的方法进行示教，授课思路清晰，重点突出，并能根据多年的教学经验，灵活采取多种教学方法，教学效果明显。强刚因此深受学生的爱戴和好评，并于2007年、2009年两度被评为"芜湖市优秀园丁"。

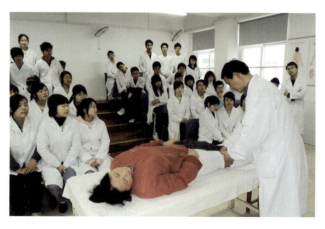

潜心教研　立德树人

强刚一直致力于针灸推拿专业的教学研究与教学改革，多次组织专业教学计划修订工作，不断完善技术技能型专业人才培养体系；主持、参加多项教学研究项目，不断提升育人水平。他先后承担校级精品课程"推拿治疗学"，校级教研课题"以就业为导向高职高专针灸推拿专业人才培养模式的研究与实践""中医师带徒模式在推拿专业实践教学中应用的可行性研究"和"省级针灸推拿示范实训（实验）中心"等教学研究项目；指导学生参加全国中医药职业技能大赛，先后获省级教学成果奖三等奖1项、二等奖1项，校级教学成果奖一等奖1项，2011年他指导的学生参加全国中医药职业技能大赛——针灸推拿技能大赛获团体一等奖，校级教学成果奖一等奖1项，强刚获指导教师一等奖。

笔耕不辍　硕果频出

强刚在紧张的教学工作之余，坚持总结和提炼教学、临床经验。他先后出版了《家庭中医药1000问》《针灸推拿概要》《中医临床备要》等14本专著，在国家级、省级刊物发表《辩腰腿痛中的骶髂关节错缝症》《试述点按手法在软组织损伤中的运用》《推拿治疗骶髂关节错缝症148例》《推拿治疗椎动脉型颈椎病180例报告》《〈推拿治疗学〉教学中突出能力培养的几点体会》等多篇专业学术论文。

强刚还积极参加专业教学资源建设，先后主编《中医养生学》《康复评定学》《常用推拿手法》《推拿技能一体化实训教程》等校本教材；主编《保健按摩学》、全国高职高专"十一五"规划教材《中医伤科学》及习题集。他牵头起草的全国高职高专"针灸推拿专业（专科）规范""针灸推拿

专业实训基地设置标准",经教育部高职高专教育指导委员会批准,成为高职高专针灸推拿专业教学规范指南。强刚还起草制定了全国中医药职业技能大赛——2011针灸推拿专业技能大赛方案,为专业建设深化改革做出了一定的贡献。

理论与实践融合　提升技能

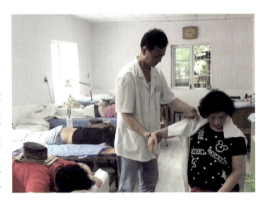

多年来,强刚在完成教学任务的同时,始终坚持到学校附属医院开展临床实践,以提升教育教学能力和实践技能水平。经过多年的实践活动,他对颈椎病、肩周炎、腰椎间盘突出症、腰背筋膜劳损、椎管狭窄症、根性神经痛等多种软组织损伤的常见病、疑难病,骨折、脱位后遗症,以及内科之脑卒中后遗症、失眠、头痛、胃脘痛,妇科之痛经、月经不调,慢性盆腔炎,儿科之感冒、咳嗽、腹泻、便秘、疳积、肌性斜颈等疾病的治疗均有独到的见解和方法。

强刚一直在指导学校针灸推拿协会开展针灸、推拿、康复保健专业技术服务,指导学生提高服务意识和针灸推拿实践能力。因教学成绩突出,业务能力过硬,强刚于2015年获"芜湖市首席技师"和学校"优秀学生团体指导教师"称号。

直到现在,强刚还坚持在芜湖市镜湖区医院和芜湖市镜湖区荷塘社区卫生服务站开展医疗卫生服务工作,深受患者好评。他默默地用针灸推拿技术技能助力实现健康中国。

勤奋执着坚守　浇灌职园之花

> 要努力提升自己，用一生去影响和改变学生，让他们拥有技能和梦想，成为对社会有用的人！
>
> ——宣城市机械电子工程学校　芮玉琴

树立初心

1993年，芮玉琴因病在中考中发挥失常，没能考上理想的高中。按照当时的中考成绩，芮玉琴只有两个上学的选择：一是选择就读离家较远的一所普通的高中，二是选择就读一个人们还不太认可的职业学校。芮玉琴出生在一个世代务农的贫寒家庭，幼年的穷苦使芮玉琴早早就懂得了生活的艰辛。父母身体不好，如果芮玉琴继续选择读高中、上大学，会给家庭带来巨大的负担。权衡再三，芮玉琴最终选择了读职高，学门技术。

新学期伊始，父亲将芮玉琴送进宣城市机械电子工程学校（原广德横山高级职业中学）机电专业班学习。钳工工艺、机械制图、机械基础、电工技能、金属材料热处理、车工工艺等课程让她耳目一新，而芮玉琴最感兴趣的还是机电专业的技能课。毛坯件经过自己的手加工成成品，各种电器元件被组装成工件……这个过程很神奇，也让芮玉琴很有成就感！芮玉琴越来越喜欢机电这个专业，她暗下决心，一定要认真学习，练好技能，将来当一名职教老师，努力培养学生，让他们掌握技能，成就未来。

1996年7月，芮玉琴以优异的成绩和较高的综合素质考入安徽农业技术师范学院。大学期间，她更是如饥似渴地学习专业理论知识，认真完成各个学科的学习任务。经过努力，芮玉琴的各科成绩名列前茅，曾获一等奖学金2次，并获"优秀班干部""三好学生"等称号，还光荣地成为一名预备党员。

专研提升

　　1999年大学毕业后，芮玉琴圆了自己的教师梦，成为一名数控专业的教师。数控综合加工技术是指在数控机床上进行零件加工的一种工艺方法，是用数字信息控制零件和刀具位移的机械加工方法。它是解决零件品种多变、批量大、形状复杂、精度高等问题，实现高效化和自动化加工的有效途径。面对新的技术要求，芮玉琴不错过任何继续学习的机会，不断刻苦钻研业务，不断提升自身理论和技能水平。她不厌其烦地向有经验的教师或是通过网络资源，向同仁请教。她利用课余时间自学了数控车编程和操作技能。随着经济快速发展，产品的形状及结构更加复杂，原有的技术不能满足社会的需求。这要求芮玉琴必须会操作更加复杂、精密的机床，需要学会利用电脑自动编程。面对新的挑战，芮玉琴在下班后，一头扎进自动编程软件学习中，学习CAXA数控车和Master CAM数控软件，通过软件模拟不断优化生产参数，力求将产品打磨到完美。为了解先进的生产技术和掌握实践操作技能，有针对性地进行教学，她利用寒暑假到企业里实践，和技术人员、工人师傅同生产、同吃住，学习技术。就这

样,芮玉琴的技能操作水平有了很大程度的提高。她先后考取钳工技师证、数控车技师证、电工技师证、电焊中级证、自动化助理工程师证。

芮玉琴通过学习和实践,积累了丰富实用的教学知识。她积极参与教学研究,撰写的论文、教学软件、校本教材获省、市、县级奖项12次,并在国家级、省级刊物发表5篇论文;在省、市优质课比赛中获省二等奖,市一、二、三等奖。荣获广德县首届广德工匠、宣城市骨干教师称号,是县级技能大师工作室、宣城市技能大师工作室主持人;还被评为数控车技能考评员、广德县评标专家、安徽省评标专家。

倾心耕耘

芮玉琴把每一位学生都当作自己的亲人,把所学所获毫无保留地传授给他们。她尊重并时常鼓励学生,动之以情,晓之以理,导之以行,真正走进孩子的学习与生活中,了解他们的优点和不足,想用自己真挚的情、浓浓的爱去感染每一位学生,使每一个学生都健康成长。

为提高教学水平,芮玉琴认真研究教材教法,研究新课程标准,注重多方位培养学生能力和良好的学习习惯,对工作讲求实效,对学生因材施教,帮每位学生制订出有针对性的学习计划。2009年,她所带的中职机电班学生有7人考入了二本学校,2012年有2人考入了二本院校,2017年班级有10名学生考入二本学校,专科达线率100%。芮玉琴还培养了一大批数控领域的专业人才,如芮奇卫现为广德睿德机械有限公司技术骨干,获宣城市第五届"宣城市技术能手"、广德县"十大能工巧匠"称号;朱峰波、姚流浩、金玲玲、孙飞等是安徽拓山重工机械有限公司技术骨干,宋超为宣城市

名特农牧机械有限公司技术骨干。芮玉琴还多次担任省、市技能大赛数控车项目指导教师,指导学生参加安徽省职业院校技能大赛数控车项目,获得二等奖1次、三等奖3次,宣城市中等职业学校技能大赛数控车项目二等奖3次、三等奖5次。芮玉琴还获得了省级名师带高徒表彰,先后获县德育先进个人、县优秀党员、县优秀教师、县骨干教师、安徽省模范教师等荣誉称号。

  芮玉琴热爱着自己的职业,把全部的精力投入工作。她用辛勤汗水培育了一批批优秀的学生,用真挚的感情浇灌职教之花。芮玉琴将不断完善自我,勤奋工作,开拓进取,为梦想献出一生!

匠艺传承　创新不止

　　钢铁荣誉、铸梦百年，秉承钢铁报国初心使命，为国家复兴而奋斗。

——马钢第四钢轧总厂　单永刚

立足岗位　夯实专业基础

　　人生在世，时光有限，每干一件事就应把自己的坚守发挥到极致，这是马钢公司炉外精炼首席技师单永刚的信念。从事公司炉外精炼生产工作25载的单永刚逐渐成长为该领域的行家里手，见证了马钢炉外精炼工艺的发展历程。

　　1996年，单永刚从马钢技校冶金专业毕业后，被分配到马钢第一炼钢厂工作。话不多的单永刚25年如一日，追求着职业技能的极致化，彰显出一名技术人员执着追求技艺、高度负责的精神，以及"不忘初心，大任担当"的工匠情怀。

　　刚进单位的单永刚为了快速成长起来，每天下班后都会把书拿出来认真研读，积极吸收精炼工艺方面的知识。通过理论与实践的积累，单永刚的知识量不断增加，技术能力不断提升。入厂4年后的他，在全厂技术大比武中脱颖而出，斩获第一名，并获得技师称号。在随后的

工作中,他立足岗位,不骄不馁,大力夯实专业基础,大胆探索创新,精益求精,参与解决生产现场诸多工艺、操作等方面的难题,形成炉外精炼高效化生产的工艺新模式,发明了以单永刚名字命名的多项炉外精炼工艺冶炼操作法。

以难题解决为导向 创新炉外精炼工艺

随着新区项目的投产,试生产阶段的各种问题接踵而来。单永刚深知炉外精炼理论只有与生产实践相结合,才能迸发出巨大的力量。作为炉外精炼专业领头人,他结合生产实践,开展了"岗位作业标准""冶炼钢种作业指导书"等体系标准制定及修订等工作,全身心地投入中高端品种钢冶炼和工艺成本优化工作,精心生产每一炉钢水,力图以最低的成本冶炼出最优质的钢水。在不断释放炉外精炼产能、高效开发新品种、提升产品质量的同时,单永刚还围绕生产现场操作瓶颈等问题及时制定解决方案。

单永刚敢于突破传统冶炼工艺。IF钢(汽车用板)产品对钢水纯净度要求非常高,在生产过程中要求利用碳脱氧技术去除钢水中多余的活度氧,以减少钢种夹杂物。而从冶炼安全角度考虑,在负压状态下使用的碳脱氧量每次应控制在20千克以下。为防止加入过多碳粉导致发生钢水喷溅安全事故,故料仓的称量系统中设置了称重限制,然而这种限制却给冶炼高碳钢种带来新的困扰。因为冶炼该类钢种时需要多次加入碳粉,以延长冶炼周期。生产过程中的原设备不能满足高碳钢种生产的需要,而再增设一个设备会增加生产成本。单永刚通过摸索,创新方法,在称量HMI画面下方增设一个料仓共用一套系统,同时增设一套程序解决了这一问题。改造过的设备能完全满足高、低碳钢种的生产需求。

单永刚在保证产品生产质量的同时,还加大降本力度。他提出的降低转炉出钢温度、提升RH真空槽热效应合理化建议提高了在线烘烤功率,创新优化接冷钢装置相结合,提升了RH产能,减少了强制吹氧放瘤数量对耐材的侵蚀与无组织排放,槽体更换频率降低,生产成本减少、使得生产准备时间不足等难题得到解决,为后期产能释放提供了强有力的支撑。

此项攻关使真空槽浸渍管使用数量同比2019年减少20余套,直接节约成本约300万元,全年产生经济效益五六百万元。

单永刚不仅关注降本增效,还致力于创新。在马钢第四钢轧总厂生产取向硅钢时,铝的化学成分要求控制在17-22PPm,每增加1PPm铝成分需要向300吨钢水中加入3千克铝。但是在实际冶炼过程中,铝的称量常常超标,操作控制难度极大,极易导致终点化学成分超标而使产品质量不稳定。单永刚通过深入了解设备的性能,缩小料仓端口的锥度,调整电机振动频率,使下料速度变慢,给称量料斗反馈PLC信号赢得了时间,使电

机能迅速得到指令停止振动给料,从而最终实现了取向硅钢铝的精确操作控制。

发挥"传帮带"作用　推动技能传承

为进一步发挥"传帮带"作用,带动和培养更多的职工成为"单永刚式好职工",争做"建设最具竞争力钢铁企业"的有力推动者,单永刚创新工作室秉承务实创新的精神,围绕"现场"和"产品"两大主题,以产量、质量、品种、效益为重点,着力优化"两个结构",培养炼钢人才、储备人才,不断攻克技术难题。为了让徒弟们更好地掌握操作技能,他将技能培训与实践有机结合,开展有针对性、实用性强的培训。在不断的努力下,2018、2019年度工作室成员能力提升,并荣获第四钢轧总厂技术能手称号及公司级技能大赛第一名。

单永刚近年来一系列的创新成果,如2015年"RH部分钢种使用高碳

锰铁取代中碳锰铁"建议被评为马钢二级合理化建议；2016年他的"提升IF钢中包全氧控制技术攻关"项目获公司优秀技术攻关项目三等奖；2018年"降低RH处理时间"实践成果获马钢岗位创新创效三等奖，"一种IF钢根据初炼钢水条件动态加入钢包顶渣改质剂的控制方法"获马钢公司技术秘密三等奖；2019年关于"提升RH产能"的建议获公司合理化建议一等奖，"RH高效冶炼取向硅钢"获评2019年度第四钢轧总厂先进操作法。单永刚的一种氧枪系统滞压测量装置和一种RH精炼炉生产IF钢温度补偿精炼工艺获批发明专利。他本人也获得了2019年度宝武集团"银牛奖"等。

"路漫漫其修远兮"，成绩既属于过去，又是未来一个新的起点。在"宝武"大家庭中，单永刚立志以最好的姿态迎接新的挑战，努力工作、勇于创造，为宝武的发展做出自己的贡献。

坚守匠心　专注创新

> 创新不是口号，而是植入脑海的意识，是对工作永不满足的追求。
>
> ——宝武马钢交材科技有限公司　沈　飞

爱岗敬业的巧匠

现年42岁的沈飞在轨道交通行业从事数控加工工作已有25年，他先后荣获安徽省"技术能手"、安徽省"五一"劳动奖章、安徽省新型产业领军人才、省级技能大奖等奖项及荣誉。沈飞还是马鞍山市首席技师，是马鞍山市技能大师工作室、安徽省技能大师工作室领衔人，安徽省冶金科技职业学院数控专业特聘教授。

"在岗位上，就要认真干好自己的本职工作。"这句话不是豪言壮语，而是平凡朴实的话语，是沈飞的人生写照。

2018年，公司南区设备搬迁，RBO机床搬迁调试工作最为辛苦，公司必须根据实际情况对部分设备进行改造，对软件进行升级。那段时间，承

担此项工作的沈飞不分昼夜地陪同安装人员开展调试工作,经常白班夜班连着上。注油孔角度的算法与软件计算的算法不一致,沈飞亲自拿废轮子进行推演,一次不行,两次、三次……经过无数次的演示,沈飞最终找到了合适的算法,解决了问题。功夫不负有心人,在沈飞及同事们的努力下,一块块硬骨头被啃下,一个个难题被破解。

企业创新的先行者

近年来,沈飞带领团队参与大功率机车轮、韩国准高速车轮、德国DE920K等高速车轮项目的生产和认证加工工作。2018年10月,团队负责现场实施的省重大专项弹性车轮项目通过法国阿尔斯通公司的现场审核,使马钢拥有了这一新品车轮的加工能力,每年为公司新增效益近400万元。

在工作中,沈飞注重使用QC方法解决现场问题,取得了一系列国家级技术成果,连续5年荣获全国QC成果一等奖,带领团队取得创新成果20余项。沈飞根据实际需要,自主创新设计了"整体硬质合金倒角刀"。

此前,辐板孔R角的加工不够光洁,在一定程度上影响了产品质量。为了攻克这个难题,沈飞只要有空闲就会开动脑筋琢磨这个问题,翻阅相关图书,上网查找有关资料,寻找解决问题的方法。可谓功夫不负有心人,最终"整体硬质合金倒角刀"的雏形在沈飞脑中呈现出来。他精心地将雏形绘制在图纸上,与相关厂家合作,成功制作了整体硬质合金倒角刀,弥补了车轮辐板孔加工过程中的缺陷,为企业解决了难题,创造了巨大的经济效益。

作为一名一线生产技术员工,沈飞是弘扬工匠精神的表率。他在工作中注重细节、精益求精,追求完美,用耐心、专注和坚守不断提升自我,成为马钢轮轴专业、敬业的匠人。在马钢走向世界级工厂的建设道路上,在政府和企业大力推进高技能人才培养的背景下,沈飞用工匠精神不断提升自我,不断挑战自我,为公司的发展助力。

精益求精　持续创新

脚踏实地地做好自己的本职工作。

——安徽叉车集团有限责任公司　盛保柱

盛保柱自1996年参加工作以来，一直从事基层钳工工作。他爱岗敬业、善于学习、勇于实践，先后承接了轻卡车门包边专机、轻卡车厢地板自动焊接专机、前风窗玻璃搬运机械臂、后围冲焊一体化夹具、汽车启动自动化泵油装置等的自主设计制作项目。这些创新项目成果的转化不仅降低了一线工人的劳动强度，而且提升了产品质量和生产效率，为公司实现产品升级和精益制造做出了贡献，直接为公司节约生产成本近百万元。2018年，作为江淮汽车一线知识型、创新型职工及安徽省机冶产业职工的杰出代表，盛保柱出席了中国工会十七大，为加强汽车企业"工匠"队伍建设建言献策。

积极投身于海外夹具总拼线的设计与制作，助力提升品牌影响力

随着江淮汽车公司事业的不断发展，海外市场也迅速拓展，盛保柱承担了出口伊朗、越南、俄罗斯等国家的轻卡驾驶室总拼线的设计制作任务。出口夹具质量的好坏关系到江淮汽车海外市场轻卡驾驶室的质量，他丝毫不敢怠慢。为了提高制作效率和夹具质量，他每天都提前到岗，提前备料，反复研究理论，查阅相关资料，逐一改进不合理的设计，避免了人力、物力和财力的浪费。盛保柱的积极进取、不断创新使公司出口的夹具都提前交付。夹具交付后，他还亲赴伊朗、越南、俄罗斯海外工厂开展夹具组装、调试等工作,使拼焊出来的轻卡驾驶室一次性通过评审,整车达到技术要求,得到了外国厂商和技术人员的认可。盛保柱的努力使江淮汽车海外品牌号召力进一步增强,为江淮汽车品牌树立了良好的口碑。

创新推广冲焊一体化精益制造理念

为了提升效率,实现精益制造,盛保柱刻苦钻研,积极实践,将焊夹具和冲孔模具进行融合设计,完成了后围、中地板冲焊一体化夹具、G1110顶盖气动自动冲孔模具、右置天线冲孔模、打码一体化等项目,使冲焊一体化概念在江淮汽车得到推广和应用,为公司产品质量稳定、产能释放,以

及绿色生产做出了重要贡献。近年来,为了响应国家制造业实现"中国制造向中国创造转变、中国速度向中国质量转变、制造大国向制造强国转变"的号召,盛保柱深入现场,广泛调研,将更多省人省力的自动化创新项目运用到生产现场,后处理器、方向机、传动轴等省力自动化项目成果的转化既提升了生产效率,又保证了江淮汽车产品的稳定性,同时也降低了员工的劳动强度。盛保柱拼搏、刻苦钻研的精神得到公司领导的高度称赞,也获得了一线员工的广泛认可。

创新驱动发展新动力,做创新带头人

为大力增强创新驱动发展新动力,促进企业更多地依靠科技进步,盛保柱带领团队深入开展技术革新、技术攻关和技术成果推广转化等活动。他自主开展的"轻卡车门包边专机的设计制作"项目有效地将轻卡车门折边和包边两道工序合二为一,实现轻卡车门折边、包边一体化、自动化,填补了行业的空白。

为做强做大,持续巩固江淮汽车商用车业务的核心作用,盛保柱带领团队组织开展了车门同轴度提升项目,使车门上下铰链同轴度误差控制

在0.5mm内,接近五十铃样车水准。为了满足公司产能提升需求,盛保柱对轻卡焊装线兼容产品性能不强、部分产品产能不足等问题,进行深入研究和分析,通过中体线兼容、通用性改造,实现宽、中体驾驶室柔性共线生产,单班产能提升60台,解决了生产线不能同时兼顾各类产品生产、产能不足的难题,为公司各生产线提供了自主建设、改造的方向和思路。

创新人才培养管理模式,扎实建设高技能人才梯队

为了培养更多的技能型人才,2013年,盛保柱钳工技能大师工作室成立了。工作室坚持"实践—理论—实践"传承路线,持续提升成员关键技能水平。工作室自成立以来,共培训15批次学员,累计600多个培训课时。在培训过程中,盛保柱将自己所学毫无保留地传授和分享给学员,他所带领的徒弟也已经在钳工这个领域崭露头角。2018年徒弟臧悦参加合肥市"劳动和技能竞赛钳工组"获得三等奖,并获"合肥市金牌职工"称号;2019年徒弟臧悦、陈淑亮参加合肥市"劳动和技能竞赛钳工组"比赛,均获得二等奖,并荣获"合肥市金牌职工""合肥市技术能手"称号。

盛保柱钳工技能大师工作室在2014年被安徽省总工会授予"职工创新工作室"荣誉称号,2018年被合肥市人力资源和社会保障局授予"盛保柱钳工技能大师工作室"称号,2019年被安徽省人力资源和社会保障厅授予"安徽省盛保柱钳工技能大师工作室"称号。盛保柱将继续走在钳工生产第一线,为公司和社会发展助力。

数控装调维修技术——新时代、新技能

不要害怕困难，每个困难最终都会成为我们进步的基石。

————安徽叉车集团有限责任公司　盛丽骏

制造业是中国经济发展的基础，而数控机床则是制造业发展的基础。数控机床是一种装有程序控制系统的自动化机床，它又被称为"工业母机"。顾名思义，数控装调维修就是对数控机床进行安装、调试、维修等操作，从而使数控机床达到最佳的使用状态。古语云："工欲善其事，必先利其器。"在盛丽骏看来，此"器"可指数控机床，此"利"可意味着数控装调维修技术。

不忘初心　专注于数控人生

盛丽骏在大学学习的是电气自动化专业，立志成为一名优秀的工程师。带着心中的梦想和激情，盛丽骏加入安徽合力股份有限公司，并拜安徽省劳动模范许吉青为师。在公司良好的企业文化和"传帮带"学习氛围中，在良师益友的指导下，盛丽骏对数控技术产生了浓厚的兴趣。盛丽骏总是求知若渴，每当遇到难点，总是一次又一次地翻阅资料，学习数控专业知识，了解数控装调维修技术，一步一个脚印从头学起，最终攻克难题。"不要害怕困难，每个困难

最终都会成为我们进步的基石。"他时常对自己这样说。

盛丽骏多次参与公司数控设备的技术攻关、设备改造、专机研制工作，在解决数控设备维修中的技术难题、提高设备的生产效率及降低公司设备维护成本等方面贡献突出。2016年，在师父许吉青的带领下，他参与自主研制叉车油箱三维高压水射流清洗机，获国家发明专利，并获2017年度中国机械工业科学技术奖三等奖。

盛丽骏在工作期间积极要求进步，不断学习，努力提升自己，与行业内的技能大师交流。他还积极参与公司、省级各类专业赛事，在竞赛中学习成长。在不断的努力下，盛丽骏先后获得"安徽省青年岗位能手""安徽省技术能手""安徽省五一劳动奖章""江淮工匠标兵"等荣誉及称号，同时也获得了走向更大的舞台的机会。2018年，盛丽骏作为安徽省的代表参加了第六届全国职工职业技能大赛数控机床

装调维修工决赛，与全国26个省市代表队、79名优秀技能选手同台竞技。赛前，盛丽骏积极备战，夜以继日地复习理论知识，并抓住一切机会开展实践操作。依靠过硬的技术能力和良好的心理素质，盛丽骏攻克重重难关，最终获得团体第六名、个人第四名的好成绩，同时被授予"全国技术能手"荣誉称号。

2019年6月，全国总工会与科学技术部组派高技能领军人才赴德国研学，盛丽骏是安徽省唯一参加研学的高技能领军人才。德国先进智能化工业发展和长期的历史沉淀造就的工匠精神让盛丽骏对我国工业的现状和前景有了全新的认识，同时也感受到了党和政府对产业工人的重视、对高技能人才的关注和培养，深刻体会到祖国在组织高技能人才与世界最先进制造技术接轨方面做出的巨大努力。工业强则国强！盛丽骏在见识

到了世界先进工业水平的同时,也有了努力奋斗的目标和方向。在后续的学习和工作中,盛丽骏表示要努力学习新知识、新工艺、新技术,做一名合格的高技能领军人才,在工业强国的道路上不懈奋斗。

云做霓裳羽作衣　我们都是追梦人

> 文化兴国是时代趋势。我们要培养自己的服装人，让他们可以更好地传承国粹经典，让中华文明经由服装走向世界。
>
> ——合肥工业学校　时　华

衣食住行，衣在第一位。衣者，衣服也，衣服在人类社会早期就已出现。人类最初的衣服多用兽皮制成，而裹身的最早"织物"是用麻和草的纤维制成的。现如今，衣服已不仅仅是拥有遮体、装饰功能的生活必需品，它还是一种身份的象征、一种生活态度的体现、一种展示个人魅力的手段。服装设计作为一门学科，在很多高等院校得到发展，国家也致力于培养服装人才。作为培养服装人才的重要因素，服装专业的专业教师不可或缺。

做专业创新的开路人

现年49岁的时华是一名中共党员，是服装教育专业骨干教师，还是安徽省合肥工业学校设计与工艺省级赛点项目组组长。1990年，时华从安徽合肥服装学校服装设计与工艺专业毕业后留校任教。经过自己不懈的努力，在不耽误学校工作的情况下，时华先后完成了芜湖机电学院的专科进修学习和清华大学的本科进修学习。

在专业研究方面,时华从教期间结合本专业的特色,注重开发教材。2017年,她参编了《中等职业学校对口升学考试模拟考试·服装类》,为职教高考服装类考生的专业课复习提供了参考资料。

在专业技能上,时华注重自我的提升。在全国职业中学服装制作比赛中,时华代表安徽队在男士西装上衣制作比赛中获得三等奖。2012年,时华在全国中职专业骨干教师国家级培训中,获"优秀学员"称号和教学论文一等奖;2013年,被评为安徽省级"教坛之星";时华还荣获合肥市首届骨干教师、服装专业"双师型"教师,市级优秀班主任、优秀共产党员等光荣称号,2013年5月,她还获得了合肥市"五一劳动奖章",被评为合肥市第二批骨干教师。

在专业教学上,时华执着于职业教育技能大赛学生的培养。她利用良好的技能大赛氛围,开展教师队伍梯队培养建设,组建了"以赛促建、赛练合一、以老带新、有序推进"的可持续发展的高效参赛梯队模式。为备战大赛,师生们常常放弃休息时间,克服交通、学习、工作、餐饮等方面的难题,坚持训练。时华指导学生参加国家级、省级及市级服装类比赛多次,获得国赛1金、15银、18铜,省赛45金、29银、11铜及市级奖项多项。她本人也因此多次获得"优秀指导教师"荣誉称号。

做学生的铺路人

时华培养的学生现在在服装领域都取得了一定的成就。江登武同学虚心求学、刻苦认真、吃苦耐劳,注重理论联系实际,积极参加校内外的实践活动,积极参加专业比赛,并多次获得校级、市级、省级职业技能大赛第一名。2009-2010年,他代表安徽省参加全国职业院校技能大赛,获得铜奖和银奖。该生还创立了六安市菲尚服装设计有限公司,主要经营服装设计、共享 CAD 及共享服装制版等业务。时华的学生中,像江登武一样做出成绩的还有很多,他们都在时华的指导下,走出了精彩的人生道路。

做青年教师成长的引路人

时华在指导学生的同时,还很注重教师队伍的梯队建设,通过蓝青工程带出一批优秀的年轻老师。现在这些年轻教师都已经奋战在服装教育教学的第一线,为培养下一代服装人做出自己的努力。2016年3月,她指导青年教师郝明如参加合肥市中等职业学校教师优质课评比获三等奖。在她的指导下,王诗怡在学校获得蓝青工程优秀青年教师称号。

时华说:"在28年的从教之路上,我有付出,也有收获。做一名教师是我人生的选择,做一名优秀的教师是我的人生目标,教好书、育好人是我永远的追求。我愿在三尺讲台上,勤奋踏实地工作,无怨无悔地奉献,为每一位学生的成长燃烧自己的青春。"

心系钢铁制造　匠心铸就拳头产品

> *在现代化流水生产线上，更加需要能耐得住寂寞、有持久力的匠人。流水线就像一面放大镜，少许失误都可能会带来不可估量的损失，同样，坚守也可以使自己收获很多。*
>
> ——马钢板带钢首席技师　史红林

在钢材市场上，有种高端板材产品叫作耐候钢，可广泛用于集装箱、烟囱等设施设备或电厂、铁道工程等领域，而其中1.8mm以下的耐候钢品种更是市场上的抢手货。经过几年的刻苦攻关，马钢在此细分市场中已经拥有了批量供货的能力，该品种耐候钢成为马钢的又一明星产品。这成功的背后不得不提起一个人：马钢的板带钢首席技师史红林。

现年53岁的史红林毕业于马钢技师学院轧钢专业。作为在钢城马鞍山长大的钢二代，他似乎注定与钢铁结缘。进入马钢后，史红林从轧钢初级工开始做起。他干活胆大心细，每次轧完钢后，会用随身携带的卡尺去实地卡量一下自己轧出的钢板的厚度，反复地琢磨如何调整产品制造参数，并且虚心向师傅们请教。随着史红林用坏的卡尺数量不断增多，渐渐地大家发现史红林轧的钢板尺寸偏差越来越小，且他越来越善于轧制薄规格钢板。师傅们都觉得史红林是个轧钢的好苗子，放心地让他参与薄规格品种钢板的轧制

工作。在很长的一段时间里,他成了中板轧机有名的主操手。他轧制的钢板尺寸精度高、浪形少,深受客户欢迎。后来,随着马钢生产线升级换代,史红林有了更大的展示技能的舞台。他把自己的薄规格钢板生产技术再次运用到新的CSP生产线上,凭借着一份坚守与初心,为马钢板带钢新品种开发争光添彩。

这其中最让史红林难忘的便是耐候超薄品种的轧制和组产。那是2015年前后,以史红林名字命名的职工创新工作室刚挂牌不久,上级便交给他一项任务:批量生产1.5mm规格的耐候钢。

当时马钢CSP生产线常规的钢板生产规格为2.0mm—5.0mm,而此次任务要求在现有设备和人员不变的情况下轧制出1.5mm超薄带钢,怎么轧?相关工艺技术部分是一片空白,真是老工匠碰到新问题,一切都要从零开始。史红林和伙伴们感觉自己像是在高空中走钢丝,考验着自己的能力和耐力。提高钢板轧制稳定性要求二级轧辊热凸度和磨损计算模型要精确,攻克带钢低速穿带、低速抛钢等很多工艺技术盲点。一向胆大心细的史红林和他的伙伴们陷入了困境……在很长一段时间里,同事们发现史红林要么在分析一大堆数据,要么在厚厚的轧制理论资料中寻找答案。当史红林得知国内有一家同类型钢厂能生产此类产品时,便很快带着团队赶赴过去。

那段时间,史红林带领团队反复地讨论和研究各种方案的可能性,在模拟运算的海量数据中寻找答案。在经历了一个个日夜的努力后,史红林终于准备就绪,迎来了超薄耐候钢试轧的那一天。那天史红林特意穿了件全新的工作服,看着火红的钢坯进入轧机发出巨大的轰鸣声,他的心在微微颤抖着,甚至有种呼吸急促的感觉。当电脑屏幕清晰地显示出钢板1.5mm成品厚度时,很多人为研制出了新产品欢呼雀跃,史红林也终于长长地舒了口气。

在随后的小量试生产中，史红林发现了两处隐患。有人认为隐患发生的概率不大，而史红林和伙伴们却没有松懈。史红林认为单次实验成功只能说明新产品生产实现了0到1的突破，而要让新产品实现规模化量产则需要实现1到10的飞跃，必须不留隐患。在史红林的努力下，两处隐患最终通过工艺的优化和设备改造得到解决。在解决掉两处隐患、实现耐候钢1.5mm薄规产品稳定生产后，他和伙伴们没有停下前进的脚步。史红林把他的经验成果申报成课题"系统创新应挑战 产品转型创高效"，这一成果最终获公司二等奖。

近年来，虽然国内同类型CSP生产线日渐式微，但是马钢CSP生产线已经具备稳定生产1.5mm 规格耐候钢的能力，成为国内集装箱板的重要供货商。目前马钢生产1.5mm—1.48mm厚度的耐候钢，成为中集、范阳的重要供货商，为公司拓宽了产品的使用范围，创造了新的效益增长点。

回顾多年的板带钢开发经历，史红林经常说："只要沉下心来把事情干好，总能有所收获。"成绩属于过去，虽然他先后多次被授予标兵称号，获得过2项发明专利，先后获得公司技术、管理、岗位创新创效多项成果，成为"史红林创新工作室"的领军人……但在这些荣誉之外，史红林更看重自己克服困难以后内心的那种满足感和愉悦感。跨过一座又一座高山，到达自己不曾到的高度，那种勇往直前、精益求精的信念已经深深地流淌在他的血液里。史红林用自己的成长经历告诉身边人，无论你处于哪一行业，只要立足岗位、潜心研究，终究会有所成就！

朴实无华扎根一线　勤奋努力勇挑重担

锐意进取，变革求新，创新发展。
——中钢天源（马鞍山）通力磁材有限公司　舒云峰

舒云峰，中共党员，电工高级技师、高级工程师，享受安徽省政府特殊津贴专家，安徽省技能大师工作室带头人。2004年7月加入中钢天源股份有限公司，现任中钢天源（马鞍山）通力磁材有限公司副总经理兼生产部部长。

舒云峰自参加工作以来，一直奋战在生产一线，扎根于生产经营最基层。凭着一颗永不服输的上进心和满腔热忱，他刻苦钻研、大胆创新、勇于实践，潜心钻研与产品有关的新工艺、新技术和新方法，努力解决生产中遇到的技术难题，勇挑制约公司发展的艰难险重任务。他凭借严谨的工作作风和过硬的专业技能，以生产提质、增效、降本为主要攻关方向，主持并参与二十多项磁性材料及器件的技术创新、设备技改、生产工艺改进等项目，攻克了制约公司发展的多项"卡脖子"技术难题和管理瓶颈；通过技改和优化产品结构等手段，显著提升了公司核心竞争力，使公司销售产值由每月600万元提高到每月2000万元，利润由每年200万元提升至每年2000万元，累计创效近亿元，为公司节约成本1000多万元，并实现新产品销售收入每年3000多万元的增幅；促进了产品升级和技术革新，细化生产管理新流程，满足了市场需求，使公司具备了国内一流的高端磁性材料及器件

的生产制造能力,推动公司成功跻身行业第一方阵,为公司高质量发展和加快产业转型升级做出了突出贡献。

潜心技改　降本增效

随着市场形势日益严峻,面对生产成本偏高的问题,舒云峰潜心钻研、集思广益,寻找可以降本增效的办法。他从球磨生产工艺改进入手,引进集中智能控制技术,使球磨生产时间由24小时降到16小时,每年节约电费100多万元;将传统推板窑改造成单层和双层辊道窑,单台窑烧结量增加1倍,由每月150吨提高到每月300吨,烧结吨位电耗降低33%,由900kW·h降低到600kW·h;他带领团队自主研发设计出多项自动化升级装备,压型多功能自动取坯机、电窑自动上窑机、瓦磨自动上料机和自动码板机、清洗一体化喷淋机、包装自动分选机等专用设备,使生产效率提高近2倍,累计创效近1000万元。

技术攻关　开发新产品

随着磁性材料下游行业加速向智能化和数字化方向发展,市场对磁性材料的需求量与日俱增,对其性能要求也越来越高。为抓住机遇,舒云峰紧抓市场产品需求,加快技术革新和生产工艺改进,带领团队努力寻找改变粗放型经济增长方式的突破点,先后参与并协助研发技术人员在变频系列、汽车启动电机、小型数码发电机市场进行开拓,并围绕以上市场需求找差距、抓落实。

舒云峰潜心钻研技改项目,研发适用于格力、美的、海信等品牌的变频节能家用及中央空调电机转子的永磁铁氧体,新产品年销售收入0.3亿元,合格率提高近20%。他带领团队攻坚克难,积极承担技术攻关任务,如高效变频电机用FB9系磁性材料开发及器件大生产项目,使磁性材料性能和制造技术达到国内领先水平。目前开发出的FB12系高性能永磁铁氧体材料,达到国内最高等级,实现销售收入0.2亿元,替代了日本TDK9、TDK12系进口材料及产品,解决了行业多项"卡脖子"技术难题,使公司成为美国惠尔普、韩国现代等国际知名企业的主流供应商,每年新增销售收入0.3亿元。

补人才短板　打造高技能型人才梯队

高技能型人才队伍是企业人才队伍的重要组成部分,在推动产业转型升级、提升企业创新能力和增强企业核心竞争力方面发挥着不可替代的重要作用,是实现企业转变发展方式、促进产业结构调整的重要力量。

为解决技能人才短缺的问题,舒云峰以创建马鞍山市"舒云峰技能大师工作室"为契机,以"名师带高徒"活动为载体,建立了一支老中青相结合、多工位一体的技能人才团队,通过技术技能上"传、帮、带",补人才短板,指导团队成员熟知各类生产设备的结构、性能、工作原理和技术参数,并学有所用,毫无保留地传授处理设备疑难故障的相关知识和经验,被安徽工业大学、安徽理工大学等多所高校聘为全日制专业学位研究生企业导师。5年来,工作室累计培养高技能人才20余人,其中2人获高级技师称号,6人获技师称号,12人获中高级工程师称号,现均已成为技术骨干力量。工作室定期与职业学校、高等院校开展产学研合作,定期邀请相关专家、教授进行现场技术交流和指导,掌握行业发展动态。2019年,马鞍山市舒云峰技能大师工作室被认定为安徽省技能大师工作室。

作为一名专业技术人员,舒云峰一直以精益求精的"工匠精神"严格要求自己,从努力丰富专业知识和提升技能着手,不忘初心、砥砺前行,在传承与创新、技术改造及新工艺等方面积累了丰富的经验。

近几年来,他在技术改造、研发创新、精益制造等方面提出合理化建议30余条,直接为公司创造经济效益累计500余万元;在攻克技术难题的过程中取得授权和受理专利21项,计算机软件著作权1项,在国内外核心期刊上发表论文18篇,先后荣获安徽省技能大奖1项,中国冶金矿山科学技术奖一等奖1项、二等奖1项,中国循环经济科学技术奖二等奖1项;主持的工作室获评安徽省技能大师工作室、马鞍山市技能大师工作室,研发高新技术产品8个;获得10多项省、市、集团及公司级荣誉和奖励,并率领团队荣获多项国家、省、市、集团先进集体和优秀创新团队等荣誉称号,培养的团队获得了第二届全国中央企业QC小组成果发表赛三等奖。

勇于创新　　勤于实践

> 科技的发展源于创新与实践，以创新推动行业发展、社会进步。
>
> ——淮南联合大学　宋雷震

2014年，宋雷震入职淮南联合大学。入职后，宋雷震充分利用自身专业背景，以创新带动高职人才培养，取得了一系列成绩。

入职淮南联合大学之前，宋雷震在企业任职10余年，担任过产品质量工程师、电气工程师、运行经理，承担过设备的研发、管理和运行工作。凭借着自己勤于钻研的精神及多年的相关工作经历，他在人工智能行业积累了丰富的经验，勇于面对行业中的难点，不断进行挑战、创新。无根之水、智能分类垃圾桶、鱼菜共生、电网监控系统……每一件作品都体现着宋雷震对创新的追求，凝聚了多次实验的成果。

入职以来，宋雷震创办了学生创新工作室，自费购买了很多设备，凭着一腔热情，利用自身专业优势，引导、激发学生将好的创意、想法进一步落实。他经常在工作室加班加点，带领学生探讨难点、设计最优方案，反复试验，很多作品在国家级、省级比赛中获得优秀成绩。诸如：连续三年获得全国节能减排大赛三等奖4项（在高职类院校中遥遥领先），获得安徽省智能车大赛一等奖3项、安徽省大学生挑战杯大赛二等奖、安徽省机器人大赛一等奖、安徽省PLC大赛二等奖、安徽省机械创新大赛二等奖、安徽省大学生技能大赛二等奖、安徽省计算机设计大赛三等奖、淮南市职教集团大学生课外科技作品一等奖等众多奖项。

除此之外,宋雷震与企业合作承担横向项目及多项省级自然科学重点项目,与省内外科技公司合作,轮式、履带式巡检、服务机器人在应用上取得很好的成绩,被应用于配电站无人巡检、机器人自主导航等。申请发明专利3项、实用新型十余项,发表相关学术论文十余篇,并获得淮南联合大学"优秀科技工作者"称号。

如今,宋雷震每天依旧在研究如何让电路结构更合理、如何让系统更优化、如何引导学生更深入地开展技能创造,相信未来其成果必定会推动淮南联合大学不断创新。

宋雷震认为目前市场关心IT和互联网领域的几乎所有主题和热点(智能硬件、O2O、机器人、无人机、工业4.0),发展突破的关键环节都是人工智能。人工智能时代最需求的是人才,高职院校作为培养技术技能人才的摇篮,在人工智能人才的培养上承担着重要角色。打铁还需自身硬,教师自身知识能力直接决定人才培养的深度,唯有引领学生、带动学生,才能让学生在实践中不断成长。

练就一流技能　成就精彩人生

相信自己，相信团队，相信这个世界是美好的。
　　　　　　——铜陵市中等职业技术教育中心　苏文忠

苏文忠，毕业于安徽师范大学数学系计算机专业，1993年入职铜陵市工业学校，成为一名职教人。二十多年来，他在平凡的教育岗位上始终执着坚守、不懈追求。

20世纪90年代，计算机专业在中职学校刚刚起步。作为当时全校唯一科班出身的计算机教师，从机房建设到计算机专业的课程设置，苏文忠勇于担当，挑起大梁。在他的参与和带领下，计算机专业成为学校骨干专业，获批为首批"国家改革发展示范校重点专业"和"安徽省中等职业教育质量提升工程示范实训基地"。

与基础课程不同，计算机专业无论是软件还是硬件都在不断更新，社会对计算机人才的需求也在不断变化。面对各种新情况，苏文忠总是充满激情，直面挑战，不断学习新知识。2006年，学校计算机专业迎来新的机遇：动漫企业到学校寻求合作，建议开设动漫专业。在学校的支持下，苏文忠联系已经在南京就业的毕业生，进行深入的市场调研，论证动漫专业开设的可行性，并且还引入了国家信息化计算机教育认证（CEAC）考试，拟订了初步的人才培养方案。2006年秋季，动漫专业的第一批学生走进校园。为了更好地服务学生，苏文忠先后两次参加教育部全国重点建设职业教育师资培训，取得了计算机动画设计制作辅助工程师(平面设计方向)、计算机动画设计制作助理工程师的认证教师资格。在培训中,他娴熟的操作技能得到了培训班师生的一致认可。

苏文忠相信自己。从教20多年来,从DOS到Windows10系统,从金山WPS97到office办公自动化软件,从汇编语言、C语言到平面家装领域的建筑CAD、3DMAX、Photoshop,再到动画角色建模Maya、VR编辑器等软件,他不断学习,挑战自我,钻研计算机专业新技术,练就一身过硬的技能。

从2004年起,他与九华山规划设计院合作,制作了上千张徽派建筑、庙宇建筑及其他仿古建筑的效果图。从粉墙黛瓦的徽派建筑到飞檐翘角的庙宇建

筑,从庄严肃穆的牌坊到凝聚家族团结精神的宗祠建筑,南到云南,北到山东,他的设计遍布大半个中国,得到业界好评。

他利用AutoCAD绘制施工图(此部分由建筑规划设计院完成),将CAD图纸导入3Dmax软件辅助建模、赋材质、打灯光,然后渲染成图,最后利用Photoshop软件对成图进行后期处理,如添置天空、树、人物、水等。对建模渲染后一些不满意的地方,利用Photoshop软件进行修补完善。随着计算机技术的日益发展,他还将VR和AR技术引进到效果图里,以获得更真实的体验。苏文忠将自己参与的项目案例编写成校本教材,自制教学视频,从现代中式建筑到欧式建筑,再到仿古建筑,激发学生的学习热情。

苏文忠相信团队。2016年在校领导的大力支持下,本着"同一个梦想,同一个追求"的信念,成立了苏文忠竞赛工作室。他的周围聚集了一批志同道合的教师,以"专业引领、基于学生、团队合作、交流分享、共同提高"为宗旨,充分发挥这些教师的凝聚、辐射、指导作用,使工作室成为与计算机辅助设计相关竞赛项目的重要培训基地。

为帮助学生成长，他与学生谈理想、谈人生，同时为提升他们的专业技能给予认真的指导。他对待学生有激情，为了学生比赛出成绩，无论是严寒还是酷暑，他都坚持带学生训练，积极搜索竞赛相关信息，研究各地市竞赛形势，分析、归纳并自制试题，提高训练效率。2020年新冠肺炎疫情期间，本着"停课不停学，停赛不停训"的原则，他组织学生在家训练。在得知竞赛团队的一名学生家里没有电脑的情况后，苏文忠驱车将电脑设备送到了

该学生家中，并进行安装调试，确保正常运行。4年来，苏文忠竞赛工作室先后获得国家级奖项5次，省级奖项75次，3名大赛选手免试走进了高校的学习殿堂。2018年，苏文忠获得校"特别贡献奖"的殊荣。

相信自己，相信团队，相信这个世界是美好的，这是苏文忠的信念。技能改变命运，职业成就辉煌。有信心才能成功，有梦才有未来，有付出才会有回报，相信苏文忠在教书育人的道路上会走得更远。

理论与实践相结合　开拓技能成才之路

> 技能成才、技能报国既是新时代职业教育的光荣使命，也是广大青年实现人生价值、成就人生理想的重要体现。职业教育要努力为广大青年铺就好技能成才之路。
> ——安徽淮北煤电技师学院　孙昌宁

矿井通风与安全专业涉及煤矿瓦斯检查作业、煤矿安全监测监控作业、煤矿瓦斯抽采作业、煤矿井下爆破作业、煤矿防突作业、煤矿安全检查作业等多个工种作业，这些作业员工的安全操作技能水平将直接影响到煤矿安全生产的水平。长期以来，这些技术技能人才被轻视，社会地位不高，其培养存在办学模式普教化等问题，从而导致水平不高、职业精神缺失、不能满足煤矿安全生产需求。对此，孙昌宁积极响应国家关于职业教育改革与发展的战略部署，潜心探索"教学做"一体、项目式、"工学结合"等方式的教学改革，不断完善、升级实操实训的设备设施，积极向更高层次的竞技平台和更高层次的成长平台推送学员，铺就了一条条技能人才的成长、成功之路。

理论与实践相结合

出生于南昌的孙昌宁，在大学期间就加入了中国共产党，2007年毕业于华北科技学院安全工程专业，随即进入煤矿生产一线，从事"一通三防"工作，先后担任技术员、通风队长、技术主管。2011年被聘入安徽淮北煤电技师学院从事职业教育工作，先后担任采矿教研室主任、通风教研室主任、实习矿井管理办公室主任。受益于"理论+实践"式的学习经历，投身于职业教育事业后，孙昌宁一直十分重视"理实结合"式的教学，并付诸行动，取得了诸多成绩。

2011年，刚入职学院任教时，矿井通风与安全专业的相关课程几乎没有实训课，实验课也只有寥寥几门。孙昌宁就与所在的团队从实验室着手，开发一些有助于学生"消化"课堂理论知识的实验项目。后来，学院开始建设实训基地，孙昌宁又先后参与了实习矿井、通防类11个实验实训室、安全警示教育基地、仿真爆破采掘工作面、通防设施构筑实训场等场地的建设规划。随着实验实训条件的不断改善，孙昌宁带领团队搞科研、课改，最大限度地开发、利用各实训场地，为学生学习提供了更多样、更高层次、更广阔的舞台。

2012年、2014年、2016年，连续三届，孙昌宁都参与组织、指导学生参加省市级及国家级的职业院校技能竞赛，所指导的学生在省市级、国家级的比赛中均获得多个荣誉。有的学生通过这样的历练而成长，走向岗位后获得了"技术状元""大国工匠""集团公司工匠"等荣誉称号；有的学生借此机会进入本科院校进行深造。他本人在此类竞赛中秉公执裁、认真负责，获得过2次国赛的"优秀裁判员"称号，以及"优秀指导教师"称号。

在教学系部的任教过程中,孙昌宁意识到学生实操技能培养的重要性,因此他一直在寻求职业教育"理实"结合的更好途径。他先后开展了矿井通风专业"教学做"一体、项目式、"工学结合"等方式的教学改革,并同步开发了一体化教材10本、项目式教材2本,以及煤矿安全技术、矿井瓦斯防治技术等2门精品课程。

技能成才之路的铺就

2015年,孙昌宁调入学院培训部工作,教学对象由学生变成来自一线的职工。相比于学生,这些学员虽然都具有一定的实操经历和现场经验,但同时也存在着技能水平参差不齐、实操标准掌握或执行不到位等问题。于是,他又开始针对这些情况,组织了许多活动。比如,在全矿区职工的技能提升工程中,先后参与编写了技能提升类教材8本;多次参与淮北矿业及省级的多项技术比武、师带徒比赛等活动的组织、策划、执裁和技术保障工作;指导的矿区职工李卫星和路思远获全国安全监测工技术比武第一名,王玉龙和闫伟获第二名,乔伟获得全国煤炭行业瓦斯检查工技能竞赛三等奖。

在培训部的这几年,孙昌宁一直潜心探索如何提高参训学员的实操技能水平。他先是依托已有的实训条件开展一些通防类工种的现场实操教学,尽量还原实操现场,规范各工种的实操安全操作标准。2016年,在国家安全生产监督管理局和中国矿业大学的牵头下,孙昌宁承担了煤矿瓦斯检查工、爆破工、监测工、抽采工等4个特种作业人员安全技术实操考试标准的试运行与修订工作,修订后的标准于2016年开始在全国推广实施。而后,孙昌宁就一直致力于改善各特种作业人员的实训条件。

2018年,煤矿各特种作业人员的实操培训全面铺开,但受困于传统实操方式的一些弊端,实操培训难以达到预期的目的。孙昌宁又开始从国家煤矿特种作业人员安全技术实操考试标准出发,经过多方调研、对比,在中国矿业大学、徐州广联科技公司等的帮助下,结合先进的模拟仿真技术,建成了适用于淮北矿区的煤矿11项特种作业人员的模拟仿真实操训练基地,推动了煤矿特种作业的实操训练工作,并以此为契机,建成了地面3项特种作业人员的模拟仿真实训基地。

职业教育的发展离不开科研力量的支持,教学与科研关系着职业院校生存和发展,缺一不可。作为一名职教教师,孙昌宁深深明白这一点,所以他在积极搞好教学工作的同时,也一直努力地在科研阵地里耕耘播种。近几年来,孙昌宁主要参与并完成了"矿井通风与安全教学团队""基于校企合作的煤矿安全实践教育基地"等6项省级教科研项目的建设,参与的"'以赛促学、以赛促教、以赛促训'教学模式在通风与安全专业中的应用"等3个教学项目获得省级教学成果一等奖1次、三等奖2次。此外,孙昌宁每年还会完成至少1项院级科研课题。

由于这几年在行业领域内付出的努力和做出的成绩,2019年8月,孙昌宁应国家应急管理部、国家煤监局、华北科技学院等部门和单位的邀请,参与了《关于实施高危行业领域安全技能提升行动计划的实施意见（2019-2021）》的起草、研讨、修改等工作。在2019年的教师节,他还被中共安徽省委教育工作委员会、安徽省教育厅评为"全省优秀教师",并连续三年被评为安徽省"优秀实操考评员"。

只有知行合一,才能把职业教育做强做大。作为一名党员、一名教师,孙昌宁始终牢记教师职责,不忘初心,始终以为广大青年铺就更广阔的技能成长之路为己任,努力培养出更多的高技能人才。

匠心独运　荣耀传承

成功不是偶然的。成功需要你加班，我加点。
　　　　　　　　——合肥科技职业学院　汤治军

英文中"瓷器"（china）一词已成为"中国"的代名词。瓷器脱胎于陶器，它是中国古代先民在烧制白陶器和印纹硬陶器的经验中，逐步探索发明出来的。烧制瓷器必须同时具备三个条件：一是制瓷原料必须是富含石英和绢云母等矿物质的瓷石、瓷土或高岭土；二是烧成温度须在1200℃以上；三是在器表施有高温下烧成的釉面。

初学午练

现年31岁的汤治军是合肥科技职业学院专职教师。在他的记忆里，父亲曾经用橡皮泥捏过一只公鸡的造型，他当时觉得很好玩，自己也尝试捏造型。上小学后接触了美术课，课本上那些好玩的泥塑像和看不懂的造型让他好奇；高中时开始真正接触美术并且学习美术，自此对美术产生了浓厚的兴趣。2008年，汤治军顺利考进黄山学院动画专业，开始学习三维方面的知识。每学期他都会选修一些美术鉴赏类的课程，并参加了学院和陶泥相关的社团。

由于当时学院没有工艺美术专业,所以汤治军就上网四处搜集资料,查阅古陶瓷的制作流程以及陶瓷发展历史,那时候他还不能完整地做出一件陶瓷作品。毕业以后因为工作的原因,他断断续续地接触着陶瓷制作。2016年夏天,汤治军在与自己的老师聊天的时候得知黄山学院已经开设了工艺美术专业,而且有一家校企合作的陶瓷公司入驻学校。此后他才得知这家入驻校园公司宣州窑杨铎成老师的宣州窑研究场所,汤治军于2017年暑期来此开始学习陶瓷基础,随后拜杨铎成为师学习拉坯基础、陶瓷装饰制作、陶瓷模具制作、烧制技艺,拜景德镇全国技术能手余志贤为师学习仿古器型拉坯技术。其间,他还与陶瓷相关专业的很多老师有着密切的交流。

渐入佳境

在专家、老师的指导下,汤治军很快掌握了拉坯、修坯、刻画、上釉、烧制等陶瓷生产技术,并且成立了自己的工作室。陶器制作手工拉坯技术难度大,是造型成功的关键,而汤治军拉出的坯胎薄厚均匀,外形优美,线条流畅。他立志成为下一批宣州窑陶瓷技艺术传承人之一,在"古器今用"的理念指导下,继承传统风格,力求创新,做到精益求精。

汤治军的履历比较简单,跟那些前辈相比,他可能连"民窑"师傅都算不上。但凭着对陶瓷制作的喜欢,他会花工作以外的时间去向行业名师学习、请教。汤治军说:"因为年代不同,他们走过的路,遇到的人和事情都是我无法知道的,所以只能站在他们已有的成就里去想象,想象自己如果处在那个年代会是什么样子。与其他人相比,我没有陶瓷世家的光环,没有大师倾囊相授,但我就是感兴趣。我现在也是教师,知道总结一些适合自己的方法,来学习新的事物,充实自己。"

2016年至今,汤治军努力地钻研陶瓷制作技术,在省级竞赛、展览上多次获得奖项。2018年、2019年连续2年获得安徽省陶瓷技能大赛专业组拉坯二等奖。在自己本职工作上也获得了安徽省"教坛新秀"的称号。同时,他还指导多名学生参加竞赛,取得了一定的成绩。

虽然汤治军从事陶瓷制作的时间不长,但是积攒了很多的资源文献和人脉资源,为学院的课程建设提供了一个稳固的基础。目前,全院上下百余人在学习陶瓷制作基础,同时学院也积极地与安徽省各高职院校相关专业进行资源共享和交流,让更多的人对陶瓷技艺有所了解。陶瓷文化博大精深,是一本值得用一生去研读的书。

虚心皆成器　竹刻说徽雕

用刻刀雕刻人生,创造辉煌。

——歙县徽世林宝艺术有限公司　汪加林

　　青山翠竹,粉墙黛瓦,徽州如诗如画。好山好水,孕育了一方充满灵性的人。徽州人取竹作画,营造了一方神奇的世界。徽州竹雕犹如一颗明珠,闪耀着绚丽的光芒。

　　汪加林,1963年出生于安徽。父亲是一名竹雕艺人。普普通通的毛竹被父亲的手赋予了活力:青黄的竹面上出现亭台楼阁,苍松翠竹,慈祥的老者,玩耍的孩童……这一切都在汪加林的脑海里。

　　小时候,汪加林跟随父亲学习徽州竹刻技艺。父亲汪惟德技艺高超,其作品曾被郭沫若盛赞为"徽世林宝"。徽州"竹、木、石"三雕作品俯仰皆是,独特的艺术滋养和孜孜不倦的追求,加之青年时有玉雕的技艺基础,汪加林因而收获累累。汪加林以竹为材,以刀为笔,胸有奇思,按形施艺。细微处,逐刀逐刻,兽禽之毛羽纤毫毕露,惟妙惟肖;粗略处,寥寥数

刀,人物之行止跃然竹上,活灵活现。仿编钟铜鼎,古意盎然;雕鹿羊马牛,生动活泼。中国收藏家协会前会长阎振堂给其作品题词:"虚心皆成器,竹刻说徽雕。"

汪加林从事竹雕研究30多年以来,延续了中国明清时期的雕刻风格,构图古朴,风格严谨,线条流畅,刀法细微,典雅静穆,富有徽州文人雅儒之气。作品深受收藏名家的青睐,在中国竹刻艺术界享有盛誉;作品还作为礼品,漂洋过海,体现了中国徽州竹刻艺术的无穷魅力。

徽州这片土地自古以来涵养了无数文化名人。汪加林沐浴着徽州的灵气,为作品赋予了灵性。2007年以来,他荣获8个百花奖金奖、6个海峡两岸金奖、1个国际金奖,以及其他省级以上30余个金奖。2009年,作品《春牛迎国庆》收藏于安徽省中国徽州文化博物馆;2010年,安徽省选6件精品进世博会,其竹雕作品入选一件;2012年,竹雕作品《提梁壶》收藏于国家博物馆;2014年竹根雕作品《麒麟送福》收藏于国家博物馆。2017年,汪加林荣获"五一中华领航劳动者"称号。

作为中国民间工艺美术大师、安徽省非物质文化遗产徽派竹雕传承人和工艺美术师,汪加林除了潜心钻研竹雕艺术,还招收了很多热爱竹雕的青年,悉心教导,希望能将所学传授给他们。如今,他的弟子中已有省级非遗传承人2人,市级非遗传承人12人。2016年,徒弟程阳获黄山市大赛竹雕一等奖;同年华东(国际)技能大赛歙县获全部4个金奖,他的徒弟中就有2人获此殊荣。汪加林是自豪的，因为竹雕这一古老的徽州艺术在他的努力下逐渐发扬光大。

2013年10月，汪加林技能工作室成立。这在当时引起了不小的轰动。工作室占地面积159平方米，藏品800多件，价值3000多万元。藏品涉及"竹、木、石、砖"四雕，其中有不少难得一见的精品。2017年，汪加林技能工作室被评为安徽省工艺美术大师示范工作室。

2012年，他创立的徽世林宝艺术有限公司与安徽省非遗职业教育集团联合，共谋传承大计。徽世林宝艺术有限公司还特意在安徽省行知中学设立展馆，让学生近距离接触非遗文化。汪加林本人也受聘于非遗职业教育集团，开堂授课，讲授徽州竹雕技艺，走出了一条现代传承之路。

"路漫漫其修远兮，吾将上下而求索。"汪加林表示自己将继续在这条路上走下去。我们相信他会取得更大的成绩，徽州竹雕这一门古老的艺术必将发出更加璀璨的光芒。

弘扬劳模精神　彰显技能力量

> 技能是一种标准与规范。技能人才要有踏实的工作作风。
>
> ——安徽建工技师学院　汪双顶

默默坚守　硕果累累

30多年前,汪双顶刚从北京师范大学毕业就走进技工学校,献身职业教育事业。从前那个青涩的毛头小伙,扎根职教基层,勤勉工作30多年,历练成为安徽省技能大师、安徽省计算机专业学科带头人,以过硬的操作技能和多项创新的职业教育成果,成为闻名业内的高技能人才培养领军人。

1991年,汪双顶踏进技工学校从事技工教育,他秉承北师大"学为人师,行为世范"的校训,投入技能人才培养工作中。20世纪90年代信息技术刚刚兴起,企业对智能自动化、智能楼宇、智能家居、智慧制造类等高技

能计算机人才需求加大,面对新机遇,汪双顶勇于挑起学校交予的重担,组建信息技术类专业,满足信息类技能人才培养需求。

20世纪90年代,技工学校没有专门的针对智能制造以及信息类人才培养的课程,更缺少教学资源和配套的实训设备,也很少有计算机专业毕业生到技工学校任教。在此背景下,汪双顶毅然挑起重担,阅读大量的外文资料,学习德国先进的高技能人才培养方法,按照技能人才的成长规律,实施全新的"基于工作过程"的技能人才培养方法,这种创新的培养方法备受职教同仁关注。

此外,汪双顶还积极改造传统学科教材,按照职业教育人才培养方法,开发出体系化、面向职业教育的信息类技能课程以及教学资源,并按照技能人才的培养规划,编写实训方案,改良实训设备,优化操作工艺。

随着互联网技术的飞速发展,社会对网络人才的需求猛增,为适应网络人才的培养需求,汪双顶积极改革传统的网络课程教学,改善网络实训设备,开发出基于工作过程的"岛"式网络实训场景,把多台网络设备组合在一组机架中,按照企业的组网过程,开展真实的网络组网实训,学生实训的内容直接对接企业的工作过程。在这个创新平台上学生学得快,学得好,实现高技能网络人才的有效培养。

汪双顶还积极组织企业的工程师和一线教师,共同开发与教学配套的实训教材,制订和硬件配套的高技能人才培养计划。数十个寒暑,慢慢摸索,汪双顶编写了近30部针对职业教育教学、"理实"一体化的教材,先后由高等教育出版社、人民邮电出版社、清华大学出版社等出版社出版。他编写的教材不仅改善了学校的日常教学工作,也极大地方便了职业教育同仁有效开展教学。

汪双顶的执着,使其在职业教育改革方面成果丰硕,成为省内乃至国内职业教育领域的一颗明星。汪双顶先后荣获"全国建设系统优秀教师""北京师范大学荣誉校友""合肥市学术和技术带头人""安徽省技能大师""安徽省技术能手""安徽省计算机专业学科带头人""安徽省教学名师""安徽建工集团劳模"等多项荣誉称号。他扎根基层,服务职业教育,默默耕耘;他开拓创新、勇于攀登,在平凡的工作岗位上做出了不平凡的业绩。

敢于创新　勇攀高峰

作为一名扎根基层的优秀教师,针对技能人才培养中存在的问题,汪双顶主动寻找方法。在国家大力发展职业教育的背景下,他锐意改革,创新技能人才培养模式。

2013年,他承担中国职业技术教育学会"国家示范性职业学校数字化资源共建共享计划"课题,完成课题"国家级数字化精品课程资源——计算机网络技术教学资源库"(课题编号:ZYKC201106),通过教育部验收。

2015年,他承担中国职业技术教育学会"国家示范性职业学校数字化资源共建共享计划"课题,作为项目负责人,他与企业共同完成课题"国家级职业教育专业群落网站——计算机网络技术专业群落产教结合"(课题编号:ZYWZ201307),通过教育部验收。

2014年,他承担的"基于工作过程计算机网络专业课程改革与实践"的技术革新(编号:JXCGJ2014024)获安徽省级教学成果一等奖。2018年,他承担的"计算机网络教学资源库开发项目"(编号:JXCGJ2018012-2),获安徽省级教学成果一等奖。这些成果对职业教育改革和专业建设起到了促进作用。

30多年来,汪双顶扎根基层,孜孜不倦,勇于钻研,积极改革传统的技能人才培养模式,勇攀技能人才培养的高峰,有望成为职业教育专业建设的带头人和职业教育思想

创新的领跑者。

　　30多年,一路走来一路高歌。汪双顶靠着技能,用光阴书写对工匠精神的执着追求,实现了从普通教师到省级技能大师的完美蜕变。他是平凡的,更是执着的;他是奉献的,更是勇于担当的。在平凡的职业教育道路上,他用精湛的技艺和崇高的师德践行工匠精神,为新时代培养了许多能工巧匠。

唯美食与传承不可辜负

——安徽省美食艺术协会 汪秀年

国家级中式烹饪高级（一级）技师、安徽省中等职业学校高级理论教师、省级高级美食评委汪秀年出生于安徽省宁国市。汪秀年在中国改革开放的第一年参加了全国高考，被江苏旅游学校（现为南京旅游职业技术学院）烹饪专业录取，成为新中国第一所旅游高等院校第一届烹饪专业毕业生。毕业后，他被指派到无锡市拜师学习厨艺。1980年，被安徽省外事办公室和省行管局指派到安徽省华侨饭店工作。

工作之余，汪秀年并不放松对文化课的学习。经过努力，他于1985年考入安徽大学哲学系（函授）学习，并于1987年取得毕业文凭。同年被原安徽省旅游局调派到安徽友谊宾馆筹备开业及运营管理工作。在这里，汪秀年兢兢业业，努力工作，获得了单位领导和同事的一致称赞。由于工作努力、业绩突出，1991年，他又被安徽省国际经济技术合作公司选派赴芬兰首都赫尔辛基龙宫大酒店工作。为了能学习更多的烹饪方面的知识和技术，1993年，他还自费赴瑞典首都斯德哥尔摩中餐馆工作。

三年的国外工作让汪秀年学到了很多。他将中餐与西餐有机结合，发明了很多新菜式，并致力于将中华美食与烹饪技艺发扬光大，让国外更多的人了解中华美食。

1994年回国后，汪秀年被原安徽省旅游局调派到安徽省旅游培训中心（安徽旅游学校）工作，先后担任酒店管理班、旅游管理班、中式烹调班班主任、办公室副主任、招生办副主任、校长助理等职务，培养了一批中式烹饪、酒店管理、导游方面的专业人才。这些人才目前在全省各旅行社、宾馆、酒店里从事管理及专业技术研发工作。

为了能给学校培养更多、更符合社会需求的专业人才，汪秀年参加了安徽省餐饮行业协会，被聘任副秘书长，同时被合肥市餐饮烹饪行业协会聘任副秘书长。2012年，他还担任安徽省餐饮行业协会厨师专业委员会执行主任。2016年10月，他参与创办"安徽省美食艺术协会"，并担任了秘书长。在协会中，汪秀年积极与同行交流，学习同行先进经验、借鉴好的做法，推动协会工作再上台阶，为安徽省餐饮行业的发展贡献自己的力量。在不懈努力和向上奋进精神的推动下，2018年汪秀年又被安徽省礼仪文化协会聘任副会长，继续在专业领域里发光发热。

为促进安徽省餐饮、美食教育发展，2012年至今，汪秀年组织各类烹饪、美食研发大赛，美食交流与推广、餐饮论坛等各类活动200多场次。他还担任全省旅游行业各类中式烹饪、餐饮服务大赛评委30多场次；参加了安徽省人力资源和社会保障厅组织的中式烹饪职业技能考核试题库建设工作。

坚守炉台数十载　匠心铸就新梦想

> 工匠精神不是说出来的，是做出来的，是靠点点滴滴的精细体现出来的，中国工人有能力创造出不逊于世界任何国家产品的产品。
>
> ——马钢第四钢轧总厂　王吉

马钢新区建设项目的核心项目是建设一条从焦化、烧结、炼铁、炼钢到连铸、热轧、冷轧、连退线以及镀锌的、年产800万吨高档板材的全流程先进工艺生产线。经过马钢人十几年的艰苦努力，新区炼钢区域已建成3座300吨大型转炉以及精炼连铸相关成套设备组成的生产线，其装备和工艺基本达到国际先进水平，可生产低合金结构钢、船用钢、管线钢、双相钢、汽车和家电用板等高品质高附加值产品。整个新区各项主要的经济技术均达到国际先进水平，环境指标达到国际规定。而作为马钢人的王吉不仅见证了这些成绩，而且还为马钢成为国际一流钢铁企业作出了自己的贡献。

铸机的情怀

现年53岁的王吉是马钢连铸首席技师，从事连铸工作近30年，一直和连铸机打交道。自选择炼钢专业开始，王吉就与炼钢连铸结下了不解之缘。1986年，高中毕业的王吉报考了马钢技校炼钢专业，经过两年的学习，他被分配到马钢第三炼钢厂连铸车间,开始了他的连铸生涯。他先后在小方坯连铸机、板坯连铸机和大方坯连铸机工作区工作,从浇钢工到大包工,从中控室到切割工,连铸的每一个区域都留下他的身影。正是这种经历成就了他对连铸技术的全面掌握。2005年,随着马钢新区项目建设号角的吹响,他告别了熟悉的方坯连铸,又走上了板坯连铸机的铸台。

好学的王吉很快掌握了整套高效板坯的生产技术,操作、维护、工艺设计、事故处理、制度修订,无一不通。在自己成为厂里技术尖子的同时,他还带出了一批刚出校的大学生,使他们成为连铸生产的骨干。王吉日常不是在设备旁工作,就是与设备技术人员在一起进行讨论、研究。几年来,在他的努力下,连铸年产量达到84万吨,成坯率超过97%。他在连铸方面技术全面精湛,操作精细,判断精确。在掌握现有连铸技术的同时,又大胆创新,开发了在线结晶器对中、在线硅钢快换等新工艺革新技术,许多技术达到世界先进水平。

打造世界一流铸机

凡是走进马钢第四钢轧总厂的人,都能在3#板坯连铸机台下,看到"打造世界一流铸机"几个大字。2013年,王吉根据工作要求,负责3#板坯连铸机的筹建工作。已经从事连铸工作多年的他在学习、消化、吸收这套国外新机型工艺中,发现这台铸机的装备水平非常高。王吉想:我们既然拥有世界一流的装备,为什么不能打造出世界一流的产品呢?丰富的连铸生产经验告诉他,要打造世界一流铸机不能仅靠先进的装备,更不能靠嘴上喊口号,而是要脚踏实地,从点滴做起,凭借精细的操作、规范的制度和科学的管理。

连铸生产是大工业化生产,绝不是靠一两个人就能做到世界一流的,必须提高全体职工的技术业务水平。作为公司连铸首席技师,在公司工匠基地建设中,王吉提出建立板坯连铸仿真模拟系统的想法。在公司的支持下,王吉以自己广博的连铸知识,一点一点地积累、筹划。经过两年的努力,建立起板坯连铸仿真模拟系统。2018年该系统建成,当年就承办了总厂连铸技能大赛,获得圆满成功。2019年又承办了马钢公司第九届职工技能大赛。参赛选手都是公司连铸顶尖人才,他们对这套系统赞不绝口。

通过对职工的系统培训,连铸操作队伍水平全面提高,2019年,全年产量创历史新高,达到840万吨。产品结构也有了极大变化,硅钢快换这一世界性难题在这里得到完美解决。铸机几天、十几天连续生产成了家常便饭。2020年,马钢全面进入宝武大家庭,王吉从宝武的发展战略中得到启示,组织成立了四钢轧板坯连铸王吉创新工作室,着力打造智能连铸,实现世界一流的梦

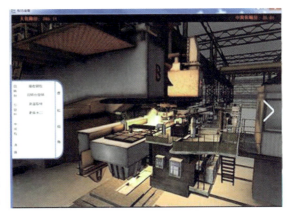

想。在宝武发展战略的指导下,一系列智能制造工作相继开展:自动加渣系统顺利投用,连续测温系统获得验收,钢包无人化浇铸系统正在紧锣密鼓地建设。

王吉从事炼钢连铸工作近三十年,实际操作过板坯连铸、方坯连铸、异形坯连铸等多种机型。他的创新工作室就在铸机现场,现场的一举一动都躲不过他的眼睛。如今,王吉作为公司连铸首席技师,仍坚守在连铸生产、创新和传承的第一线。从2016年起,王吉一直承担马钢技师学院连铸工国家等级考试培训工作,是国家等级考试高级考评员。他以自身经验指导学生学习,致力于传承连铸操作工艺,培养连铸后备人才。他带过的徒弟有的走上领导岗位,有的成为马钢连铸专业的顶尖人才。他常讲的一句话是:中国工人有能力创造出不逊于世界任何国家的产品。

坚守初心　行以专心　工于匠心

> 专心服务职业教育，专注学生技能培养，心血育桃李、辛勤扶栋梁，让更多的学生具有一技之长，学以致用。
> ——滁州市应用技术学校　王继武

王继武是滁州市应用技术学校教师，2005年毕业于安徽科技学院应用生物系园艺教育专业。2016年12月被评为高级教师，后过渡为高级讲师。2017年担任学校团委书记，2019年9月担任实训处负责人，主持学生实习实训、技能大赛等工作。

滁州市应用技术学校系安徽省示范中等职业学校、安徽省绿色学校，2014年升格为普通中专学校。学校位于全椒县城中心，交通便捷，环境幽雅，雕塑画廊，花台草坪，处处洋溢着浓浓的育人氛围。

嫁接是有目的地将一株植物上的枝或芽等组织接到另一株带有根系的植物上，使枝条或芽接受另一株植物根提供的营养，发育成长为一株独立生长的植物。嫁接可以减少病害的发生，提高植株抗土传病害的能力，促进幼苗健壮生长。为了提高农艺技术专业学生的动手能力，王继武悉心钻研蔬菜嫁接技术，并手把手进行传授。教学上认真备课，及时批改作业、耐心辅导学生，对学生严而有度，以形式多样的探究活动把课堂与生活联系在一起，把学生动手与教师讲解相结合，师生同乐，以生为本。

2006年学校新开设影视动漫专业，作为一名园艺专业的毕业生，他牺牲大量

的休息时间,通过培训、自学等途径取得了相应的教学资格,主动要求承担专业课flash二维动画制作教学工作。2010年,由于学校数控专业需要AutoCAD机械制图教师,他又开始通过网络、图书、机电专业教师和数控专业教师搜集资料,在自学软件、机械原理后承担了该门课的教学工作。

"学高为师,身正为范。"在他的身上,我们看到了知识分子一脉相承的坚守与担当。王继武用真心、真情、真爱,在平凡的岗位上扮演着不平凡的角色。15年来,他始终奋斗在学校管理和教学一线,先后担任学校团委书记,主持学校实训就业指导处工作,长期从事教学工作,先后获得"全椒县优秀教师""全椒县优秀共产党员""安徽省优秀共青团干部"等称号。

作为一名职业教育者,王继武主动与企业对接,参加企业的各种培训,参与企业产品的研发,先后取得安徽职业技能鉴定中心计算机操作员初中高级考评员证书、CEAC动画设计辅助工程师证书、CEAC网页设计工程师证书、锐捷网络认证工程师证书、智能家居安装与维护认证工程师证书等。

2013—2019年,王继武每年都到上海企业信息技术有限公司与企业工程师交流,参与企业课程开发、产品研发工作。他还编写了《电子商务》《智能家居安装维护》两本校本教材。2019年参与安徽国防科技职业学院安徽高校自然科学研究重大项目。2014年参与中等职业学校信息技术改革创新系列教材《flash cs6 动画设计与制作案例教程》的编写,该教材于2014年8月出版,作为全国中等职业学校信息类教材推广使用。2014年在期刊《职业》上发表论文《中等职业学校开展专业实践课初探》。2020年论文《基于SOA的物联网智慧服务系统的设计与实现》被《装备维修技术》录用发表。

一分耕耘,一分收获。王继武多次指导学生参加各种活动,获得优异成绩。2013—2019年连续7年辅导学生参加全国职业院校技能大赛,"智能家居安装与维护项目"获得全国团体三等奖,多次获得安徽省一等奖。2016年辅导学生参加全国职业院校技能大赛,其中"蔬菜嫁接项目"获省级一等奖,国家级二等奖。已有19名学生由于参加大赛获奖被保送至本科院校深造,另外还有6名学生获得免试资格。此外,他所带的4名优秀毕业生已成为企业重要研发人员。

刻苦钻研,在学习中发展。2005年以来,王继武认真刻苦钻研,多次参加国家、省、市级新课程骨干培训,不断提高自身思想理论和业务水平,不断更新观念,拓宽视野,在学习中成长。2008年暑假参加省骨干教师培训;2009年暑假参加国家级中等职业学校骨干教师培训,并被评为优秀学员。后又自学计算机网络知识,顺利通过了网络工程师考核认证。2012年10月—2013年1月被教育部选派赴德国进修两个月。

实现中华民族伟大复兴的中国梦,不仅需要大批科学技术专家,同时也需要千千万万的能工巧匠。"工匠精神"作为一种优秀的职业精神,它的传承和发展契合了时代发展的需要,具有重要的时代价值与广泛的社会意义。"心血育桃李,辛勤扶栋梁",是王继武一生的追求。

十五年专注面点　打造健康营养新主食

> 我做了这么多年面点,从没厌烦,我觉得工匠精神体现之一就是不厌其烦。我并不是做得最好的,但我一直在努力达到最好。
>
> ——安徽青松食品有限公司　王建中

在传统饮食方面,中式面点在我国众多美食中占据着极为重要的位置,素以"历史悠久、制作精致、品类丰富、风味多样"著称。中式面点的造型和制作工艺十分特别,带给了人们味觉和视觉上的双重享受。这正是中式面点所具有的独特魅力。

王建中,男,1983年出生,大专学历,中式面点师二级。2005年入职安徽青松食品有限公司,现为公司产品创新技术带头人、工作室负责人。他爱岗敬业,无私奉献,任劳任怨,拥有15年面点工业化生产和研发经验,擅长各类中式面点制作,熟悉各筋度的面粉及各类馅料特点,精通面团(水调面团、发酵面团等)的调制原理,掌握丰富的中式面点制作理论知识及

基本技能,精通包子、饺子、常见饼以及市场流行面点的制作技术。

他长期坚持工作在一线生产车间,不断刻苦钻研,加大改革创新力度,曾多次在国内外专业面点类比赛中获得优异成绩。凭借踏实的工作作风和精湛的面点制作技术,2019年,王建中研发团队荣获"蓝领创新工作室"称号,"肥西县王建中中式面点技能大师工作室"被认定为肥西县技能大师工作室。2020年,王建中获得"合肥工匠"等称号。

不忘初心——始终致力于工业化主食生产

2015年,王建中外出考察学习,回来后立即带领团队花费近4个月时间,为公司引入适合自身所需的全国单体最长、体量最大的自动化馒头生产线。该条生产线每小时能生产3.8万个馒头,极大地提高了生产效率,降低了生产成本,当年便为公司增创近200万元利润,在行业内广受赞誉。特别是在2020年疫情防控期间,在车间人员不足的情况下,该馒头生产线发挥了突出优势,每天生产馒头近40万个,极大满足了广大市民的购买需求。

追求创新——不断加大产品改进和新产品开发力度

在产品研发方面,为满足人们对主食产品多样化的要求,2017年,王建中不断创新传统老面发酵法,先后研制出层次分明、口感筋道的老面馒头与肉鲜汤浓、面皮筋实的老面包子。产品一经面世,就深受广大消费者的高度关注与认可,为公司新增销售收入近千万元。2019年他联合国内知名院校河南工业大学、江南大学、南京农业大学开展新产品研发,经过208天的反复试验、技术攻关,最终推出新品"博士馒头"。"博士馒头"共计18道制作工序,松软香甜,令人回味无穷。该款馒头是有"身份证"的,采用在线赋码的形式,每个产品的包装均提供唯一标识,实现了一袋一码,安全可溯,真正让广大消费者买得安心、吃得放心。2019年6—7月,"精品安徽"系列宣传片在CCTV-13新闻频道、CCTV-12社会与法频道等6个频道播出,"博士馒头"在其中亮相;10月,"博士馒头"获得中国国际粮油产品及设备技术展示交易会金奖、中国安徽名优农产品暨农业产业化交易会（2019·合肥）参展产品金奖，并精彩亮相上海·中国品牌日、2019世界制造业大会，深受主办方和现场消费者的一致好评；12月，"博士馒头"获评为"2019中国徽菜及安徽餐饮金徽奖'特色名小吃'"，并入选"2019安徽名牌伴手礼名录"。其年销量达到350万个。

肩负使命——传知识帮教学带成才强培训增技能

王建中一直致力于优秀面点人才的培养与队伍建设工作，为保障技能技艺顺利传承，他核定适合企业发展所需的培训体系和培训考核奖励方案，组织面点技术人员培训和考核，针对不同岗位和不同阶段制定不同的培训考核内容，为公司培养造就了一批面点技艺精湛、素质优良的高技能人才。不仅如此，他还长期在合肥市联众职业培训学校担任职业培训讲师，广泛开展线上、线下培训，主要培训课程内容为中式面点制作理论知识及基本技能，包子、饺子、常见饼、市场流行面点的制作技术等。他教学富有激情和感染力，且深入浅出，逻辑缜密，思路清晰，重点突出，风趣幽默，注重与学员互动，深受广大学员的喜爱与好评。在新冠肺炎疫情期间，王建中在合肥市总工会主办的"微课堂"上开展线上教学，主要课程包括"美味馅料调制及经典包子制作""松软雪白的高庄馒头制作""水晶饺制作",广大在线学员纷纷在后台留言点赞,一致给予好评。

匠心传承——当好传统面点工艺守护者践行者传承者

随着科学技术的发展,一些传统的中式面点制作工艺正在逐渐消失。历史悠久、具有中国特色的中式面点,其制作工艺需要在保护中传承,在传承中发扬。为全力做好传统"面"文化的挖掘和传承工作,王建中积极打造"青松文化馆",展示中国面食的发展历史和制作工艺,大力传播爱粮节粮知识,提高中小学生"食商"。展馆自建成对外开放以来,先后受到国家、省、市各级主流媒体的广泛宣传与重点报道,现已获批为"全国中小学生研学旅行实践教育基地""安徽省粮食安全教育基地""合肥市爱粮节粮教育基地""高新区校外素质拓展教育基地",让中小学生对"面"文化有了更深层次的认识。

"民以食为天,食以安为先。"王建中十五年坚守初心,为广大市民提供更安全、更营养、更健康、更美味的主食产品,大力宣传绿色健康饮食习惯,用心培育传统面点技能人才,用匠心行"食"事,用匠心铸精品,用匠心育新人。

寄情尘泥　为传承坚守

> 非遗技艺的传承需要摒弃功利主义，让更多的人接受并传承彩陶艺术，为彩陶艺术注入新活力。
>
> ——阜阳科技工程学校　王京胜

界首彩陶器型古朴厚重、刻画简洁生动，釉色流光溢彩，艺术性、实用性兼备，享有"东方之秀"的美誉。作为扎根安徽民间古老而纯朴的传统艺术，界首彩陶不仅是当地风土人情的真实写照，更是人们生活智慧的结晶。其在用料、造型、制作工艺及艺术造诣方面自成流派，独具魅力，于2006年5月20日入选第一批国家级非物质文化遗产名录。

坚守陶泥

现年72岁的王京胜是国家级非遗项目界首彩陶烧制技艺代表性传承人。小时候，王京胜家境贫寒，父母忙于生计而无暇顾及他的时候，王京胜就和伙伴们一起挖泥制作泥人、泥哨等。自此，王京胜就与泥土结下不解之缘。1960年，界首工艺陶瓷厂成立并对外招工，王京胜被招入陶瓷厂，开始学习陶艺。他先后师从卢山志、卢之卿学习拉坯技术；师从卢林德学习配釉技术；师从卢山清、卢之勤学习烧窑技术；师从张自忠学习全套制陶工艺；最后又拜中国工艺美术大师卢

山义为师,学习三彩釉下"刀马人"刻画技术。

在各位老艺人的指导下,王京胜很快掌握了整套陶瓷生产技术,拉坯、修坯、刻画、上釉、烧制,无一不通,成了厂里的技术骨干。陶器制作手工拉坯技术难度大,而王京胜拉出的坯胎薄厚均匀,外形优美,线条流畅,成品率超过95%。他的制陶技术精湛,作品做工精细,在继承传统风格的同时,又大胆创新、精益求精,作品品种繁多,千变万化。

青出于蓝

1963年,韩美林大师到界首工艺陶瓷厂设计制作赴京国庆展品。王京胜与其相识,并拜其为师,学习工艺美术理论和彩陶创作。这期间,经过夜以继日的试验和努力,王京胜成功烧制了高1.3米的"特大型三彩刻花瓶",其艺术水平在安徽省陶艺界堪称一绝。在韩美林大师的带领和指导下,王京胜和他人共同研制出了硅—硼系列彩釉,如乌金釉、金砂釉、孔雀蓝釉和玫瑰红釉等。

他还将陶器烧制由低温型转为高温型,烧成温度达1100℃左右,使得胎釉结合较之前更为紧密,陶胎颜色为浅黄,彩釉色泽更加艳美。这一成果分别获得"国家百花奖"、安徽省"科技成果发明奖"、阜阳地区"科技一等奖"等奖项。

王京胜从事彩陶制作和研究50多年,一生制陶无数。在王京胜的工作间,摆放着成摞的多达100多本的笔记本,每一本上均翔实地记录着各类彩陶的制作流程。这些资料对界首彩陶的保护与传承具有重大意义。

如今,王京胜仍坚守在彩陶生产、创新和传承的第一线。从2011年起,王京胜一直担任阜阳师范学院(现为阜阳师范大学)美术学院客座教授和界首市高级职业中学讲师,以自身经验指导学生学习,致力于培养界首彩陶艺术新人,传承界首彩陶烧制技艺。同时,他还积极参与界首市非遗进校园、界首市青少年彩陶文化艺术节、界首市非遗宣传日等公益性文化活动,积极参加国内外民间工艺展览展示会,大力推介和宣传界首彩陶文化,推动界首彩陶文化走出安徽,走出中国,走向世界。

守正初心　甘为铸匠

> 精心做成事，匠心轧好钢，是我们轧钢工匠的终极目标，虽然每天做着重复、简单的工作，但是这体现了对信念的坚守。

——马钢冷轧总厂　王 庆

恒用所学　精业笃行

1991年，王庆从马钢技校轧钢专业毕业，后被分配到初轧厂，干起了轧钢工作。使用传统工艺的热轧生产线让刚进厂的王庆既感受到青春的热情，又体会到工作环境的恶劣。同期参加工作的同事逐渐离职或换岗，可王庆觉得学了两年的专业知识不用很可惜。就这样王庆留了下来，坚守在轧机旁，天天与班组的师傅们忙前忙后，调孔型、装导卫、换辊，开始了铸匠工的职业历程。

"十年磨一剑。"2002年对于王庆而言是不平凡的一年，这一年原初轧厂转产改造为冷轧薄板厂。对于当时的钢铁企业来说，冷轧还是新工艺。王庆查阅大量的冷轧资料并深入设备安装现场与外方专家交流。虽然在这期间他放弃了节假日等休息时间，但他收获了很多，提升了认知和实践能力，成功试轧了马钢第一卷冷轧薄

板。因受到轧机各机架速度不匹配、轧辊辊径差产生的线速度不一致等因素的影响，轧制薄规格带钢时经常产生启动断带问题，必须重新穿带。这不仅严重影响生产效率，也影响到机组成材率。凭借多年积累的经验，王庆摸索并确定了"变厚度轧机快速启动方略"操作方式。这一操作方式被命名为先进操作法加以推广，不仅大大减少了事故，而且进一步提高了机组成材率。

手握精艺　心存精诚

作为一名轧钢工，王庆见证了马钢冷轧的从无到有、从起步到发展、从产品单一到种类丰富。做精品，创品牌，是一代又一代马钢人在不同的时期的共同使命。在钢铁行业的转型发展过程中，王庆获得了许多荣誉：马钢劳模、马鞍山市劳模、安徽省优秀共产党员、全国五一劳动奖章等。这些光环让王庆在感到深深自豪的同时，也深深体会到自己的职责所在。

为了充分发挥王庆专业技能强、肯钻研的特长，单位特意将酸洗连轧生产线的现场工艺和设备交给他来负责。对于新工作，王庆在欣然接受的同时心中还是有些惴惴不安，担心自己在新岗位上表现不佳。但王庆坚信："如果我将新岗位看成一个学习知识、提升自我的平台，那么即使新工作存在很多困难，我也不会退缩。"王庆将整条生产线上的关键设备、对生产稳定性制约大的工艺问题整理出来，并找来图纸钻研琢磨。对于王庆来说，首先要攻克的难题就是闪光焊机的焊缝断带率高和轧机轧穿异常。在他与焊机团队其他成员的共同努力下，焊缝断带率由最初的月平均0.7%降至月平均0.4%，大大增强了设备的功能。有人开玩笑地对王庆说："你现在到底是轧机主操还是焊机主操？"他笑着回答："我是老轧机主操，新焊机主操。"王庆知道，付出不一定有回报，但没有付出肯定不会有回报。

追求细节　践行工匠精神

"天下难事必作于易，天下大事必作于细。"王庆每天要在这条生产线上巡检至少两个来回,包括地下油库、地上三层酸槽区域。在他看来,无论工作多么烦琐,自己都应该抱着积极的心态去做。他深知一些不起眼的细节往往导致问题的发生,只有关注细节才能减少或避免一些不必要的工作失误。

2016年12月工厂连续发生7起轧机高速断带事故,通过数据跟踪分析看不出异常,只能初步判定由原料边裂造成并据此制定了相应防范措施,可随后的连续高速断带说明真正的原因并非如此。一时间分厂压力剧增,每发生一起高速断带事故,平均处理时间都在1小时以上,遇到堆钢难处理的3小时都有可能,还给轧辊辊耗、成材率带来巨大影响。技术人员一筹莫展,操作人员只能通过降低轧制速度减小风险和损失。王庆坐在自己熟悉的操作台电脑画面前也是一时无措,但他心里清楚一定是哪个细节出现了问题。在随后的一次设备检修中,与往常一样钻进轧机将可能导致断带的因素排查一遍仍然毫无头绪后,坐在操作台上的他不经意间发现轧机内已无带钢的情况下电脑画面却显示出三机架的张力偏差参数值,他顿时兴奋起来。结合轧机主操们在轧制过程中的调整习惯,王庆隐隐觉察到是检测

参数失真诱导操作工调整不当造成了这几起高速断带事故。他随即与设备方沟通,进行排查,并制定出轧机启动调整预案。事后发现就是这个小细节导致了连续生产事故的发生。

把每件事做细致,是王庆对自己的要求。他常说:"我们都是现场操作工,天天面对的都是些具体的事、琐碎的事、单调的事,能把平凡的事情做好就不平凡。"

作为一名从业数十年的轧钢工,将工作中的经验传授给身边的工友以

及新进厂的员工是王庆对马钢的感恩与回报。在他的工作室成员中,有一半是新入职不久的员工,为了让这些刚接触冷轧生产工艺、设备的新人尽快融入冷轧大家庭,尽量少走弯路,王庆将多年来发生的生产事故编写成事故案例,编制岗位作业标准,进行岗位学习培训,并在现场实际操作指导。设备解析、产品质量缺陷辨识等场合中,也活跃着他的身影。

王庆不仅依靠其个人能力解决实际工作中的难题,更有团队精神,作为学院外聘导师开展"传帮带"工作。近年来其取得技术成果多项,获得专利5项。

视传承传统文化为己任　醉心望江挑花

传承非遗文化是我的职责与使命。

——安庆皖江中等专业学校　王世福

因为工作的关系，王世福接触到望江挑花。在兴趣及专业的影响下，他爱上了这一传统民间艺术。为了传承这一传统文化，王世福长期不间断地收集、整理和研究望江挑花相关资料，求教于乡间爱好挑花的老者，寻找失传的技艺。

1999年，王世福用望江挑花艺术设计并组织生产了一批人民大会堂安徽厅上的沙发扶手靠垫，为人民大会堂安徽厅的装饰助力。2004年，王世福眼见望江挑花即将断代失传，毅然辞去县文物管理所所长、县博物馆馆长职位，全身心地投入望江挑花的整理和"抢救"工作，立志要把望江挑花保护和传承下去。他整理文字，收集和绘制图案，研习针法，最终再现了濒临失传的双面挑针和徒手编织技艺，并将这一技艺传给了徒弟，使望江挑花技艺得到保护和传承。2006年，在王世福和县文化局的努力下，望江挑花入选省级非物质文化遗产名录。2007年，王世福又主持申报望江挑花为国家非物质文化遗产，由于多年的积累，最终获得成功。2009年3月，王世福应澳门特别行政区政府文

化局邀请,参加大陆民间艺术家赴澳展演。在安徽省文化厅和安徽省民间艺术家协会的推荐下,他前往澳门开展了为期15天的望江挑花展演,并在参展之余开展了望江挑花技艺传授活动。2010年,王世福的望江挑花作品作为安徽特色民间艺术品,入选并参展上海世博会,获得纪念证书和奖章。

2010年,王世福撰写的《再谈望江挑花》载于安徽人民出版社出版的《雷池论道》一书中。2011年,他与安徽农业大学轻纺工程与艺术学院教授高山合作的《望江挑花艺术的特征分析》《望江挑花艺术产品的设计与开发》及《论安徽望江挑花艺术及其生存现状与保护》等论文,分别发表于《丝绸》《艺术探索》《浙江纺织职业技术学院学报》等刊物上。为方便小学生了解、学习望江挑花,王世福还撰写了《谈谈望江挑花》,并提供插图80余幅,载于由安徽人民出版社

出版的《望江挑花》小学读本上。2018年5月,王世福被中华人民共和国文化和旅游部认定为国家级非物质文化遗产代表性项目挑花(望江挑花)的代表性传承人。2019年6月,王世福被武汉纺织大学聘请为"传统手工艺民间挑花'双创'设计人才培养"授课教师。

30多年来,王世福在保护和传承望江挑花的道路上一路前行。他深感望江挑花深奥精巧、构图合理、寓意深刻,不是一看便知、一学就会的技艺。虽然望江挑花有很高的艺术价值和文化价值,但因为受追逐时尚,以及生活节奏的加快的影响,很多年青人大都不愿意学习望江挑花,望江挑花技艺失传断代仍有可能,我们急需抢救、保护、宣传、传承和发扬这一传统技艺。2015年,王世福与安庆皖江中等专业学校合作,建立了望江挑花传习所、王世福望江挑花大师工作室和望江挑花省级传承教育基地。在

国家和省文化厅的支持下,目前项目基地的建设和陈列展览工作稳步开展。王世福现正在全力投入望江挑花技艺传承创新及新生代传承人的培养工作中,力争让望江挑花这一古老的技艺深入现代生活。

吉祥富贵

弘扬工匠精神　走技能成才技能报国之路

——合肥一科汽车电子科技有限公司　王仕雄

王仕雄是宣城职业技术学院的一名汽车专业教师,一直从事一线教学工作。他主持教育部创新课题1项、省重点自然科学课题1项、院级课题2项,发表论文10篇,是王仕雄技能大师工作室带头人,省级教坛新秀,高校实验师,汽车检测与维修工程师,汽车维修高级技师。他还获得了"安徽省名师带高徒""安徽省技术能手""安徽省五一劳动奖章"等荣誉。

在社会服务方面,王仕雄一直从事农民工技能提升培训工作,每年培训200人以上,不仅帮助农民工提升技能,也帮助他们解决了再就业问题。

王仕雄不仅是教育部、交通运输部、人社部新能源汽车维修技术国赛裁判,还多次承担安徽省、浙江省、湖南省、江苏省等省职业技能大赛裁判工作,多次担任国培主讲讲师。

在教学育人方面,王仕雄不仅完成日常的教学工作,还在思想上与学生多交流,引导学生加强思政学习、技能学习,做社会技能型人才。他多次指导学生参加安徽省省赛与全国职业技能大赛,所获荣誉如下:2020年参加中国技能大赛新能源汽车电控技术比赛安徽省选拔赛,获得安徽省第一名;2019年参加中国技能大赛新能源汽车电控技术比赛,获得全国第六名,二等奖;2019年参加安徽省"振兴杯"汽车维修技术大赛,荣获安徽省第三名,一等奖,被评为安徽省青年岗位能手;2019年参加安徽省高职院校教师能力大赛,获得二等奖;2019年指导学生参加安徽省高职类职业技能大赛"新能源汽车检测与维修",荣获一等奖;2018年获得安徽省教学成果奖三等奖;2018年指导学生参加安徽省高职类职业技能大赛"新能源汽车检测与维修",荣获一等奖;2018年指导学生参加全国高职类职业技能大赛"新能源汽车检测与维修",荣获三等奖;2017年指导学生参加世界技能大赛安徽选拔赛汽车技术项目,获第二名,同年获得安徽省教学成果奖二等奖;2016年指导学生参加安徽省高职类职业技能大赛"汽车检测与维修",荣获二等奖;2014年指导学生参加安徽省高职类职业技能大赛"汽车检测与维修",荣获二等奖;2013年指导学生参加安徽省高职类职业技能大赛"汽车检测与维修",荣获二等奖;2012年指导学生参加安徽省高职类职业技能大赛"汽车检测与维修",荣获三等奖;2010年指导学生参加安徽省高职类职业技能大赛"汽车检测与维修",荣获三等奖。

为响应国家号召,支持地方经济发展,指导学生创新创业,同时也把自己的技术传承下去,2016年8月,王仕雄与宣城职业技术学院2007级汽车专业毕业生王启文,投资100余万元,在合肥市南翔汽车城A468号创办合肥一科汽车电子科技有限公司,公司业务集汽车电脑板维修、钥匙匹配、仪表调校、动力升级、在线编程、名车专修为一体。公司自成立以来,已经吸纳了一批优秀的人才,拥有先进的诊断设备、原厂的配件渠道、完善的技术资料库。目前公司主要服务:合肥、芜湖、安庆、铜陵、宣城、池州、黄山、阜阳、蚌埠。王仕雄带领团队结合互联网优势,打破技术封锁,提供远程协助,服务更多的企业与技术人员。同时,他还承担教师暑期下企业培训工作,积极配合学校各项工作,指导在校生的实训工作。王仕雄在就业和创业的过程中,给学生带来了示范作用。

育大国工匠　促职教发展

践行习近平总书记的嘱托，追求卓越和精益求精。

——蚌埠科技工程学校　王　旭

2019年8月20日下午，习近平总书记在考察张掖市山丹培黎学校时强调，我国经济要靠实体经济作支撑，这就需要大量专业技术人才，需要大批大国工匠，因此职业教育大有可为。

勤学苦练怀绝技

职业教育的发展以及大国工匠的培养需要无数身怀绝技并能潜心育人的职教先锋。现年48岁的王旭就是职教先锋中的一员。王旭的父母是国营机械厂的技术工人，小时候他就比同龄孩子有更多接触机械的机会。他年少时就对各类机械产生了浓厚的兴趣，家中的机械钟表、自行车、缝纫机成了他拆解研究的对象。

1987年，15岁的王旭在蚌埠市技工院校招考中以全市第一名的成绩考入当时直属安徽省机械厅的省机械技工学校钳工班。经过3年的勤学苦练，王旭以全班综合排名第一的成绩被分配到本市一家大型军工企业工作，负责各类工装夹具以及模具的生产加工。在企业技术师傅的精心指导下，王旭将学校所

学技能与生产实践相结合,很快便掌握了岗位所需的各项技能,迅速成为生产骨干。

1993年,中国第一届奥林匹克技能大赛在湖北十堰举行,王旭因技能突出,成为代表安徽省参加钳工组竞赛的唯一选手。但因临场发挥欠佳,王旭的成绩只位列中等偏上。这让他深刻地认识到自己技能和学识的不足,于是在工作之余他加紧技能训练,进行深造。在学历教育方面,他先后取得2个大专和1个本科毕业证书。2000年,因工作需要,王旭被引荐回母校担任钳工类生产实习教师兼校办工厂生产调度员。在2004年安徽省第一届技工学校技能大赛中,王旭代表学校教师参加钳工项目竞赛,取得全省第二名的成绩;同年在团省委举办的钳工技能大赛中获得全省第一名并被授予"安徽省技术能手"荣誉称号。2007年成为全省职业院校技能大赛裁判组成员。2012年开始连续3年担任全国技能大赛裁判组成员。王旭还担任了蚌埠市两届"身手不凡"电视技能大赛钳工赛项技术总策划、赛场总裁判。比赛中在鸡蛋和气球上钻孔、在通电的白炽灯上磨切钢丝以及凭记忆配钥匙开锁等,王旭均亲自上场示范,赛事在蚌埠电视台生活频道播出后引起人们关注,蚌埠市许多企业积极开展岗位技能提升培训。

潜心育人促发展

王旭在职教一线工作已满20个春秋,为国家培养输送更多身怀绝技的技能型人才是王旭始终坚守的信念。他充分利用各级各类赛事,调动学生学习的积极性与主动性,激发学生的创新能力和实践操作能力。他指导的学生在各类技能大赛中成绩显著,连续6次获得全省活动一等奖。2014年他指导的学生在国赛项目中成绩取得历史性突破,获得全国第三名。王旭因此被大赛组委会授予

"金牌导师"荣誉称号,被蚌埠市人民政府授予"蚌埠市优秀教师"称号。

在职教生涯中,王旭在传授技能的同时,还率领机械工程系积极参与相关教学改革。他是国家中等职业教育改革发展示范学校模具制造技术专业项目的负责人,还是学院4个安徽省中等职业教育质量提升工程项目的总负责人。他先后独立撰写并发表专业论文4篇,在技工院校教案评比中获全国二等奖;主持的"职业院校推进产教融合、校企合作实例及成果研究"课题获安徽省立项课题优秀科研成果奖。

王旭在服务地方经济工作也贡献显著。在学院的安排下,王旭利用节假日积极开展社会培训及技能鉴定活动,先后为30多家企业及学校提供技能培训和鉴定服务。王旭积极推进产教融合,为企业提供技术支持。作为校办企业负责人,他率领校办企业先后为本市硅基新材料产业中部分大型企业提供技术及产品服务近千次,并于2018年为企业发明了一种"方便夹持工作台"(此项发明获得实用新型专利证书)。因表现优异,王旭入选"蚌埠市百名优秀青年"。2017年被人力资源和社会保障部职业能力建设司聘为装配钳工国家基本职业培训包专家成员,承担该职业国家基本职业培训包研究开发工作。

如今,王旭仍坚守在职业教育的一线阵地上,在培育大国工匠的职业教育舞台上,他继承优良传统,与时俱进,用追求卓越、精益求精的工作态度践行着习近平总书记的嘱托。

情系高炉　追逐梦想

> 作为企业员工，要树立"终身学习"的观念，好学上进，刻苦钻研，不断开阔自己的视野，努力调整和完善知识结构，熟练掌握岗位技能，使自身具备较高的专业素质，真正做到干一行、爱一行、钻一行、精一行，成为本职工作的行家里手。
>
> ——马钢炼铁总厂　王志堂

2003年7月，王志堂从东北大学毕业，怀揣着青春的梦想，带着对家乡的特殊感情，他来到了马钢。来到马钢后，他就确立了一个明确的目标——树立"终身学习"的观念，刻苦钻研，尽快完成身份和角色的转变，成为专业领域的行家里手。

抱着刻苦勤奋、虚心求教的心态，王志堂经常跟师傅们跑现场，多看、多思，学习操作。遇到不懂的，就及时向师傅们请教。在师傅们传授技术、经验之外，自己也不断地抓紧业余时间看书，多学、多想、多钻研。一本约900页的《高炉炼铁生产技术手册》，王志堂研读了不下50遍，他的专

业知识水平也因此得到快速提升,他对高炉炼铁有了全面的认知。

经过多年持续的学习和努力钻研,王志堂开阔了自己的视野,活跃了思维,调整和完善了专业知识结构,技术水平、综合能力得到了快速提升。2012年在全国钢铁行业职业技能竞赛中,他以高超的技能获得了全国高炉炼铁专业第一名的佳绩。

机遇眷顾那些有准备的人。在工作期间,王志堂把学到的知识付诸实践,解决技术难题,先后发表专业学术论文多篇,获发明专利、技术成果等20多项。由于过硬的专业技能,他先后获得"公司技术状元""公司技术能手""马鞍山市技术能手""全国钢铁行业技术能手""全国技术能手"等荣誉称号,还获得了全国五一劳动奖章等荣誉。通过不懈努力,王志堂已经从一个高炉技术员变为分厂厂长。

知识是无穷的,从事炼铁行业的人的技能要达到炼铁行业的最高水平,要活到老,学到老。王志堂坚信:只要路是对的,就不要怕路远。把每一次的成功当作一个新的起点,持之以恒,全力拼搏,梦想就一定能实现!

从0到1：合肥工业学校"网络信息安全"专业诞生成长记

让网络安全专业在安徽中职教育里生根发芽。

——合肥工业学校 魏飚

机遇与挑战

2014年2月27日，习近平总书记在中央网络安全和信息化领导小组第一次会议上表示："没有网络安全，就没有国家安全。"2016年，网络安全成为国家的重大战略科研项目，也被列为国家战略性新兴产业。网络安全产业的兴起带来了人才需求量的增大，网络安全人才就业前景广阔，网络安全也逐渐成为高校热门专业。

此时的合肥工业学校刚刚经历三校合并，承担着合肥市政府打造合肥中等职业教育航母的期望。学校紧跟时代发展潮流和国家发展趋势，用长远的眼光和更高的标准发展职业教育。5G、大数据、人工智能、物联网等新事物的出现，给学校带来了更多的机遇和挑战。

在职业教育岗位上工作了22年的魏飚，做出了他职业生涯中的一次重要的选择：完成从建筑教育到网络安全教育的跨越。2017年3月，在学

校的支持下,他组建了合肥工业学校"网络空间安全"团队,担起了网络安全教育的重任。

开拓创新

2017年,网络安全专业在全国中职教育中还是一片未开垦之地,不仅未见于国家中职专业目录,更没有专业发展规划、人才培养方案及教材。要在这片土地上种出庄稼,正是魏飚的任务。魏飚深知,学习是探索未知世界的有效方式。在患有严重眼疾的情况下,他拿起了书本,从0开始,探索神秘的网络安全世界。

同时,魏飚在学校精心组建了学生训练团队,选择优秀青年教师组建实训教学团队,与学生和同事一起研读、解析相关的网络安全课程。为了寻找更多的学习资源,他与奇安信集团、新华三集团、亿霖博、北京中科磐云科技有限公司、红客学院、国防科技大学等企业和院校合作,邀请专家到学校做讲座,一起研究制订专业人才培养方案。魏飚还邀请了北京知名企业的专家,于2018年、2019年连续组织了3次安徽省中职学校"网络安全师资"培训,为安徽省中职学校免费培训百余人次。

魏飚自主搭建了相关企业和省内职业学校网络安全教师交流的平台,牵头安徽职业技术学院、合肥职业技术学院、安徽城市管理学院、安徽粮食工程职业学院、合肥工业学校5所学校,组建了磨店"网络安全五校联盟",不定

期举办讲座与开展实战对抗训练。后期,安徽工商职业学院、安徽经济技术学校、安徽邮电职业技术学院等院校也参与其中。

魏飚积极参与企业组织的各类比赛,带领学生参加企业的实际工作。

通过学习与交流,学校的中职生实训团队能较为熟练地掌握信息收集与渗透测试、Windwos系统安全配置、Linux系统安全、设备安全与协议分析、数据库安全、操作系统与服务漏洞验证及加固、WEB与PHP应用安全、网络攻防技术、渗透测试常用工具、Python语言等课程和技能。

取得成就

魏飚积极参加市、省、国家各级比赛,获奖颇丰:2018年,获合肥市职业技能大赛"网络空间安全"一等奖、二等奖各1项,安徽省职业技能大赛"网络空间安全"一等奖、二等奖各1项,国家职业技能大赛"网络空间安全"大赛三等奖1项,安徽大学生"网络安全对抗赛"优胜奖1项;2019年,获合肥市职业技能大赛"网络空间安全"一等奖、二等奖各1项,安徽省职业技能大赛"网络空间安全"一等奖2项,国家职业技能大赛"网络空间安全"大赛二等奖2项,安徽大学生"网络安全对抗赛"一等奖1项、二等奖2项,合肥市网络安全攻防演练大赛优胜奖1项;2020年,获得安徽省职业技能大赛"网络空间安全"一等奖1项。

特邀参加安徽省大学生网络安全对抗赛、合肥市网络安全攻防演练大赛、数字中国创新大赛全国邀请赛、网鼎杯全国赛,均取得佳绩。

远赴武汉、太原、宁波等地,进行中职层次跨省交流和学习,成绩优异。

2018年,魏飚获得合肥工业学校"技能大赛精英导师"称号。2019年9月,被中国职业技术教育学会聘为全国职业院校技能大赛中职组"网络空间安全"赛项资源转化评审专家,为中职"网络信息安全"专业实训课件资源、教材、赛项资源转化方案、专业建设提供方案。

近年来，魏飚辅导的多名学生因参加"网络空间安全"国赛，获得省教育厅文件规定的专业课免试资格，被宿州学院、淮南师范学院等本科院校录取。

2019年12月，"网络信息安全"纳入国家中职专业目录，合肥工业学校成为安徽省内第一个成功申请"网络信息安全"专业的学校。

2019年12月，学生尉言辉（获国赛二等奖）入选中等职业教育国家奖学金获奖学生优秀代表名录（安徽共4人）。

2020年4月，第二批网络安全运维职业技能1+X证书试点院校开始申报，合肥工业学校条件符合，积极展开申报。

2020年10月，合肥工业学校与北京中科磐云安全研究院签订网络空间安全人才培养基地合作协议。

……

除了学习、比赛，魏飚还带领队员走出校园，用所学服务社会。先后为省内外8所学校提供网络安全学习的上门指导服务，参与合肥数据资源局、中国科学技术大学等单位组织的比赛赛场部署、现场服务等活动，取得了较好的社会效益和经济效益，进一步鼓舞了学生学习的热情。

短短的3年，魏飚让网络安全专业在合肥工业学校里生根，发芽，结出硕果，学校也成为全省中职网络安全教育领域的旗帜。

情系炉台　砥砺前行

炼钢先炼人。

——马钢第四轧钢总厂　邬 琼

1996年入职马钢的邬琼把最美好的青春挥洒在了这片火红的炉台旁。在成为一个炼钢人之前,他就立志成为一个优秀的炼钢工。

1999年初,邬琼参加了三炼钢转炉的基础自动化改造项目。这对于一个新人来说,是次非常宝贵的学习机会。在赴鞍钢的路上,他如饥似渴地学习着,了解了其他厂的生产经验。这段宝贵的经历,为他以后的成长打下了坚实的基础。

2002年,邬琼因为出色的工作能力被选拔为转炉炉长。在新的岗位上,他对自己的要求更加严苛。他随身携带着一个小本子,上面记满了分析工作的笔记。就是这种"钉子"精神,让他在当年就拿下了产量和质量的双料冠军。

邬琼在岗时,工作十分努力,下班后他不忘刻苦学习炼钢基础理论知识。凭借着过硬的操作本领和扎实的理论基础,他在2004年代表马钢参加了"昆钢杯"全国冶金技能大赛,在转炉炼钢工比赛项目中取得第四名的好成绩。

2005年马钢新区筹备,他被调入四钢轧参加300吨大型转炉的调试和投产工作。在这期间他没日没夜地扑在现场,参与了各项设备的调试和安装工作,并参与制定了转炉炼钢部分的各类标准。作为转炉炉长,他指挥生产了四钢轧第一炉钢水,并和同事们通力合作,完成四钢轧投产次年即达到设计产能的目标。他先后参与了四钢轧各类钢种的开发和生产工作,参与了四钢轧转炉部分的几乎全部攻关项目,取得了骄人的成绩。目前在国内大型转炉中,四钢轧300吨转炉的各项指标都名列前茅。

邬琼对炼钢的不懈追求,为他赢得了一个又一个的荣誉。2002年,他在成为炉长的当年就获得炼钢技师资格,在2004年获得炼钢高级技师资格,先后获得了全国钢铁行业"技术能手"、安徽省"538人才工程拔尖人才"、马鞍山市"优秀人才提名奖"、马钢公司"技术能手""马钢杰出青年岗位能手"等荣誉。在2008年他被聘为马钢炼钢首席技师,从此他对炼钢有了更高的追求。

邬琼不忘传承,把炼钢技术传授给四钢轧炉台旁的年轻操作员。每年,他还抽出大量的时间来进行理论学习和技能培训。"国家发展对我们钢铁工人提出了更高的要求,现代化钢铁企业对高技能人才的需求更旺盛。立足生产线,锤炼本领,努力成长为适应未来发展要求的复合型人才,为企业、社会和国家培养更多的人才是自己的使命。"邬琼这样道。

耳濡目染　传承技艺

在做中学，在学中做，只要坚持精进，终将有所成。

——歙县耕木堂徽雕工艺品厂　吴侠芳

吴侠芳于1964年出生于黄山市歙县北岸镇显村。显村是一座典型的皖南传统古村落，有四五百户人家，1500多人。村里有汪、洪、吴三大姓，吴侠芳就读的小学就在洪氏宗祠之中。祠堂里的各种木雕构饰从小就吸引着吴侠芳，虽然"文革"时有所破坏，但大部分保存得还算比较完整。当时教室那些隔扇格子门的腰板上雕刻着的《二十四孝图》，非常精美。这些雕刻构图饱满，意境幽深，所刻人物栩栩如生，常常让吴侠芳看得如痴如醉。

当时村里有两位木雕老艺人，名叫洪守义、洪少岩。而洪少岩的孙子是吴侠芳要好的玩伴，吴侠芳经常到他们家玩，看洪守义雕刻糕印模子。当时他们主要的雕刻业务是为徽州地区各大食品厂刻制各式各样的粿印和糕点印模。最让吴侠芳叹服不已的是洪守义雕刻时不用画稿，直接在胚料上雕刻，一块上好的长木料能雕刻出十几个糕点印模。吴侠芳去洪少岩家玩的时候，洪少岩就抽着旱烟，向吴侠芳讲述他小时候学手艺的故事。洪少岩的侄子洪守义由于手艺好、名气大，所以活计很多，常常很忙。但只要吴侠芳去

他家玩，洪守义就会和他说"卖田卖地卖不掉手艺"，讲述雕刻材料、工具选择、雕刻技艺要领等与雕刻相关的知识。吴侠芳虽然似懂非懂，但依然听得很入迷，幼小的心灵里埋下了喜爱雕刻的种子。

20世纪80年代初，吴侠芳初中毕业了。由于家庭困难，吴侠芳没有选择继续上学。恰逢此时，歙县徽城文化服务部举办美术培训班，面向全县招生，并承诺录取者通过专业考核可留在工艺厂工作。于是吴侠芳带着绘画作品前往县城报名并最终被录用。通过一个月的专业培训后，吴侠芳被分配到吹塑画车间工作。后来吴侠芳又被聘往歙县劳动服务公司工艺美术厂担任图案设计员，从事麦秆画制作和设计工作。

20世纪90年代，吴侠芳回到家里，专门从事竹木雕刻。当时竹刻市场需求较大，竹刻生意很红火，竹刻产品供不应求。后来徽州的建筑木雕市场又逐渐繁荣起来，很多古玩卖家把从民间收来的破损的木雕建筑构件送到吴侠芳那里，让他帮忙修补复原。就这样吴侠芳又开始从事徽州木雕的修复工作。对于吴侠芳来说，徽州木雕修复工作难度大。他只能在做中学，学中做，不断积累经验，在实践中寻找修复木雕的最佳方法。吴侠芳站在古代工匠的角度，思考如何恢复徽州木雕的原貌，使客户满意。通过几年的潜心研究和实践锻炼，吴侠芳的徽州木雕修复水平有了质的飞跃，声名远播。

1995年初，为了方便服务客户，吴侠芳将工作场所从显村搬到了镇上，并创立了耕木堂木雕工作室。由于市场需求旺盛、手艺精湛，工作室的业务十分繁忙，工作室里堆满了各地客户带来的破损木雕建筑构件。这些构件样式繁多，有雀替、元宝、冬瓜梁、床栏板、格子门等，涵盖了徽州地域内所有的木雕门类。通过对这些木雕作品的细心修复和研究，吴侠芳发现同为徽州地域内的徽州木雕,它们各自的雕刻风格还是存在一定的区别:以休宁为界,歙县、绩溪的徽州木雕保有浙江淳安雕刻的风格,黟县、祁门及婺源的徽州木雕则有江西鄱阳、上饶雕刻的韵味。这也应验了古徽州的一句俗语:"各师傅各做法,各庙各菩萨。"虽然徽州木雕在雕刻风格上有所区别,但吴侠芳认为徽州木雕的规制和体裁还是较为一致的,充分体现了古徽州宗法制度和儒家文化的影响。

从1993年到2005年的十几年间,吴侠芳修复了大量的徽州本土建筑木雕构件,进一步提升了徽州木雕技艺水平。

在专注于本职工作的同时,吴侠芳还不忘传承徽州木雕技艺。2002年,吴侠芳开始收徒传艺。2017年5月,吴侠芳受聘为安徽省行知学校非遗专业木雕班的实训指导老师,带领近二十名学员学习木雕知识与技艺。吴侠芳深感使命光荣,责任重大。他立志要努力把徽州木雕这一国家级非物质文化遗产更好地传承下去。

丹心化作春雨　获得桃李满园

> 中国优秀的传统文化是人类文化的珍宝，而中医药优秀文化是其中一颗璀璨的明珠。传承中医药传统技能、弘扬中医药优秀文化是中医药人的使命与担当。我毕生孜孜以求的便是传承中医药优秀文化和技能，成为一名精益求精的工匠和优秀的人民教师。
>
> ——亳州中药科技学校　吴小菲

致力求学　奉献教育

吴小菲，河南临颍人，中共党员，2007年毕业于河南中医学院中药学专业，双师型教师，现任亳州中药科技学校中药部主任。亳州市第二届学术和技术带头人、亳州市学科带头人、亳州市药业行业协会专家委员会副主任委员、全国中医药职业教育集团药学类专业群建设指导委员会副秘书长；"十三五"规划教材《中药制剂技术》副主编。

2007—2010年，吴小菲任职于安徽沪谯中药科技有限公司采购部，与中药结下缘分，并拜师于孟武威、王远山等老前辈，学习认药、制药等知识。3年的药企工作经历，让他积累了丰富的实践经验，掌握了丰富的中药

鉴别知识和过硬的制药技能。

2010年8月至今,吴小菲就职于亳州中药科技学校,任中药鉴定技术教师。从教以来,他勤勤恳恳、刻苦钻研,在教育教学一线发挥着模范带头作用。2011年10月,吴小菲参加亳州市中药识别技能大赛,获"亳州市技术能手"荣誉称号;2018年,获全市"人力资源和社会保障系统先进工作者"荣誉称号。

在教学上,吴小菲一直致力于理论与实践一体化教学,培养出来的学生不但拥有扎实的理论基础,而且具备娴熟的操作技能。他通过探究式学习模式,带领学生到中药材交易市场及中药饮片企业进行实践活动;他辅导的学生多次获得国家、省、市级中职技能大赛一等奖。

精心辅导　硕果累累

为参加2012年6月的全国职业院校技能大赛,吴小菲在比赛前半年带领学生积极备战。从点滴的理论知识学习到细致入微的实践操作,吴小菲都亲力亲为,进行手把手的指导。最终他辅导的学生王永磊、陈小芳分别获得2012年全国职业院校技能大赛个人一等奖和团体一等奖,实现学校在国家级技能大赛上获奖数零的突破,吴小菲本人也获得了全国职业院校技能大赛"优秀指导教师"称号。

2013年全国职业院校技能大赛在连云港拉开帷幕,吴小菲及其团队吸取2012年参赛的经验教训,悉心指导常叠芹等4名学生参加大赛,最终获得1个二等奖和3个三等奖。

2015—2020年,吴小菲辅导学生参加各级技能大赛,获得国家级奖项二等奖3个、三等奖3个,省级奖项一等奖4个、二等奖3个、三等奖6个,市级奖项一等奖5个、二等奖8个、三等奖8个。吴小菲也因教学成绩突出,获得省级、市级优秀辅导教师称号。他不仅注重学生技能的培养,而且注重学生的德育,所带班级多次获评校级"文明班集体"。2016年6月,吴小菲被亳州市授予"市优秀班主任"称号。

吴小菲还经常查阅中医药典籍,研究传统中药的制作方法,成立中药传统技能培训班,传授传统中药技能。2015年他指导学生闫点点制作的驱蚊香囊、指导黄国伟制作的大山楂丸在全国职业院校技术技能创新成果交流赛中分别获得二等奖和三等奖。在比赛现场,教育部职业教育与成人教育司以及安徽省教育厅等领导观看了学生制作香囊和药丸的过程,对学校弘扬中医药优秀文化及为培养学生技术技能所做的工作给予了高度评价。

交流学习　加强科学研究

吴小菲于2010年10月参加亳州市中药材认知大赛,进入"认药十六强",2011年获"中药材鉴别优胜者"称号。2013年发表论文《RP-HPLC法测定晕痛定胶囊中阿魏酸的含量》,2015年发表论文《构建"一体化、三合一"的人才培养模式》并获省级三等奖,2017年发表论文《共建共享双基地　工学结合育人才》并获省级三等奖,2018年发表校企合作论文《加强产教融合　打造工匠精神》并获省级一等奖。2017年,吴小菲主编的校本教材《中药检验操作技术》和《中药材及饮片真伪鉴别图谱》(上、下册)分别获市级一等奖、二等奖;参编的《中药材及饮片鉴别图谱》由安徽科学技术出版社出版。

吴小菲一直致力于中医药优秀文化的传承与发扬,为加拿大Tai-e中医学院、浙江富阳城镇高级职业中学培训中医药人才13人。

今天,吴小菲依然坚守在教学一线,身体力行,尽心辅导学生,并积极参与"药博会"、职教活动周和企业提升培训,争取让更多的人了解和传承中医药优秀文化。

执刀数载　为传承坚守

> 食品雕刻是我国烹饪艺术中的一笔宝贵财富。它像一颗璀璨的明珠，在我成长的路上发光发亮。一路走来，我清楚地认识到，我雕刻的不仅是食材，还有我的人生。我必将这份技艺传承下去，让更多人看到它的魅力。
>
> ——铜陵市中等职业技术教育中心　夏大超

坚守食艺

夏大超于1983年出生在安徽颍上县，是国家级中式烹调高级技师、合肥市五一劳动奖章获得者和2016年度"中华金厨奖"获得者。因为崇尚食艺，所以早在2005年，他就开始从事餐饮工作，先后就职于常州凯悦大酒店和舟山海天楼骑士酒店。在这期间，他师从王浩，潜心于食品雕刻，形成自己独特的雕刻风格。2010年初，他应聘进入安徽新东方烹饪技工学校，2019年又被引进铜陵市中等职业技术教育中心工作。10年来，夏大超在提升自我的同时，还致力于传承发扬烹饪及食品雕刻技艺。

食品雕刻比较枯燥，需要花费大量的时间和精力。无论是严寒酷暑，还是刮风下雨，夏大超每天都坚持练习雕刻刀法，同时加强学习，以增加自己的文化知识，提升自己的艺术素养。夏大超的作品刀工细腻、制作精巧，富有美感，在保留传统风格的同时又不乏创新，给人留下深刻的记忆。

"艺"如人生

在过去的10年里,夏大超斩获了国内烹饪比赛多项大奖。在2016年"联合利华餐饮策划杯"华山论剑全国厨师技能大比武中,他取得了华东赛区第一名的好成绩,并荣获"快雕王"称号。同年10月,他代表华东赛区参加全国总决赛,凭借琼脂雕作品《吉祥三宝》获得全国第二名的好成绩,并被授予2016年度"中华金厨奖"。在拿到奖杯的时候,夏大超感慨万分:在这荣誉的背后,谁又能想到自己第一次接触琼脂雕刻时的窘迫呢?

琼脂雕刻作为中国传统工艺,属于食品雕刻范畴。琼脂组织纤维紧实,故对雕刻师的基本功要求极高。琼脂如豆腐般软嫩,雕刻师如果没有很好的刀功,很难准确下刀,更别提雕刻出精巧逼真的艺术作品。琼脂雕刻作品温润如玉,深受人们欢迎。

夏大超犹记得师傅提起过的他年幼时学徒的经历。那时候条件艰苦,为了学会琼脂雕刻技艺,师傅将自己每个月辛苦赚来的钱都花在买原料和研发工具上。虽然师傅努力地学习着这门技艺,但终因生活所迫,他无奈地终止了对琼脂雕刻技术的研发,这也成了他的遗憾。带着传承琼脂雕刻技艺的梦想,夏大超精心研发了一套适用于琼脂雕刻的技艺,雕刻了《鲤鱼献宝》和《吉祥三宝》这两个代表作品。

如今,夏大超依然坚守在食品雕刻传承与创新的第一线。从2010年任教以来,他以自身的经验指导学生学习,致力于食品雕刻新食材的研发与高超技艺的传承。同时,他还不断参加培训与宣传工作,积极参加省市各类技能大赛,加强交流与学习。

2019年，夏大超被引进铜陵市中等职业技术教育中心工作后，积极承担市人力资源和社会保障局举办的面向退伍军人和社区的烹饪技能培训工作，一年来共培训学员340多人。他指导的学生谢季青和周航宇在安徽省商贸服务技能大赛暨第九届全省烹饪职业技能竞赛中，获得"特金奖"1项、金奖1项、银奖1项，并获得团体金奖。夏大超充分展现了食品雕刻的魅力，让更多的人对食品雕刻感兴趣，助力食品雕刻技艺传承。

文都"守艺"人

> 耐得住寂寞,守得住清贫,矢志不渝地传承铸胎掐丝珐琅工艺。坚守初心,弘扬中国工匠精神。
> ——桐城市徽煌工艺品有限公司　项道友

铸胎掐丝珐琅工艺是景泰蓝系列工艺中的精品,是集绘画、设计、雕塑、铸造、焙烧、錾刻、镶嵌、鎏金等多种中华传统技艺于一体的非物质文化遗产,被誉为中华传统工艺的集大成者。珐琅作品造型典雅、光泽诱人、色彩浓郁。它兼具瓷器的色彩、玉器的温润和铜器的结实。每一件珐琅作品都凝聚着制作者的匠心,体现出中华工匠智慧,彰显民族高超的技艺。

从实践中提高技能

广袤、丰沃的皖中大地上,"文都"桐城如同一颗美丽的明珠镶嵌其间。这座小城有着1200多年的历史,因清代诞生的"桐城派"称雄文坛200余年而闻名遐迩。至近代,桐城仍人才辈出。70多万人的小城竟然出了18名院士,因此桐城又被外界誉为"院士之乡"。

文章溢彩,学术流光,而当代桐城的工艺美术又如异军突起。在其发展历程中,我们不得不提到一个人,他就是国家一级技师、桐城市民间文艺家协会主席、徽煌工艺品公司工艺总监项道友。

从小学至高中,项道友一直都是班上历史学得最好的学生。再加上平时喜欢看书和写作,为以后的发展奠定了坚实的基

础。2000年,项道友进入一家工艺品厂从事管理工作。入职以后,他主动进车间,到生产一线去开展工作。铸胎掐丝珐琅工艺有上百道设计工序,塑型、制模、修模、灌蜡、修蜡、沾浆、铸造、修胎、掐丝、点琅、烧琅、磨琅、錾刻、鎏金、镶嵌……每一道工序紧紧相扣,技术要求极其严格。如果哪道工序出现问题,可能前功尽弃。项道友积极主动地去看、学、问、干,渐渐地,他对珐琅工艺的每一道工序都了如指掌,操作技能日渐娴熟。项道友结合自己所掌握的景泰蓝知识,撰写了《奇工巧色 妙手天成》,发表在中国工艺美术界权威杂志《上海工艺美术》上,阐述了公司在珐琅工艺上的突破。

在默默耕耘中脱颖而出

珐琅工艺在中国有南派、北派之分,项道友博采众长,曾远赴北京、河北等地,拜访名师;也曾赴上海,向有着"世界鼎王"称号的嘉丰特艺有限公司负责人卢银涛学习造型技术,向上海博物馆研究员谭德睿教授请教有关景泰蓝的历史知识。

珐琅艺术在工美界被称为"火的艺术"。景泰蓝作品质量如何,取决于烧琅的工序。作品怎样放进焙烧炉?焙烧多长时间?这些问题都要依靠长期积累的经验来进行处理。项道友在焙烧炉边,不知流淌了多少汗水。

在实践过程中,项道友不停地思考,力图改进生产工艺。例如,高一米以上的珐琅作品的烧琅支架需由不锈钢制成,成本高。如何既降低成本,又使烧琅支架达到焙烧要求？项道友不断摸索，运用自己所学的杠杆原理，从力学角度出发，通过集约化设计，成功地解决了难题，节省了成本，使焙烧获得了更好的效果。3年下来，他为公司节约成本70多万元。

锲而不舍，终有所成。多年的历练使项道友成为一名集创意设计、制造制作技能于一身的综合型人才。2014年，他成立了个人工作室；2015年，其珐琅作品《生肖羊》入选安徽博物院主办的羊年新春特展；2018年，他成功拿到国家一级/高级技师职业资格证书；2019年，其珐琅作品《莲台六合瑞兽炉》荣获全国非遗传承人作品联展金奖。

甘做文都"守艺"人

项道友在致力于传承珐琅工艺的同时，还担任了桐城师范高等专科学校校外实训指导教师、桐城市民间文艺家协会主席。他一边向高校学子传授传统工艺美术技能，一边指导桐城境内铜雕、剪纸、玉雕、石刻、棕编、蛋雕、叶雕等领域的匠人传承和发展传统技艺。长期以来，项道友默默耕耘在传统工艺一线，无怨无悔。他甘于清贫，耐得住寂寞，初心不改，甘做文都桐城的"守艺"人。

练技能 逐梦想 传精神

——马钢姑山矿业有限公司 肖 挺

肖挺,机修钳工高级技师、技能专家,安徽省劳动模范,马钢"劳模创新工作室"、马鞍山市"劳模创新工作室"带头人。自1996年被分配到马钢姑山矿业公司参加工作以来,肖挺一直扎根于矿山一线,从事大型工矿设备的维护工作,先后担任过设备大修主修、班长、设备管理员、设备段长。2014年肖挺创新工作室成立以来,他在大型工矿设备的技术攻关、技术改造和技术革新、高技能人才培养等方面为公司作出了杰出贡献,获得多项荣誉。

"我对钳工的兴趣,源于父亲的言传身教,"肖挺笑着说,"父亲是位老钳工,工作认真细致。小时候看着父亲在钳台旁锯锯、锉锉、敲敲打打,就能把坏了的机器修好,邻居们也经常找父亲修个锁什么的,觉得父亲无所不能!慢慢地,自己就对钳工产生了浓厚的兴趣。"参加工作以后,肖挺就下定决心:扎根一线,不怕苦,不怕难;做好每一件事情,全力把握每一次可以提升自己的机会,努力成为像父亲一样的钳工。

刚参加工作的肖挺有一身干劲,但他很快就意识到,光有一颗热爱工作的心,没有系统学习钳工专业知识,是很难把工作做好的。为了提高自己的技术水平,他参加了"机电一体化"成人自学考试,购买了《机械设计》《机械制造》《液压与传动》等专业图书,利用一切可以利用的时间,努力学习专业知识。

功夫不负有心人,2008年7月,肖挺考入马钢技师学院,开始为期2年的专业学习。肖挺白天工作,晚上就到学院上课,周末到院办工厂练习操作技术。"钳工是很苦很累的工种,练好钳工的基本操作技能,如划线、锯割、锉削、套丝等没有什么捷径可走,只有练习、练习再练习!"双手磨出了水泡,他就挑破水泡继续练,直到手上磨出了老茧。"说实话,这个过程非常痛苦,我无数次想要放弃。"但是成为像父亲一样的钳工的梦想激励着他,让他坚持了下来。正是这几年的磨炼,使肖挺练就了扎实的钳工基本操作技能。他从一个初级钳工逐步成长为高级钳工技师,并取得了大专学历。

机遇总是留给有准备的人的。2010年7月,在公司团委和各级领导的推荐下,肖挺参加了马鞍山市第三届"华菱杯"青年技能大赛机修钳工比赛。该次大赛从理论、CAD制图、实践操作、数控车床刀架拆装与调试4个方面考查参赛选手的技能水平。肖挺从300多名选手中脱颖而出,以马鞍山市第三名的成绩,参加了安徽省第七届青年职业技能赛。经过鏖战,最终他和马钢其他两位钳工选手凭借高超的技术,一举将冠亚季军收入囊内。后来,肖挺又代表安徽省参加第六届"振兴杯"全国青年职业技能大赛,为安徽省取得了团体第六名、再度夺得"优胜杯"的好成绩。

这次大赛让肖挺走出了马鞍山,走出了安徽省,走进了全国青年职业技能大赛的赛场。他表现出色,在矿山引起了不小的轰动,为矿山那些扎根一线、立足平凡岗位,默默奉献的职工树立了良好的榜样。随后,他陆续荣获了"马钢杰出青年岗位能手""马鞍山市技术能手""安徽省技术能手""安徽省劳动模范"等荣誉称号。

参赛归来,肖挺更加严格要求自己,努力工作,力求在平凡的岗位上创造出更多不平凡的成绩。他带领大修车组成员,用了3年多的时间,针对14台矿用车爬坡性能差、满载时后桥稳定性差、举升方向液压故障多、方向机械故障率高、下长坡连续刹车气压不足等问题,进行10余项技术改进,使矿用车整车性能更加稳定,更加适用于采场作业。跟踪数据显示,投入运输生产的大修改造车质量合格率为100%,车辆整体性能提高。肖挺的技术改进工作得到驾驶员们的一致好评。

2013年,随着姑山矿露天采场资源日益减少,采矿难度加大,矿里反铲使用数量增多,反铲在采场工作中的作用越来越重要。矿里要求,要全天候保证反铲完好。任务就是命令,肖挺和班委会组织了"反铲抢修小组"。无论何时接到任务电话,肖挺都会立刻带领抢修小组,在最短的时间内赶到现场,排除故障,保证设备正常运行。那一年,他和工友们还先后完成3台大修改造车,90台次发动机、变扭器、差速器等的大修任务,积极开展修旧利废和技术改进革新项目4个,当年节约成本120余万元。

肖挺不仅自己练就了一身本领,还不忘把技艺传授给他人。2014年"肖挺创新工作室"成立,工作室主要以大型工矿设备技术攻关、技术改造和技术革新为工作内容,以培养高技

能人才为己任,促进企业经济效益提升。近年来,肖挺先后获得授权专利5项,多项岗位创新创效获奖和先进操作法获得命名,发表论文5篇,直接给公司带来经济效益500多万元。他还承接了姑山矿业公司钳工技术、汽车修理技术、重车司机驾驶的培训工作,4人经培训取得技师资格,其中有1人成为技能专家,享受技能津贴。

肖挺常说:"培养高技能人才,不是一蹴而就的;练就高超技艺,也非一朝一夕之功。"在培训时,他汲取传统师徒传承方式的优势,严格要求钳工学员掌握基础知识,并在训练时手把手教授各方面的技能,逐步夯实学员的技能基础。

肖挺说，24年间，自己遇到过许许多多的困难。在父亲、师傅、领导的鼓励和教导下，他凭借着永不服输、永不放弃的精神，逐步成长为一名优秀的钳工。"我们一代传一代，传承的不仅是经验、技术，更是甘于奉献、精益求精的工匠精神。"

与车工结缘 与传承相守

——马钢重机公司 谢叶华

能力的提升

谢叶华,马钢公司机械加工类首席技师,马钢技师学院受聘企业导师。1983年,高中毕业的谢叶华考入芜湖机械技工学校车工专业。在这之前,谢叶华对车工的认识仅限于小时候在厂里玩耍时看到的一些叫不出名字的机械加工设备和工种。进入学校,谢叶华在芜湖重型机床厂跟着师傅实习的时候,很快就对车工产生了浓厚的兴趣。后来,他在第一学期的实操考试中取得了全班第一的优异成绩。1985年技校毕业时,他还获得了机械工业部授予的"优秀毕业生"称号。

谢叶华一毕业就被分配到马钢机修厂工作。在车工这个岗位上,谢叶华刻苦钻研、虚心请教,一干就是20年。在此期间,他掌握了大模数蜗杆、细长轴、长丝杆等各种零件的车削加工工艺及技术。

一分耕耘,一分收获。2000年,谢叶华在马钢公司职业技能大赛中取得第一名的优异成绩,荣获"技术状元"称号;2004年,在马鞍山市职业技能大赛中获得第二名的好成绩,荣获马鞍山市"技术能手"称号。在国家统一职业技能等级鉴定标准后,谢叶华在1998年的车工高级工考评中获得高级工资格；2001年，在车工技师考评中被评为技师；2010年，在车工高级技师考评中被评为高级技师。

时代在发展，工业在进步。为与时俱进，适应新时期切削加工的技术要求，谢叶华主动向单位要求学习数控机床加工技术。2003年，在重机公司新进数控平面磨床操作工的安排中，谢叶华首次接触到数控机床，学习数控车切削加工技术。2005年，谢叶华还学习了数控加工中心的操作技能，在短短的几年里就掌握了重型加工分厂数控机床的操作技术。

在提高专业技能水平的同时，谢叶华还把精力放在理论的学习上。2004年，谢叶华进入安徽冶金职业技术学院机械制造与管理大专班学习。通过学习，谢叶华对机械制造的工艺过程有了新的认识。在学习数控加工理论的同时，他还参加了CAD培训班。这对谢叶华数控加工能力的提升及以后的工装工具设计工作有较大的帮助。

由于业务能力突出，2009年，谢叶华被任命为重型加工分厂车磨组组长。由于公司转型发展，2014年谢叶华带领操作队伍又开展了马钢热轧、冷轧轧辊保供的技术维保工作。经过不断的钻研摸索，谢叶华在轧辊磨削质量控制方面摸索出了一套完整的行之有效的方法。2017年，他还被聘为马钢机床工首席技师。

技能的传承

以岗位创新、技术攻关、技能传承为目的，2017年重机公司创建了谢叶华创新工作室。2018年，工作室获批为马钢创新工作室。在谢叶华的带领下，创新工作室的全体成员积极开展各项工作。在岗位创新创效方面，谢叶华的"轧辊磨削质量控制"荣获马钢公司岗位创新创效二等奖；他还根据生产需要，设计制作出多种生产工装工具，获得3项专利。在技术攻关方面，团队3年来开展了10多项技术攻关工作，开展4项"QC攻关"小组活动，为主线生产顺利进行提供了有力的保障。在技能传承方面，谢叶华在3年里一对一帮带了生产骨干、技术人员10人。在职工技能教育方面，创新工作室每年开展15次以上的专题授课。鉴于谢叶华在技术传承方面的成绩，2018年谢叶华在马鞍山市开展的"名师带高徒"活动中被评为名师。

在多年的校企交流中,谢叶华与职业院校结下了不解之缘。谢叶华在工作之余积极参加各职业院校的车工高级技师、技师等职业各级技能的培训与鉴定工作,将自己所学传授给新人,为马鞍山市相关职业院校的职业技能鉴定把好关。

在国家从制造大国向制造强国转变的战略部署和安徽省政府建设技工大省的总体规划下,2019年安徽省相关职业院校创新推行企业新型学徒制,谢叶华被安徽冶金职业技术学院聘为数控技术专业导师。在双师教育中,谢叶华注重学员实践操作能力的培养和职业素质的提升,希望借此为企业培养和输送更多的技术人才。

不忘医者初心　在传承中发展

> 传统医学的传承需与现代医学相结合，中医和西医的诊治理念和方式虽然不同，但不妨碍两者协同作战，各自发挥所长，实现1加1大于2的效果。
> ——安徽中医药高等专科学校附属医院（芜湖市中医药医院）　熊　煜

初入杏林

熊煜师承国医大师李济仁，是国医大师工作室主要成员之一。1997年，熊煜考入安徽省中医学院中西医结合系，开始系统学习中西医理论知识。2003年，他考取了广州中医药大学中西医结合心血管内科全日制研究生，跟随丁有钦教授学习中西医结合心血管内科理论及临床技术。研究生毕业后，熊煜跟随国家级名老中医李有伟进一步学习中医内科临床技术。2011年，他又跟随国医大师李济仁学习中医内科学。

熊煜一直从事心脏内科、急诊内科及老年病临床工作，擅长冠心病、顽固性高血压、心力衰竭、心律失常等复杂心血管疾病中西医诊疗及急性卒中、急性心肌梗死、休克等危急重症抢救，熟练掌握了冠脉介入及电生理射频消融技术。跟随国医大师李济仁学习期间，熊煜在类风湿关节炎、慢性胃炎、慢性支气管炎、失眠、脑中风后遗症等内科疑难杂症诊疗方面积累了丰富的临床经验。

学以致用

2020年初，一场疫情突如其来，肆虐中国大地。为响应党中央的号召，熊煜主动报名参加了安徽省援鄂医疗队，并作为安徽省第三批支援武汉医疗队队长到达武汉，开展工作。

按照党中央要求，熊煜开展新冠肺炎中西医结合治疗工作，勇于创新，在第一时间成立了中医治疗组。担任中医治疗组组长的熊煜，运用中医"望闻问切"法收集临床资料，实施"辨证论治、一人一方、医养结合、身心同调、扶正祛邪、整体调节"的救治方法，为医院超过70%的患者提供了中西医结合的治疗方法。中医药早期介入和中西医结合治疗对于提高治愈率、降低病亡率、缩短住院时间具有显

著作用。在熊煜的带领下，中医治疗组实现了入舱患者"零死亡"、轻症患者"零加重"、出舱患者"零回头"的目标。

世界卫生组织专家组在武汉体育中心方舱医院进行考察时，了解到安徽医疗队采用中西医结合疗法，成功帮助一大批患者康复后，惊叹称这种疗法为"安徽疗法"，称赞"安徽疗法"值得其他国家学习借鉴。国务院副总理孙春兰、安徽省委书记李锦斌均对安徽省第三批支援武汉医疗队采用的中西医结合疗法给予了高度评价。

熊煜作为中医治疗组组长多次接受安徽卫视及湖北卫视采访，介绍中西医结合治疗经验。由熊煜负责编写的治疗手册《武汉体育中心方舱医院新型冠状病毒性肺炎中西医结合治疗安徽经验》给其他方舱医院治疗新型冠状病毒性肺炎提供了宝贵的经验。

跟随国医大师李济仁学习期间，熊煜一直注意总结李济仁大师的临床经验，参与编写临床研究系列丛书《李济仁临床医案及证治经验》《李济仁痹证研究传承集》。从2011年起，熊煜就一直承担安徽省中医药高等专科学校"中医基础理论""中医诊断学""中医内科学"等课程的理论教学工作及中医内科临床带教工作，以自身的经验指导学生学习，致力于传承传统医学，培养中医临床工作者。同时，他还积极进行中医药现代化研

究,主持科研课题2项。熊煜还积极参与公益性医疗活动和中医文化推广活动,大力推介和宣传传统医学文化。在传承中医文化的道路上,熊煜会一直前行,贡献自己的力量。

怀揣汽修匠心　　为国培养英才

汽车维修工作需要潜心钻研，而教会中职学生掌握汽车维修技术更是要花很多的精力。让更多的学生掌握标准的汽车维修技术和规范的汽车维修工艺，是我奋斗的目标。

——安徽省汽车工业学校　徐腾达

汽车维修既是就业市场上的常规工种，又是世界技能大赛项目之一。它要求从业人员具有缜密的逻辑思维和规范的实践操作技艺，对中职院校汽修专业教师教学工作来说更是如此。中职院校汽修专业教师要不断对汽车后市场进行调研分析，学习新的教育教学方法，使学生具有一定的专业基础知识和较高的实践操作技能，成为汽修行业需要的人才。

江淮"车神"

在安徽省汽车工业学校汽车维修专业任职的徐腾达被人称为车神。之所以有这个称呼，是因为徐腾达专业知识丰富，专业技能过硬，获奖无数。2017年，他被评为安徽省职业院校技能大赛优秀指导教师，2019年被评为全省模范教师。他还是汽车维修国家级培训讲师、省级汽车类大赛裁判和广汽丰田汽车维修一级技师。他指导的学生中，获全国职业院校技能大赛汽车维修类赛项二等

奖的有4人次，三等奖7人次，获省赛一等奖的有42人次……他还多次以汽车维修专家的身份参加了安徽电视台《第一时间》《帮女郎 帮你忙》等栏目的录制。

荣誉的背后是徐腾达的潜心磨炼和辛勤的付出。徐腾达说："进校之初，我就给自己定下一个目标——成为汽车维修行业的行家里手。"那几年，他刻苦钻研，勤学苦练，"几乎把所有的热情都倾注于汽修专业"。

入职12年，徐腾达没有休息过一个寒暑假。他始终坚守在汽车维修教学第一线，参加国家级骨干教师和安徽省骨干教师培训、技能大赛学生留校训练等工作。2018年全年，他一共休息了不到10天。他为了工作放弃了很多：亲人因车祸做了4个小时的手术，他因为学校的赛事任务而没有回家陪护；母亲由于脑血栓住进医院，他也没能回家照顾；孩子出生时，徐腾达还扑在学校辅导大赛学生训练上。

每次遇到汽车故障问题，徐腾达精神抖擞地投入研究。在徐腾达看来，只有全身心地投入工作，才能成就自我，开创未来，为学校和社会发展助力。

职教工匠

在教学工作中，徐腾达主讲的课程有"汽车发动机构造与维修""汽车空调结构与检修""汽车电器构造检修""汽车故障诊断与维修技术"等。为了改进教学，徐腾达不断学习新的教育教学方法。他通过对汽车后市场进行调研分析，根据人才需求现状，制定了符合市场需求的模块化、理论实践一体化的教学方案。

徐腾达说："模块化教学是指根据汽车维修专业的特点，将汽车的各个功能系统作为一个独立的教学单元，在独立的教学单元中完成理论、实践、故障的检测与维修等内容的教学工作。"理论实践一体化教学是指将课堂搬到实训车间里，以学生为主体，以教师为主导，在实训车间里面完成理论和实践方面的教学任务，让学生边学边做，在做中学，在学中做。经过教学实践，学生对所学内容的掌握情况明显要好于过去，且学习的积极性更高，课堂学习氛围更加浓厚。学生和学员毕业之后，在各自的岗位上认真、勤奋工作，得到了用人单位的一致好评。部分学生还走上了管理岗位，走上了创业的道路，取得了不错的成绩。

"一路走来，我和学生之间是相互成就的。"徐腾达说。作为教师，他始终怀揣匠心，为国育英才；作为汽车维修教研室负责人，他把办公室搬到汽车维修车间，带领教研室的专业教师进行课程改革；作为全省模范教师，他努力成为先进教育思想的实践者、汽车教学的示范者，指导和带动更多青年教师成长。在徐腾达的带动下，汽修专业师资情况也得到很大的改善，涌现出一批批技能高超的教师。

徐腾达表示，自己将继续在安徽中职学校汽车专业耕耘，为国家培养和输送更多的汽车维修人才。

焚膏继晷兀穷年　扁鹊绝技献当代

> 经脉医学是失传2000余年的中医徒手诊治病症的中华医学瑰宝之一，经脉治病具有"一拨见病之应"的疗效。
>
> ——安徽上善若水中医研究有限公司　许跃远

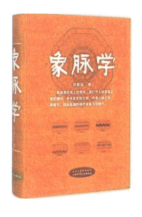

脉诊是中医四诊之一，是中医临床辨证的手段之一。许跃远以其家族中医传承的十二经分经候脉法为基础，潜心研究40年，创立了与B超、CT疾病诊断精准度相近的"象脉学"技法。

作为扎根安徽、走向全国、面向世界的徒手临床诊断技艺，"象脉学"技法因其临床实用性、精准性和便捷性而广受关注。世界中医药学会联合会专门成立了脉学研究专业委员会，许跃远任副组委。北京中医药大学也特聘他为学科带头人，广东省中医院、海南省中医院聘他为临床专家。许跃远出版著作，发表学术论文，并以独特的人格魅力和临床经验吸引了数千人，颇具影响力。而"象脉学"技法也名列合肥市级非物质文化遗产名录。

经络学说源于《黄帝内经》，为中医阴阳、五行、脏象理论的主臬。2012年老官山汉墓出土的医简疑似为扁鹊学派经典，激起学术界对扁鹊经脉医学前世今生的关注。《汉书·艺文志·方志略》载："大古有岐伯、俞跗，中世有扁鹊、秦和，汉兴

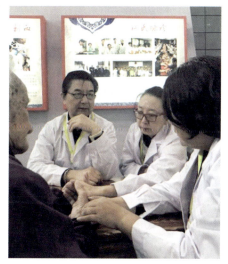

有仓公,今其技术暗昧。"其中"技术"一词指经脉医学技法,是关于脉诊在体表感触脉动的一种"遍诊法",又称十二经分经候脉法。技法的要领是感触人体体表十二经脉线标与本、根与结的"是动",选择在病灶的远端、指节针刺干预"本部"(脏腑)疾病。扁鹊可以借脉诊明示蔡桓公病情进展,秦和可以诊断晋景公病在膏肓。经脉医学技法多由师徒面授、口口相传,《黄帝内经》也以大量的篇幅记载了经脉技法。

晋朝许逊,学道于吴猛,传承了吴猛的医学、武术、道术,其中包括十二经候分经候脉法和"子阳脉法"(扁鹊"隔垣内照"的脉诊技法)。许跃远8岁时与伯父许志国、祖母陶春兰生活,见识了老人们候脉知病和针灸愈病。成人后,许跃远考入医学院,学习西医。大学毕业后,他在临床实践中不断研究脉诊与西医B超、CT检查的异同之处。经40年的潜心研究,许跃远创立了"象脉学"脉诊体系,"象脉学"技法同其临床实用性、精准性和便捷性而广受关注。

西医使用仪器查看人体脏器,而扁鹊在2000多年前就取得了脉诊"观内"的进步。许跃远的"象脉学"技法是对脉诊的继承。他还连续出版4本脉学专著,发表10余篇论文,举办近百期脉学师承班。如今,许跃远的部分专著被国内一些大学图书馆、美国白宫图书馆、英国大英图书馆和新西兰国家图书馆收藏。《人民日报》、新华网、山东教育电视台、澳大利亚华人电视台也有相关采访与报道。

泥火艺路铸匠心　皖陶徽瓷育新人

树人尚能，匠心化育，为梦想奋斗，为收获努力。
——安徽工商职业学院高职研究中心（工艺美术研究所）　杨　帆

安徽陶瓷资源丰富，历代陶瓷民窑具有鲜明的地域特色和巨大的经济价值。但其从业者整体年龄结构老龄化，后备梯队单一，高端工艺品设计与制作人才严重匮乏。传人保技艺，发现、扶持、培养有志于工艺品设计与制作的后备力量，将对传统陶瓷工艺传承与发展起到"丰肌健骨""补血"的作用。

三尺讲台三十年，匠心化育泥为先。杨帆从事陶瓷工艺行业40多年，其中有30年的时间是在教坛上度过的。他是安徽省高职院校第一位获得"安徽省工艺美术大师"称号的"双师型"专业教师，也是全省首批"省级示范专业带头人"，"省级特色专业""省级优秀教学团队"负责人。在陶瓷工艺传承与教学工作中，杨帆始终坚持"面向职业、重技尚艺、传承为先、以能力为本"，为社会培养了大批艺术设计与制作人才。

求知务实　业精于勤

杨帆出生于重视传统手工艺的江南农村。在耳濡目染之下，他从小就对民间工艺品制作感兴趣。因为喜欢涂涂画画，从初中到高中杨帆就一直被学校安排画校刊刊头和文化站的宣传墙报，几年下来练就了较扎实的造型功底。毕业后，杨帆又被招进工艺美术厂专门从事美术工作，是当时厂里年龄最小的美工。在工艺厂,他系统地学习了玻璃工艺和脱胎漆器工艺。他还利用空余时间自编连环画,陆续发表在《赣西日报》上。在此期间,杨帆的技能取得了长足的进步。后来,杨帆因工作需要转而从事陶瓷工艺,师从"中国工艺美术大师"杨厚兴的徒弟李复荣,学习釉上彩绘与釉下青花工艺。在学习中,他肯动脑筋,勤学苦练,完成了许多年代久远、修复难度大的宗族纸(绢)本祖像釉上彩绘复制工作。这些宗祠挂像采用了传统描金工艺,做工考究,手工复制难度大。但杨帆不畏困难,努力钻研,精益求精,最终出色地完成这项工作,在行业内产生了一定的影响。

杨帆并没有满足于现状,而是继续考学求知,在校系统学习了艺术设计知识,为后来从事陶瓷工艺品设计与制作、专业教学与研究奠定了扎实的基础。

锲而不舍　让传承进校园

陶瓷始于泥土,出于手工,成于窑火,用于社会。学校当时缺乏必要的陶瓷制作条件,杨帆就自己动手创造条件,建立了校内第一个集学做于一体的陶瓷工作室。杨帆在工作室里完成了企事业单位定制的肖像礼品瓷的制作。其间,他还完成了一件具纪念意义的釉上陶瓷作品——孙中山肖像纪念瓷盘。在接到这项任务时,杨帆手中没有相关资料,只有一份刊载了孙中山照片的报纸,照片模糊不清。为了完成任务,他先后查阅了有关孙中山的文字资料,系统地了解这位伟大的革命先行者的事迹及其不朽的精神,最终完成了孙中山肖像纪念瓷盘的制作。

在坚持陶瓷工艺品设计与制作的同时,如何让传统工艺进入学校、进入课堂是杨帆一直在思考的问题。他结合专业建设,开发了广告礼品、动漫衍生产品、旅游工艺品等相关产品及课程,拓展了釉上彩绘工艺的应用领域,丰富了教学内容,激发了学生的学习兴趣。他先后指导学生获得全国和省级专业奖项40多个;个人获省级教学成果奖二等奖2项、三等奖2项;他独立完成的陶瓷作品先后获得省级奖项多项。

产教结合 以大赛促发展

紧联产业助教学,共融互补筑平台。杨帆成立了"工艺美术研究所",并在此基础上建立了"陶瓷艺术工作坊",为校企有效对接搭建了平台。同时他还构建了"任务驱动到工作体验,传承创新到设计制作"的"立德重技"教学环境,将"教、学、做、研"融为一体,助力教育教学。传统陶瓷拉坯成型、理坯、釉下(上)装饰、施釉与烧造工艺的每一道工序的教学,杨帆都亲历亲为。他在校内创设了涉及从创意到设计、从揉泥到烧制较完整的陶瓷工艺品的硬件设施和软件环境,从而实现了高职技能教育与民窑技艺传承的良性互动。同时建立了"教授+设计师+工艺美术师+能工巧匠"的教学队伍,创建了名师引领、"三师一匠"的特色团队,为师资队伍建设和发展奠定了良好的基础。

2016年至今,杨帆先后策划并组织了安徽省第三届"江淮杯"工业设计大赛大学生陶瓷创意设计专项赛、第四届工业设计大赛大学生手工艺品创意设计专项赛、第五届工业设计大赛"吉祥三宝杯"高校手工艺品创意设计与制作专项赛、首届"安徽省陶瓷行业职业技能大赛及中国技能大赛——

全国陶瓷职业技能竞赛安徽独立分赛"暨第二届安徽省陶瓷技能赛等赛事,营造了传承与创新的氛围,推动了传统工艺与创意设计的融合。他以赛促学,让创意产品找到市场,让企业发现商机,让传承发掘新人。

杨帆是艺术设计教授、高级工艺美术师,也是安徽省陶瓷协会副会长、安徽省工艺美术学会副理事长、安徽省传统工艺美术保护和发展促进会常务理事。他先后被评为"安徽省教学名师""安徽省模范教师",具有丰富的陶瓷工艺品设计与制作经验,尤其对青花装饰中的"分水工艺"颇有研究。2019年,杨帆协助学校成功申报了教育部专业教学资源库(民族文化传承与创新资源库)"徽派技艺传承与创新专业教学资源库——安徽陶瓷"项目,而他同时入选全国民族技艺行业职业教育教学指导委员会。

不忘初心,重技尚艺。杨帆为培养"高素质、懂材料、会设计、能制作"的陶瓷工艺人才努力前行。

匠心筑梦　为职教坚守

　　职业教育者要耐得住寂寞,耐得住清贫,还要耐得住吃苦与磨炼。这样能为职业教育发展注入新的活力,创造一片新的天地。

——合肥职业技术学院　杨光明

汽车为媒　情系职教

　　现年48岁的杨光明是安徽省第九批高等职业院校专业技术拔尖人才、巢湖市第五批专业技术拔尖人才,对汽车专业有着很深的造诣。小时候的杨光明就喜欢捣鼓一些机械元件。无论是家里的缝纫机,还是电风扇,杨光明都喜欢把它们拆掉,尝试着更换一些零件,再慢慢地把它们组装起来。1993年9月,杨光明进入河南农业大学机电工程学院汽车运用专业学习,学校里马达的轰鸣、排气管发出的粗犷的声音都深深地吸引着他。喜爱汽车的杨光明经常出入学校周边的汽车修理厂,看师傅如何发动汽车,如何修车。久而久之,很多师傅都认识了他,有时候也让他动动手、帮帮忙。每解决一个问题,杨光明都很有成就感。而在碰到难以解决的问题时,他就翻阅资料或请教师傅。渐渐地,杨光明养成了思考问题的习惯。杨光明深知站得高才能看得远,掌握更多的知识才能做更多的事情,因而他不断学习汽车工作原理,分析汽车故障形成的原因,以便高效地排除汽车故障。

1997年,杨光明正式上班,这时电控汽车开始全面流行。他认为自己缺乏相关知识,于是不断翻阅书籍,参加实践活动,在长安大学龙凤丝教授的指导下,深入修理一线,做"汽车医生"。他还自学了各种电控汽车的结构原理,不知疲倦地钻研汽车维修知识。他深知自己只有非常熟悉汽车结构,理解每一个汽车部件的工作原理和作用,才能了解故障产生的机理,灵活运用各种诊断工具或设备排除故障。

杨光明知道自己的力量是有限的,要教会更多的人,为汽车维修领域培养更多的人才,才能为社会作更多的贡献。毕业时就有着丰富的专业知识和过硬技术的杨光明在汽车技校修理厂工作了3年后,选择走上教学岗位,为国家培养更多具有专业素质和技能的汽车维修人才。从教二十三载,杨光明先后组织开展了各类培训和讲座,为安徽省汽车维修行业培养了许多专业技术人才。他撰写了科技专著和论文,编写了教材,为技能传承贡献自己的力量。

以身作则　匠心传承

杨光明始终坚持言传身教,要求学生做到的自己要先做到,在工作中精益求精,把工匠精神渗透到教学的各个环节。杨光明认为,坚持学习、不断创新是"工匠精神"的体现,也是汽车维修工匠的职业灵魂。杨光明是这样想的,也是这样做的。他于2015年取得河海大学土木与交通工程专业硕士研究生文凭;于2017年被评聘为教授;于2019年通过高级技师考核,获得高级技师证书;于2020年筹建轨道交通学院并任轨道交通学院院长。23年来,他培育了一批又一批优秀学子,培养了一批又一批汽修人才,为社会作出了自己的贡献。

作为职教人,杨光明潜心挖掘人才,引领创造,传承工匠精神。他将"工匠精神"内化于心、外化于行,开展符合职业院校学生认知特点及行为习惯的教学活动。他还指导学生参加省级、国家级技能大赛,并多次获得奖项,如安徽省职业院校技能大赛(高职组)新能源汽车技术与服务团体一等奖、第十二届全国大学生恩智浦杯智能车比赛团体一等奖、全国职业院校技能大赛轨道交通信号控制系统设计与应用赛项全国一等奖等。杨光明还注重引导学生进行自我学习,带领课题组学生申请国家发明专利6项,申报一种基于蓝牙控制的车位锁等40多项实用新型专利。他不断改进教学工具,改进自动变速器维修教学台架,并将其作为教学成果进行推广。在教学中,杨光明注重开发学生的思维,调动学生动手操作的积极性,把学习的主动权交给学生,使学生学会自我管理、自主学习,在"学中做,做中学"的过程中体会到学习的乐趣,认识和践行"工匠精神"。

杨光明作为职业教育的践行者,追求精益求精,传承匠心,始终奋斗在路上。

刀木之痕　情刻徽州

> 一幅作品一心力，幅幅作品谱新篇。汗水洗刀进一步，艺术道路无际边。
>
> ——安徽省行知学校　杨　丽

古徽州地区山清水秀，经济繁荣，儒风淳厚，崇文重学，孕育了中国三大地域文化之一的徽文化。徽剧、徽菜、徽派建筑、新安理学、新安画派、文房四宝等都是徽文化的象征，徽派版画亦是徽文化艺苑里的一朵奇葩。徽派版画具有独特的艺术魅力和显著的成就，让无数人喜爱。

杨丽就是沉浸在徽派版画艺术世界中的一名版画人。杨丽是历史文化名城——徽州(歙县)古城内全国中等职业示范校安徽省行知学校的一名美术教师，是黄山市非遗项目徽派版画的代表性传承人、安徽省美术家协会会员、安徽省工艺美术学会会员、黄山市美术馆（书画院）特聘画家、黄山版画院理事。

得徽气 始触版画生痴心

杨丽并非徽州人,考取黄山学院后,便与徽州大好山水和深厚文化结缘。在大学期间,杨丽第一次接触到徽派版画时,便被徽派版画深深地吸引住了。兴趣和喜爱使得她醉心于版画的学习与创作。2007年,还是在校大学生的杨丽就凭借一幅黑白木刻版画入围全国美术展。也正因为如此,杨丽更加坚定了自己从事版画艺术创作的决心和信心。毕业后,她没有进入大城市,也没有回到家乡就业,而是毅然决然地选择留在当地,在这片历史文化氛围浓郁的大地上绽放青春。

守初心 耐住寂寞刻人生

毕业后,杨丽如愿成了安徽省行知学校(歙县中职)一名美术老师,教授美工知识。这既有利于发挥杨丽所长,也有利于她继续扎根徽文化土壤,吸收徽文化的养分,更给了她充足的创作时间与广袤的创作空间。在徽州这块杨丽既熟悉又陌生的土地上,版画已成了她的老朋友。无论是白天还是黑夜,版画始终陪伴在她左右。10年来,杨丽虽然有过彷徨与迷茫,但从没想过放弃,对版画的炽热之情从没有消退过。在宽敞寂静的画室里,她思索着,她憧憬着,她深知耐得住寂寞才能有所成。她几乎把所有的时间、精力和热情都投了徽派版画的学习、研究、探索、创作上。

在内容上,徽派版画以单线为主来叙事,重视表现诗情画意;在构图方面,画面充实饱满,讲究设境立意和装饰效果;在刀法方面,徽派版画刀法细腻,线条一丝不苟,以流利工致、精雅绝伦、秀丽纤巧、生动明快的格调,朴厚遒劲的品格及浓郁的乡土风味著称。而要实现这一切,就得依靠版画人的每一刀、每一划。日月东升西落,多少汗水洒木洗刀,纵横交错的深浅刀痕见证了青春岁月的流逝,笔墨色彩的轻重浓淡叙写了过往。杨丽已记不清画了多少张纸,刻了多少块木。"前期苦学钻研,夯实基础;中期探索发展,初具风格;后期突破瓶颈,形成特色。"杨丽为自己的艺术之路做了规划,希望自己的艺术之路如歙县披云峰上的映山红般灿烂绚丽。

勤举刀　春华秋实硕果累

杨丽有着较好的文学功底和艺术才华,这给她在艺术道路上的探索和创新奠定了坚实的基础,她的思维、鉴赏、创造能力不断提升。她师承古人,又不囿于古人。她的版画作品,兼顾了传统与现代,有着很强的艺术性、观赏性和感染力。杨丽常将徽州文化元素与当代艺术形式相结合,从立意、构图、色彩、刀法、技法等层面赋予作品艺术美感和装饰性。

火热青春干劲足,举刀不负韶华年。杨丽创作的《锁的故事》《母与子》《流逝》《晚归》《记忆的无常》等系列版画作品入选全国工业版画展;多幅作品参加安徽省"黄山魂"新徽派版画系列展、新徽派版画走进深圳观澜展、安徽省浙江400周年纪念展、"纵横时空——黑苏皖黔粤当代版画巡回展"、安徽省徽风颂美术展、第五届安徽美术作品大展、安徽省青年美术作品展、黄山市建市20周年提名展等各级展览。多幅作品被湖北美术馆、安徽美术家协会、合肥市文学艺术界联合会及合肥和视传媒投资有限公司、黄山市美术馆等单位收藏。近年来,她还应邀参加文化部2017年全国美术馆馆藏精品展出季项目"继往开来——新徽派版画艺术研究展"、2018年上海虹桥当代艺术馆举办的"2018首届长三角中青年版画家邀请展"和"2019年汲古镌今·江浙沪皖四地版画名家名作邀请展"。杨丽的部分版画作品还发表在《安徽日报》上。

秉烛火　照亮学生前行路

作为一名中职教师,杨丽利用学校的美术课,向学生介绍徽派版画,通过艺术鉴赏的方式,将徽派版画名家的作品和自己创作的作品,展示给学生,激发学生对徽派版画的兴趣,激发学生爱家乡、爱艺术的思想感情。同时,她指导学生动手创作,在实践中感悟徽派版画的魅力。在10年的教学生涯中,杨丽辅导多名学生参加第十三届、十四届全国中等职业学校"文明风采"竞赛并获省级一等奖,市级一、二等奖;辅导多名学生参加黄山市第九届、第十届、第十一届职业院校技能大赛,获得一、二、三等奖,被评为优秀辅导教师;2019年,辅导学生参加首届"黄炎培杯"中华职业教育非遗创新大赛,荣获二等奖。杨丽在业余时间里积极组织学生参加社团活动,不断丰富学生的校园生活,使学生提高动手能力和创新能力,增强团队意识,为学生带来积极、正面的影响。一年又一年,一届又一届,杨丽送一批又一批学生走进社会课堂,学生的健康成长给她带来了无限的慰藉。一位学生回忆道:"杨老师的殷切期望,让我们感觉到

了肩上的重担和使命。我们不仅要把老祖宗留下来的传统技艺发扬光大,还要把它们所蕴含的积极的生活哲学传承下去。"

博大精深徽文化,千古悠悠版画情。正值青春好年华,杨丽承担责任、履行义务,为光大徽派版画事业作出自己的一份贡献。回望来时的路,杨丽心中有感慨,有欣慰,有快乐。

工匠精神在指间飞扬

> 传统技艺的坚守、传承和创新需要"工匠精神"。去除浮躁，静心雕琢，让更多的青年人在体验手工盘扣魅力的同时，将手工盘扣制作技艺传承下去，为盘扣艺术注入新的生命力。
>
> ——蚌埠工艺美术学校　杨　梅

盘扣制作是我国传统民间手工技艺，盘扣是民族服饰的特色元素。它体现了民间传统手工艺的纯朴和独特魅力，是人们心性和智慧的结晶。杨梅制作的手工盘扣色彩优美、造型新颖、工艺精湛，是具有特色的传统手工艺品。

坚守传承　独具匠心

与传统手工艺有着不解之缘的杨梅，现今是蚌埠工艺美术学校服装系副主任、服装设计与配饰专业带头人、蚌埠市劳动模范及全国纺织服装行业职业教育先进工作者。在初中时，杨梅见母亲常用布条缝制成布料带，盘绕在手上，很快便做成一个饱满紧实的扣结，杨梅被扣结深深地迷住了。看着杨梅好奇的眼神，母亲耐心地做起了示范，这便是杨梅与盘扣结缘之始。自此，小小的盘扣就在杨梅的心里"住"下了。后来，杨梅在服装设计专业学习并授课，她真正投入盘扣制作工艺研究是从学校2001年开设"服饰配件

设计"课程开始的。

盘扣是"服饰配件设计"课程主要内容之一。这门课程刚开设时,没有教材,没有参考资料,杨梅就通过网络、图书馆、书店等各种渠道大量搜集资料,结合之前自己掌握的盘扣基本制作方法,对盘扣制作工艺进行反复研究。看到学生们认真学习的态度和完成作品时欣喜自豪的表情以及学生精美的盘扣作品时,杨梅暗下决心,一定要将这项传统手工艺传承推广下去。为此,多年来杨梅不断地学习,向有经验的师傅请教盘扣制作技艺。每次看到商店里饰品上的盘扣,杨梅都要驻足观察,思考怎样改进可以将盘扣做得更好。有时她也会根据需要,给旧衣服换上自己亲手制作的盘扣。

杨梅一直默默坚守在传承盘扣制作技艺的第一线。从盘扣面料选取、色彩搭配、工艺技术改进到造型创新,杨梅投入了大量的时间和精力,不断进行探索和实践,精益求精。在教育教学中,她取得了丰硕的成果:2012年,在全国中职学校服装专业教师基本功比赛中获教学说课和专业技能比赛二等奖;2015年,获首届中国服装立体裁剪创意设计大赛创意立裁赛项银奖,获安徽省中职学校信息化教学设计比赛二等奖;2016年,她

的盘扣作品获蚌埠市"徽姑娘"手工编织创业创新大赛一等奖;等等。

为了更好地发展盘扣手工艺,2012年杨梅开始指导学生参加各级各类技能大赛。她指导学生参加立体布纹和盘扣设计与制作市级技能大赛,辅导学生参加全国职业院校学生技能作品(盘扣)展洽会和全国中职校"文明风采"竞赛活动,获得多个奖项。杨梅也因此连续7年被评为优秀指导教师,获得国家、省、市级多个奖项。她还常带领学生参加学雷锋活动、职业教育活动周、校企对接会、世界技能日等多种活动,激发学生学习盘扣制作的兴趣,提高学生盘扣制作技能,并对外宣传和推广手工盘扣技艺。

因杨梅敬业、专注、精益求精和特色手工技艺,学校于2014年批准成立了"服饰配件设计工作室",蚌埠市总工会于2016年批准成立"杨梅劳模创新工作室",蚌埠市人社局于2018年批准成立"杨梅技能大师工作室"。杨梅以实际行动诠释了"工匠精神",起到了引领和模范带头作用。

2014年,杨梅被推荐为职业技能绝技绝活顶尖人才,其手工盘扣表演被选为第六届全省职业技能大赛启动仪式绝技绝活表演项目。这是从全省各行各业79个项目中精选出来的21个项目中的一个,也是蚌埠市唯一入选的绝技绝活表演项目。杨梅的盘扣作品在2015年参加安徽省"徽姑娘"手工编织工作推进会,在2016年参加蚌埠市"徽姑娘"手工编织作品展示交流活动,在2017年参加安徽省女职工风采展示活动,在2019年参加中国妇女手工创业创新大赛东部赛区选拔赛暨安徽妇女手工创业创新成果展,受到人们的一致好评。杨梅还开展了布艺讲座等活动,为服装公司制作盘扣的师傅提供辅导,进一步推广和宣传盘扣制作技艺,让更多的人了解和喜欢上手工盘扣。

杨梅不仅在盘扣上有所研究,在中国结、丝网花、立体布纹等手工艺品上也有所涉足。2019年,在安徽金寨职业学校为期一年的支教工作中,杨梅充分发挥自身的专业优势,扎实开展教育教学工作,将这些传统手工艺传授给革命老区的孩子们,做好"传、帮、带"工作。由于她表现突出,于2015年被蚌埠市记三等功一次,于2016年获"蚌埠市劳动模范"荣誉称号,于2019年被评为"蚌埠最美教师"、第二届"安徽最美教师"和优秀支教教师。

杨梅一直默默坚守传承、努力耕耘,在平凡中创造不平凡。一枚小小的盘扣在她的指间舞动,体现了她的心性和智慧,体现了她的一丝不苟和精益求精,展现出传统手工艺的独特魅力与感染力。

平凡岗位　精彩人生

> 学习知识就像画圆一样，圆的内部表示你学到的知识，圆的外部表示你未学习到的知识。随着圆半径的不断增加，我们接触到的未学到的知识越多，而人生的"幅员"的大小关键在于我们怎样确定自己的人生半径。
>
> ——马钢长材事业部　杨长荣

桥式起重机（天车）是工业生产中一种不可或缺的起重设备，开展物料的起重、运输、装卸、安装等作业，贯穿于整个生产过程，以减少工人的体力劳动，提高生产效率。尤其是吊运液态金属的冶金铸造起重机，工人精湛的操作、点检、维护、维修技能，对保证生产安全、提高生产效率、维护设备完好等都具有十分重要的意义。

梅花香自苦寒来

在人生的道路上，每个人都在用自己的言行书写着自己的历史。同样地，在马钢发展得轰轰烈烈的今天，有许许多多的马钢人以认真的工作态度和忘我的敬业精神，在自己平凡的岗位上实现自己的理想和自己的人生价值。

有坚定的理想信念、不懈的奋斗精神，脚踏实地把每件平凡的事做好，一切平凡的人都可以获得不平凡的人生，一切平凡的工作都可以创造不平凡

的成绩。马钢长材事业部天车工首席技师杨长荣就是这样的人,他在平凡的岗位上付出了满腔热忱,书写着精彩的人生。

杨长荣于1998年毕业于马钢技校天车专业,随后进入马钢工作,成为一名天车操作工。在几平方米大小的驾驶室里,他不排斥天车岗位单调枯燥的工作,坚定着自己当初的选择。怀着对天车事业美好的憧憬,杨长荣暗暗下定决心,要在平凡的岗位上干出点成绩来。他一直在天车一线工作,至今已有20多年。从一名普通的操作工成长为天车工高级技师,从曾经面临难题不知所措的新手成为如今技艺精湛、经验丰富的天车技能高手,杨长荣走过了一条充满坎坷与挑战,又充满胜利与喜悦的道路。提高天车运行效率,要求天车工必须在掌握大量理论知识的同时,熟练地掌握天车操作和维护技能。

在日常工作中,他努力做到多干、多学、多问,并利用大部分时间钻研专业知识,把自己所学的专业知识与生产实践相结合,通过勤学苦练,使自己能够熟练操作全厂各种不同类型的天车。

杨长荣是一个勤恳努力的人,更是一个肯动脑、爱实践的人。从进厂,他就深知学习的重要性。在工作之余,他坚持学习与天车有关的各类知识,不断提升自己的理论水平和实践技能。在平时的工作中学习,在学习中工作,不断摸索。遇到困难,他就翻资料、请教老师,不解决问题不罢休。同事们经常能够看到他不是待在司机室里看专业书,就是一个人在天车上对着电气设备思考。认识他的人无不被他的刻苦钻研精神所感动。

"宝剑锋从磨砺出,梅花香自苦寒来。"正是凭借着这种刻苦钻研、认真勤奋的精神,杨长荣顺利地通过高级工、技师考评,之后又取得了本科文凭。在2007年马钢公司第三届职业技能竞赛中,杨长荣从200多名参赛选手中脱颖而出,获得了天车工第一名的好成绩,被授予"技术状元"的称号;2009年被马钢公司授予"第五届马钢十大杰出青年"称号;在2008年第四届"太钢杯"、2014年第七届"宝钢杯"全国钢铁行业职业技能竞赛中,均名列天车工前十名,两次被授予"全国钢铁行业技术能手"称号。杨长荣在工作中不断超越自我,在平凡的岗位上通过自身的行动把工匠精神融入工作的每一个环节、每一个细微之处。最终他取得创新成果10余项,提出合理化建议12条,直接创造的经济效益超200万元。杨长荣的创新成果大大降低了天车设备故障率,提高了设备作业率,延长了设备使用寿命,有效降低了设备运行成本。

2018年,以杨长荣名字命名的技能大师工作室被评为马鞍山市级技能大师工作室,入驻马钢长材工匠基地。工作室成员还利用国内先进的PLC、定子调压、变频调速等先进设备的生产应用技术,合作研发了两套新型实用天车模拟仿真实训设备,建设了70平方米的天车仿真实训室,将现场实践操作、故障排除等实践培训工作转入实训室,提高了操作安全性、集中度。同时,实训室的启用还避免了现场生产与教学之间产生冲突,增强了培训效果和针对性,为全面承接宝武智

慧工厂、智能制造的先进管理模式及设备生产工艺,推动天车设备的智能化、自动化、集控化发展奠定基础。

技艺传承枝叶开

"一花独放不是春,百花齐放春满园。"为了提升天车工业务水平,身为天车工首席技师的杨长荣想了很多方法。他认真审编专业题库,以马钢e工会"网上练兵"平台为载体,积极带领天车工参加练习,使公司天车工的理论水平得到较大幅度的提升。同时利用相关设备及工作室,结合工匠基地实训室模拟仿真设备开展原理、操作、点检、维修等方面的培训,仅最近几年各种培训课程时间就超过2000课时,覆盖了马钢长材事业部、马钢和菱、马钢利民、长江钢铁等单位的天车工,使天车工理论水平和操作技能有了很大的提升。

杨长荣通过辅导班、导师带徒、首席技师带徒、名师带徒、技能竞赛等活动培养天车工千人,高技能人才100多人。在他的培训下,先后有22人在公司、市级比赛中获奖,15人直接晋升为天车工技师,6人在比赛中夺得冠军,其中有2人被授予马鞍山市"五一劳动奖章"。特别是在2019

年,他所培训的团队包揽了马鞍山市机械冶金化工行业第二届职业技能竞赛和马钢第九届职业技能竞赛两项赛事前五名,杨长荣也因此先后被评为马鞍山市名师、马钢公司第九届职业技能竞赛优秀教师。

每逢领导和同事夸奖,杨长荣总是说:"这些都是我应该做的,是马钢培养了我,现在是我回馈公司的时候了。"他用自己的实际行动在平凡的岗位上创造着非凡的工作业绩。

人生可以平凡,岗位可以平凡,但一定要砥砺前行。20年前,杨长荣选择了天车工岗位;20年后,岁月带走了他的青春,却留下了他奋力前行的足迹。面对未来,我们坚信杨长荣始终会坚守初心、勤于摸索、勇于实践,一如既往地超越自我,继续书写着自己精彩的人生!

聚焦技术创新　传承知识力量

> 行业的发展离不开先进的技术，先进的技术发明离不开匠心传承。
>
> ——合肥阳光新能源科技有限公司　杨宗军

练就过硬技能

当今社会，我们赖以生存的环境面临着大气污染等问题，原因之一就是传统能源的使用产生了废气。如煤、石油在为人们提供能源的同时，会排放出大量有害气体，污染环境。而新能源如风能、电能、太阳能，则是一种清洁能源，不易产生有害物质，从而避免给环境带来污染。杨宗军，就是在新能源领域从事研发工作的一名高级电气工程师。从北京航空航天大学电气自动化专业毕业的他，已在"阳光电源"工作7年多。虽然工作时间不长，但是7年多来杨宗军只做一件事，就是利用自己所学，不断提升技能，设计出更好的电路，帮助企业提高产品的性能与稳定性，促进行业发展。用杨宗军自己的话说，他正在从事一项利国利民的伟大事业。

电气设计研究，要求从业人员首先必须掌握过硬的技能，只有专业技能过硬，才能做好产品。2015年对于杨宗军来说是不寻常的一年，当时杨宗军参与了国家863计划，研究一种新型电子器件（宽禁带SIC器件）在逆变器中的应用。而这种器件在国内还没有正式投入商用，很多技术国内都还没有掌握。

面对困难,杨宗军及其团队没有退缩,而是借助于多年积累的知识,一边搜集资料,一边开发现有的技术,不断地测试、改良、再测试,以尝试驾驭这匹"野马"。经过1年多的攻关,新技术最终通过电科院验证,效率突破了99%。该技术促使"阳光电源"成为行业内第一家逆变器全线效率达到99%的企业,这背后体现了杨宗军多年对电气知识扎实的掌握和灵活的运用。杨宗军说:"基础研究,需要静下心来,不为外界所诱惑,踏踏实实地把电路设计好,把实验做透彻,认真严谨地对待每个数据。这个过程是反复的、枯燥的、平凡的,却是有意义的。"

在光伏行业,发电的核心部件是光伏组件。技术人员发现其在运行过程中会出现发电量衰减现象。为了解决这一问题,杨宗军及其团队想了很多方法,从一开始尝试避免衰减现象产生到出现衰减现象后进行修复,制订了多个方案。当时国际上也才开始研究这项技术。为尽早解

决这一关键难题,他们连续加班,对技术方案做大量验证和测试,从单个设备到整个系统,从分析问题到优化设计。经过连续1个多月的攻关,他们终于制订出可行的方案,并顺利实现技术产品化,形成专利保护。2016年,这项技术成果获得了国家专利优秀奖。这项技术配合阳光电源逆变器的使用,可降低组件发电量衰减率达20%,强有力的发电能力让更多的清洁电力走进千家万户。

杨宗军一直在基层从事技术研究工作,承担了很多电路和产品的开发工作,如信号电路、通信电路、核心控制电路、接口电路等,完成众多通用电路的标准化工作。随着工作的不断深入,杨宗军的个人专业技能也不断提升,他从一名普通的电气工程师成长为高级工程师,并拥有"六西格玛设计DFSS绿带"质量设计资质。在项目管理上,他持有PMP资格证书。在技能大赛中,连续两届成为OFFICE全能王,还获得了"五星质

量工匠"等荣誉。多个产品都申请了专利,目前已公开发明专利累计70余项,多次荣获技术创新奖和专利贡献奖,相关产品设计荣获"卓越质量奖"。同事们经常问他成功的秘诀是什么,他笑着说:哪有什么秘诀,踏踏实实地把自己的本职工作做好,苦练内功,追求极致。

传承知识价值

杨宗军认为在技术攻关的同时,需要及时将经验总结出来,再将经验传授给其他人。而传授经验的过程让杨宗军收获了更多的责任感和成就感。在2014年,杨宗军负责攻克逆变器采样电路精度低的难题,经过半年的艰苦奋斗,完成了技术攻关,收获了很多有价值的技术和经验。在进行成果转化时,他借助公司的培训平台,开设了专业课程"连接'模数'的桥梁——信号采样电路设计",获得了学员们的一致好评。从此,杨宗军成了公司认证的内训师,一方面不断优化原有课程,另一方面自主开发新课程。目前他已经累计开发了各级各类课程10门。

"入职导师"是杨宗军在企业里的又一个身份,主要工作是带领新同事有效掌握技能,进入工作状态,如同师傅带徒弟一样。作为导师,一方面,杨宗军将自己的所学所悟手把手地教给新同事,让他们少走弯路,快速成长;另一方面,杨宗军认为自己需要传递更多的正能量,传递正确的人生观和价值观。杨宗军始终坚信,只有诚恳做人、严谨做事,才能为公司和社会创造更大的价值。目前,他已经培养出6名技术人员,这6名技术人员均成为技术骨干。

为了帮助青少年正确认识和理解清洁能源,阳光电源建立了"青少年实验室",专门邀请青少年参观学习,进行实际体验。杨宗军就负责青少年实验

室的讲课工作,为青少年讲解和演示新能源发电的原理和运用。他用生动的语言讲解案例,用浅显易懂的语言解释专业术语,给青少年带来丰富的精神食粮。

在大家的眼中,杨宗军不仅是一名电气工程师,还是一名优秀的老师。他立足本职工作,积极总结工作经验,并主动与大家分享。杨宗军说道:"心中有阳光,脚下有力量。我生在了一个好的时代,从事清洁能源工作,我希望可以借助所学知识投身于基础研究工作,促使我们的行业不断发展。我也更想借助自己的力量,传播正能量,让更多的人快速学习和成长起来,一起投身于这个行业,让更多的清洁电力走进千家万户。"

叶蕴芬芳

> 培养学生的职业素养和工匠精神，把他们培养成用人单位的"香饽饽"，培养成新时代工程质量的守护者。自己的孩子不能总是自个儿夸好，别人对他们的肯定才是最好的褒奖。

——安徽交通职业技术学院　叶　生

十年实践出真知

叶生大学毕业后的10年间，先后从事过土木工程施工、监理、检测、造价和设计等方面的工作，取得了国家一级建造师、造价工程师、监理工程师、试验工程师等执业资格证书，并参加了安徽大市场、亳州市房地产大厦、亳州市烟草公司综合楼、亳州市明清一条街、亳州市邮政大楼、中国科学技术大学西区教学楼及活动中心、合肥市东海花园、广东省佛山一环、广东省佛开高速公路等几十个项目的工程质量管理与投资控制的工作。其中，亳州市房地产大厦、亳州市烟草公司综合楼工地荣获"安徽省安全文明示范工地"称号；中国科学技术大学西区活动中心获得"青年文明号"荣誉称号。

历经10年社会实践的磨炼，叶生在项目管理、质量监督、工程检测、桥梁设计以及投资控制等方面积累了丰富的经验。研究生毕业后，他进入安徽交通职业技术学院，从事教育教学工作，立志将自己的实践成果分享给莘莘学子。

甘为人梯育桃李

2006年至今，叶生以教书育人为己任，在工作岗位上兢兢业业，将大部分精力投入教学与科研之中。他现为安徽交通职业技术学院土木工程检测技术专业教授及专业带头人、中国公路学会养护与管理分会第三届理事会理事、安徽省综合评标专家库专家。近年来,他主持国家级课题3项、省部级教科研课题近20项,获国家专利2项,主编教材5部,发表论文数十篇,荣获国家级、省部级各种奖项数十个,是安徽省高级"双师型"教师。

2018年,叶生主持的慕课"桥涵工程试验检测技术"入选教育部国家精品在线开放课程,是安徽省9门入选课程之一。同年,叶生团队指导的9名学生参加全国交通运输职业教育"升拓杯"学生无损检测技能大赛,最终斩获团体一等奖及单项一等奖5项、二等奖10项、三等奖3项,实现了每位选手参加每个项目都获奖的既定目标,叶生也因此荣获"优秀指导教师"称号。2019年,叶生荣获全国交通运输类专业教师教学能力比赛暨教师信息化大赛高职本科组一等奖和"院校创新典范奖";2016年、2017年、2019年三次荣获中共安徽省交通运输厅直属机关委员会授予的"优秀共产党员"称号;2019年,叶生家庭被评为安徽省直属机关"最美家庭";2019年,荣获第六届安徽省公路学会"优秀工程师"称号;2020年,负责的项目入选高校学科(专业)拔尖人才学术资助项目。

作为专业带头人,叶生在与团队团结协作和长期坚持校企合作、产教融合、工学结合的人才培养模式的基础上,将土木工程检测技术专业教学团队打造成省级教学团队。土木工程检测技术专业实现了从普通专业向省级特色专业、国家骨干专业的跨越,该专业的招生就业呈现"入口旺、出口畅"的良好态势。

在工作实践中,叶生爱岗敬业,自觉遵守党的纪律,时刻以优秀共产党员的标准严格要求自己,增强"四个意识",坚定"四个自信",做到"两个维护",不忘初心,牢记使命。他每年带不少于3门的专业核心课程,积极从事教科研工作。叶生积极响应国家职业教育教学改革的号召，大胆进行探索和创新，在土木工程检测技术专业班级中先后组建了"中铁四局班""力聚班""合工大检测班""安徽路桥检测班"等现代学徒制试点班。目前，他担任"18中铁四局班""19安徽路桥检测班"和"19检测社会扩招班"的辅导员。作为辅导员，叶生重视学生的思想教育工作，严抓班风学风，经常深入了解学生的思想动向；关心他们的身心健康，及时帮助学生克服心理障碍，帮助其培养健全的人格；平时还注重对学生进行正面教育，引导学生树立正确的人生观、价值观、就业观。

在专业建设和改革过程中，叶生带领土木工程检测技术专业教学团队认真贯彻落实《国家职业教育改革实施方案》，将理论与实践相结合，坚持立德树人，实施"三全育人"。他将现行的行业规范、标准引入教学过程，让学生学有所成、学以致用，用实际行动培养更多适应时代发展需要的土木交通行业高级技术技能型人才；培养学生的职业素养和工匠精神，把他们培养成用人单位的"香饽饽"，培养成新时代工程质量的守护者。正如安徽交通职业技术学院土木工程系党总支书记邹建华所说："叶生老师是我系党员教师的杰出代表，在他的努力下，（叶生老师将收获）满树芬芳、无数桃李。"

倾注满腔热情　勇攀技艺高峰

学艺如登山，路遥道亦艰；欲赏山巅景，只得用力攀。

——阜阳科技工程学校　殷　毅

蔬菜嫁接技术是一项蔬菜栽培实用技术，它能够增强蔬菜抗病虫害能力，改善蔬菜品质，提高蔬菜产量。蔬菜嫁接是全国职业院校技能竞赛的传统项目之一，也是帮助蔬菜生产者增产增收的重要技术。

载誉归来

2019年6月15日，全国中职院校技能大赛蔬菜嫁接项目比赛在长春落下帷幕，阜阳科技工程学校殷毅辅导的学生郭笑笑以97.75分的优异成绩荣获一等奖。为此阜阳教育局特意发送贺信向殷毅表示祝贺，多家媒体报道了他们的成绩。

勤学苦练

蔬菜嫁接技术属于农学大类，其牵涉化学、园艺学、生物学等多个学科的知识。殷毅原来是个语文老师，没有任何蔬菜嫁接专业知识，学校也缺乏蔬菜嫁接相关的设施和条件。而殷毅能够带领学生取得这一成绩，与他的勤学苦练密不可分。

为了积极响应学校"人人参与技能辅导"的号召,殷毅率先垂范,敢于啃"硬骨头",专门承担起学校基础差、难度大的农学类蔬菜嫁接项目。确定项目后,殷毅就开始努力学习专业知识。他先是研读比赛规程,后又购买了《农作物种子繁育员》《育种学》《蔬菜园艺工》等专业图书,挤出时间,慢慢吸收、消化专业知识。碰到不懂的知识,殷毅就虚心请教专业人员。为了配制营养液,他先后请教过很多化学老师;为了学习嫁接技术,他先后请教了安徽农业大学、河南农业大学、南京农业大学的园艺专家。对殷毅来说,学习相当不易:由于年龄大,记忆力严重衰退,他常常忘记学过的知识;眼睛老花,只有借助放大镜才能看清字迹。然而他坚信一分辛劳一分才,勤能补拙。

要提高嫁接的速度和准确度,技术人员必须不厌其烦地反复练习。嫁接刀异常锋利,他们的手经常被划得"沟壑纵横",伤痕累累。特别是在

冬季,伤口一旦碰到水,疼痛难忍,但他们咬着牙坚持工作。有时遇到极端天气,订购的用于训练的瓜苗无法送到学校,技术人员就不得不到十几里外的农户大棚里进行训练。为了提高技艺,蔬菜嫁接技术人员几年如一日地进行练习,从没有喊过苦、叫过累。铁杵磨成针,功到自然成。凭着这股拼劲和韧劲,殷毅和他的学生熟练掌握了劈接、插接、靠接等各种蔬菜嫁接技术。近两年,他辅导的学生先后获得国家级和省级一等奖各一次,获得省级二等奖两次和阜阳市 等奖多次。

甘于奉献

要想取得专业技能的长足进步,必须要有淡泊名利、潜心于研究的奉献精神。殷毅从接到辅导学生的任务之后,牺牲了很多休息的时间。每

天来得早走得晚,很少享受过节假日,一天到晚"泡"在实训室里。白天陪学生开展练习,夜晚琢磨嫁接技巧,夜以继日、废寝忘食地工作着。为了帮助学生提高技能,殷毅倾注了大量的心血。为了不耽误训练,殷毅常常自费购买训练材料或支付培训费。在他看来,只要能提升学生的技能水平,这些钱就花得值。比赛归来的路上,殷毅有感而发写下了四句话:获奖证书红艳艳,谁知背后泪与汗;赛场竞技无捷径,勤学苦干和奉献。

服务三农

界首市是农业大市,蔬菜种植户很多。受视野、知识面、技术所限,绝大多数农户的种植模式仍是传统模式。他们一年到头辛辛苦苦地劳作,然而收入往往不尽如人意。殷毅就在工作之余,走村入户,宣传蔬菜嫁接技术、温室栽培技术等实用技术,并给他们提供"手把手"的指导。在节假日里,他还带领学生义务为农户提供技术服务。有些人认为殷毅在自讨苦吃,而殷毅却不这么认为。他说:"服务于地方经济发展,是职业教育的一大职责。"周边不少农户在殷毅的帮助下提高了收入,他们对殷毅充满了感激。谈到未来,殷毅说:"希望学校农学专业发展得更快更好,能够培养出更多的人才,助力农业生产第一线,为界首农业经济发展作出更大的贡献。"

在现代科技中传承手工制茶技术

> 现代茶叶加工拥有先进的加工设备和技术,但茶叶的制作仍离不开传统制茶工艺,手工制茶技艺催绽中华名茶奇葩。
>
> ——安庆大别山科技学校(岳西县技工学校) 余方清

伴随着机器的出现,茶叶生产走上了生产线,传统的制茶工艺逐渐从人们的视野中淡出。在这种情况下,从事手工制茶的人越来越少,手工制茶工艺传承急需得到人们的重视。手工制茶被列为我国非遗传承项目,有助于培育和弘扬追求精益求精的工匠精神,增强文化自信。

学习制茶技艺

1986年,余方清从皖南农学院农学系毕业后走上了职教岗位。当时正值岳西翠兰品牌创立之际,余方清从小耳濡目染,对家乡名茶的制作具有极大的兴趣。余方清经常步行数十里,到茶厂学习制茶技术,或购买或自己采摘鲜叶尝试制茶,很快便掌握了岳西翠兰的基本制作技术。2012年,安庆大别山科技学校开设茶叶专业。作为茶叶专业实训教师,余方清刻苦钻研手工红茶、青茶以及扁形绿茶龙井、卷曲绿茶碧螺春等的制作技艺,摸索开创了岳西红茶制作的先河。在这之后,学校每年都有学生参加全省及全

国大赛,并取得了骄人的成绩;余方清个人也获得农艺师、评茶员资格,成为安庆市职业技能鉴定考评员。

为了掌握铁观音制作技术,作为"余方清茶叶生产与加工省级名师工作坊"领衔人的余方清,于2017年5月带领4名工作坊骨干教师远赴福建铁观音发源地安溪县,学习铁观音制作技术。每年茶季到来时,他都会到茶厂参观茶叶制作流程,指导工作人员制茶。

指导学生学习技能

中职院校学生手工制茶技能大赛有4个分项目,其中手工红茶和青茶加工制作需24小时才能完成。为使学生掌握茶叶采摘标准以及不同茶类对鲜叶品质的要求,每一年的茶季,余方清都会带领学生到茶园采摘鲜叶,然后指导学生按不同茶类的加工要求对鲜叶进行筛选分类。为了让学生掌握茶叶制作工艺,余方清指导学生认真观察茶叶制作过程中茶叶色、香、味、形等的变化,调控温度、湿度,了解红茶发酵程度,掌握青茶看天做青、看茶做青的高难度技术。为了让学生掌握茶叶生产与加工技术,他还将茶树栽培与茶叶加工要点编写成浅显易懂的校本教材,如《无公害茶叶生产技术》《茶叶生产加工技术》《茶树病虫害防治技术》《手工制作卷曲绿茶技术》《手工制作青茶技能实训》等,将理论知识学习和实际操作有机结合起来。

自2012年全国、全省中职院校学生手工制茶大赛举办以来,余方清指导学生参加比赛,荣获全国二等奖1次、三等奖2次,省级一等奖5次、二等奖5次、三等奖8次。第三届和第九届"大别山名优茶传统工艺制作大赛"在岳西举行,该校学生获得优异成绩,余方清也荣获"优秀指导教师"称号。

"余方清茶叶生产与加工省级名师工作坊"经过3年的建设,于2020年1月通过验收。名师工作坊建立的宗旨在于着力打造一批茶叶生产与加工的专业名师。这些名师是学校茶叶生产与加工省级示范专业、茶叶生产与加工省级示范实训基地以及手工制茶省级大赛赛点建设的重要人员。

传承制茶文化

现代先进制茶技术在设备、技艺和管理上无疑有许多优势,然而传统手工制茶技艺有着不可取代的优越性和特殊性。大别山传统手工茶叶制作技艺在鲜叶选择、控温控湿、铁锅手炒、条形整理、栎炭干焙、特技制作等方面"暗藏玄机"。大别山岳西翠兰、翡冷翠、云雾茶以及高寒地区晚茶,都有独特的制作方法。余方清从茶文化层面着眼,从现代技艺与传统技术结合方面入手,从制茶技艺的发展方向上潜心钻研传统手工制茶技艺,练就了纯熟的"青茶做青、包揉""黄茶闷黄""卷曲绿茶藏峰显毫""红茶发酵"等系列制茶技艺。他的制茶技术不仅受到省市茶叶专家的高度评价,还成为岳西特色茶叶品牌,成为周边地区茶叶学会、茶叶专科学校和名茶公司参观学习的对象。余方清指导学生表演茶叶制作和茶艺,在大别山区名优茶大赛、公界山茶文化节及乡村茶叶大会上,多次受到嘉奖。

为传承大国工匠精神,弘扬中国茶文化,余方清将自己积累的宝贵经验毫无保留地传授给学生,为乡村茶文化振兴出力。

认真备好每一节课　精心教育每一位学生

——太湖职业技术学校　余业盛

余业盛是太湖职业技术学校一名信息类专业课"双师型"教师。余业盛自2003年从教至今，一直承担着计算机专业课教学及信息类技能大赛指导工作。他始终以师德规范严格要求自己，在教学工作中兢兢业业，于2014年获得安徽省中等职业教育省级教学成果奖二等奖。在信息类技能大赛的指导工作中勤勤恳恳，指导的学生在各级技能大赛中均获得了优异的成绩，他本人作为指导老师在2019年全国职业院校技能大赛（中职组）"分布式光伏系统的装调与运维"赛项中荣获全国优秀指导教师奖。

提高自身是关键

余业盛不仅在教学上认真备好每一节课，而且十分注重培养学生的技能。他始终将理论知识与技能培训紧密结合起来，挖掘和发展学生的潜能。不仅如此，在具体的教学及技能训练过程中，他始终坚信"打铁还需自身硬"，紧紧围绕核心技术知识为自己"充电"。对于学校提供的每一次培训机会，余业盛都非常珍惜，认真对待，受到了培训单位的一致好评，同时也获得了不少奖励。这些是他的知识储备，也是他指导学生进行技能训练、参加技能大赛的基础。

勤学苦练严要求

每年技能大赛从选人到参加市赛、省赛、国赛，基本历时8个多月。在这240多个日夜，余业盛每天都会针对当天学生训练或对抗比赛中出现的问题，及时解决，调整训练方法，并精心制订次日的教学及训练计划。余业盛要求学生在平时的训练中勤练苦练，练速度，练配合，练基本功。然后根据学生的训练情况，逐步提高任务难度、加大训练强度。他还要求学生在每一次的对抗演练过程中严格按照国赛规程进行操作，注重对学生心理素质及操作规范的训练。他们获得成果的背后是长时间的训练。他们经历严寒与酷暑，为训练而通宵达旦。一路走来，余业盛所带学生在"通信与控制系统集成与维护"及"分布式光伏系统的装调与运维"两个赛项中均通过层层选拔，进入国赛并最终取得优异的成绩。虽然其中有艰辛、有泪水，但令他欣喜的是参赛学生通过竞技动手能力不断提高，视野不断开拓，自信心不断增强，意志更加坚定。

技能成才，技能兴邦，学校积极响应国家号召，打造优质的"双师型"教师队伍，要求专业教师不仅要有丰富的理论知识，还要有过硬的操作技能。学校认为只有这样才能让学生学以致用，才能培养出对企业、对社会有用的实用型技能人才。余业盛就是学校培养的"双师型"教师的典型代表。

辛勤耕耘结硕果

每年的 5 月是信息类技能大赛取得收获的季节。一分耕耘，一分收获，2018—2019 年，余业盛指导的学生在技能大赛的几个赛项中收获丰厚：2018 年，在物联网技术应用与维修和光伏发电系统安装与调试赛项中分别获得安庆市一等奖、安徽省三等奖，在通信与控制系统（高铁）集成与维护赛项中获安庆市一等奖、安徽省二等奖、全国二等奖；2019 年，在通信与控制系统集成与维护赛项中获得安徽省一等奖、安徽省国赛选拔赛第一名、全国三等奖，在分布式光伏系统的装调与运维赛项中获得安徽省国赛选拔赛第二名、全国一等奖。值得一提的是，在 2019 年全国职业院校技能大赛（中职组）"分布式光伏系统的装调与运维"赛项中，余业盛指导的学生勇夺国赛一等奖。同时，余业盛作为该赛项的第一指导老师，被评为全国优秀指导教师。

作为一名优秀的"双师型"教师，余业盛深知：要想在以后的教学及技能大赛指导工作中做出更多的成绩，让学生飞得更高更远，自己还有很长的路要走。立足现在，放眼未来，他坚信只要俯下身子，一心为了学生，不断学习，不断创新，撸起袖子加油干，就一定能取得更大的成绩。

一路芳华一路歌

> 一个人把自己和集体融为一体能发挥更大的力量。敬业爱岗、奉献马钢,实现自身价值的提升。
>
> ——马钢能源管控中心 袁军芳

马钢是我国特大型钢铁联合企业,A+H股上市公司,具备2000万吨级钢配套生产能力,拥有先进的冷热轧薄板、彩涂板、镀锌板、H型钢、高速线材、高速棒材和车轮轮箍等生产线。马钢股份供电系统拥有3座220kV级变电所,21座110kV级变电所,年供电量近90亿千瓦时。

在马钢从事与"电"有关的工作的能人数不胜数,袁军芳为何能脱颖而出,成为马钢第一届首席技师?追寻着他成长的足迹和成功的脚步,我们发现,这缘于他对电的热爱和对马钢的忠诚。

起步

继电保护是供电系统安全稳定运行的保障。其理论知识和专业知识高深,学起来枯燥乏味。1988年,18岁的袁军芳从马钢技校毕业,被分配进动力厂,也就是现在的能控中心工作。面对冶金系统复杂的供配电网络,他深感自己专业知识匮乏。袁军芳知道,知识能改变命运,奋斗才能成就未来,"一个人可以没

文凭,但不可以没有知识;我可以不上大学,但不可以不学习。要成为一名合格的技术工人,我必须在专业岗位上不断地学习"。

1990年,袁军芳参加"夜大",学习机电一体化知识,而此时正是马钢1号大高炉建设的关键时期。袁军芳白天在现场和基建人员参加马钢第一个220kV电压等级变电所的设备调试工作,晚上还要去学校学习。虽然压力很大,但是袁军芳觉得通过学习,自己开阔了视野,为今后工作打下了坚实的基础。

创新

自参加工作起,袁军芳就没有离开过生产一线。凭借着丰富的理论知识和过硬的专业技术,他先后参与了马钢51号变电所移地改造、71号变电所110kV负荷搬迁改造、马钢长材改造

工程110kV级变电所建设、马钢4号高炉外部供电工程等重要工程项目。2018年,袁军芳主持完成了冶金行业第一座110kV级智能变电站的设计和建设工作。马钢电炉变智能化变电站改造为冶金企业变电站的智能化建设积累了设计、运行、维护和管理等各方面的经验,为在冶金系统推行智能化变电站、全面提高冶金变电站的运行水平和效益打下坚实基础。

袁军芳十分注重新技术的积累、吸收和应用,并对其加以改造和提炼。2017年,"马钢4号高炉外部供电系统方式优化和实施创新"项目获得马钢技术创新成果二等奖。该项目针对马钢纵横交错的110kV电源线路,合理安排停役次序,最大程度保证了在线系统的安全运行及主线的不间断生产,项目实施后取得巨大的经济效益。

实践

袁军芳所在的供电分厂，掌管着马钢110kV以上的供电网络。电网的长周期安全稳定运行是公司生产经营得以顺利进行的基础，更是保证。为固化马钢供电系统标准化操作程序和方法，袁军芳主持了"马钢供电系统运行和检验规程"的重新编写、审阅和统稿等工作，近两年完成编写和审阅马钢供电系统运行规程20篇、检修规程24篇。他还主持编制了2项冶金企业微机继电保护行业标准。这标志着马钢供电系统向"技术专利化、专利标准化"迈出了重要的一步。

成才的路有千万条，对技术工人来说，岗位成才是最佳选择。继电保护岗位是一个对责任心和专业技术要求都比较高的岗位，在工作中稍有马虎就可能导致重大断电事故产生。30年的工作经历让袁军芳练就了一身"手到病除"的功夫。不管任何时候、任何地方出现供电故障，他都能在第一时间内积极参与处理，利用专业知识对故障进行"诊治"，并最终解决问题。他针对冶金供电系统谐波大、冲击负荷大的特殊状况，主导开发了新型滤波器数字式保护测控装置和数字式变压器保护装置，并通过安徽省科技厅鉴定。

近年来，袁军芳通过技术创新等工作，先后排除生产设备疑难故障30余项，参与实施的技术应用和技术创新项目有20多项，创造效益2000余万元。2018年，其"马钢电网防电压波动技术实施"入选安徽省重大合理化建议项目，并获技术改造改进成果奖。通过对供用电疑难问题解决方法进行总结和创新，袁军芳拥有马钢公司技术秘密11项，被马钢公司命名先进操作法2项，获国家授权专利14项。

带动

作为马钢继电保护方面的一张"名片"，不少企业以高薪聘请袁军芳，然而他都一口回绝了。他拒绝对方的理由很简单：是马钢培养了我，我的舞台在马钢，我的根在马钢。几年间，袁军芳以安徽省"袁军芳创新工作室"和安徽省"技能大师工作室"为平台，积极带动身边的同事，提高整体技能。作为工作室负责人，袁军芳每年带教3名徒弟，开展不少于20学时的技术培训，相继培养电工技师10余名。他编写的《微机保护培训教材》已经作为马钢供电系统员工培训教材使用；编写的《电工》《维修电工》《同步电机原理及应用技术》和《电机与拖动》教材相继出版发行。同时，袁军芳也被聘为安徽马钢技师学院"首席导师"和安徽冶金职业科技学院"特聘技能大师"。此外，他还获得了马鞍山市"十大带徒名师"、马鞍山市"五一劳动奖章"，马钢公司、马鞍山市和冶金行业劳模等荣誉。袁军芳将继续走在行业第一线，为公司及行业发展贡献力量。

一个人 一件事 一辈子

让徽雕文化走向世界,是我毕生的心愿。
——安徽徽州三雕传承艺术馆(安徽工商职业学院) 查 嵘

刻碗存善

1976年冬天的一个早晨,8岁的查嵘正在老屋前玩耍。一位步履蹒跚的老人一手端着一个缺了口的破碗,一手拄着一根歪脖子树棍,颤颤巍巍地走了过来。查嵘看老人又累又饿的样子,赶紧接过他的碗跑回屋里,准备盛碗粥给老人吃。可他刚盛了两勺,粥就从碗的缺口处流了出去。碗里只能装下半碗粥,查嵘只好把半碗粥端给老人。老人很感激查嵘,然而他感激的目光让查嵘更难过于自己没能多盛点粥给老人。"要是老人的碗没破就好了。"查嵘这么想着。突然他灵光一现:"我来做只碗送给他吧。"

出身石雕世家的查嵘不假思索地选用石头作为雕刻材料,一锤又一锤、一凿又一凿……3个月后,石碗终于做好了!可遗憾的是,老人再也没来过。然而就是这一场偶遇、一念之善,查嵘创作了自己的第一件作品。

一位老艺人看到这只石碗,摸着查嵘的头说:"这孩子有点灵气。"从此,查嵘便迷上了雕刻。

1989年,因为付不起学费,本已考上大学的查嵘不得不忍痛放弃学业,参加工作。几年后,他在山东一家医药公司当上总经理,同时通过自考,取得了中南财经大学的大学文凭。本以为人生路就可以这样顺利地走下去,然而一次偶遇改变了查嵘的命运。

那天,查嵘乘飞机去兰州出差,机上一位乘客听出他的口音,诧异地问:"安徽人也坐得起飞机?"查嵘闻言又羞又怒。可是,对方的话分明刺中了自己的痛处:如果不是因为穷,自己会中断学业吗?至今家乡的经济发展状况还和10年前的没有多大差别,曾经辉煌的徽雕文化也快要被人们遗忘了。一个想法在查嵘脑中渐渐成型:回老家创业,让沉寂的徽雕文化走向大众,走向世界!查嵘最终选择徽雕作为自己创业的起点。他从未丢下过那柄刻刀,自己的技艺也随年岁的增长而日渐成熟。

2001年,查嵘的小雨艺术品公司在合肥成立,公司招收了很多来自黟县的徽雕手艺人。"小雨"是查嵘女儿的名字,他要像对待女儿一样对待这个公司,倾注自己全部的爱与心血。查嵘说:"我要做一名徽雕文化的传播者,而不仅仅是一位商人。"在查嵘的努力下,公司的徽雕作品渐渐被市场接受,订单纷至沓来。

2006年,查嵘举办了首届中国徽州石雕艺术作品展,徽州石雕第一次在全国人民面前惊艳亮相。作品展引来十几家媒体跟踪报道,取得了令人满意的效果。

"云游"见性

然而没过几年,"小雨"就遭遇了一场灭顶之灾。心灰意冷的查嵘做了一个艰难的决定:解散公司,从此"归隐"。

接下来的5年里,查嵘"云游"各地,时而去感受一下大城市的生活节奏,时而在山里过一段朴素的生活。然而在查嵘心底总有一个声音不断地在告诉他:你的使命还没有完成。在那段日子里,查嵘不止一次地内省:徽雕既给自己带来了荣誉,也给自己带来了考验。这些考验真的足以扼杀自己的梦想吗?

"云游"让查嵘更加清楚地了解到自己的追求:我是为推广徽雕文化而生的,做好这件事时,才是我的归隐日。于是,查嵘决定重新开始自己的徽雕文化推广事业。

2013年3月1日,安徽徽州三雕传承艺术馆在合肥成立。作为第一家"有故事的徽州礼品供应商",安徽徽州三雕传承艺术馆向世人展示着安徽人的精神面貌,让世人共享徽雕文化财富。

雕刻传精神

徽州三雕题材受儒家文化影响颇深,多取自神话故事、民间传说、传统习俗等,体现了徽州的礼制文化与审美情趣。

"物必饰图,图必有意。"查嵘的一组石砚作品,很好地诠释了这一点。名为"喜上眉梢"的石砚上刻着一只喜鹊落在梅花枝头;"松鹤延年"石砚中一轮圆日冉冉升起,闲庭信步的仙鹤与松树相伴,展现出无限的生命力;竹子与蜘蛛组合,寓意为"知足常乐";荷花池边伏着几只小龟,寓意为"和为贵"。

2014年9月7日,"艺术中国——中国画走进联合国"活动在维也纳举办,查嵘作为唯一的徽雕艺术代表参加了此次活动,这也是徽雕第一次走进联合国。精美的徽雕作品令各国观众叹为观止,他们惊叹于徽雕的巧夺天工,纷纷求购。

如今,查嵘徽州三雕工作室已是徽州文化生态保护的重要组成部分,其作品远销新加坡、马来西亚、泰国、法国等地,有的被国外博物馆永久收藏,有的被选为国礼赠送给外国友人。如今,徽州三雕在查嵘的努力下,又走进了高校,为学校带来精神食粮。在未来,查嵘还想创办徽州艺术学校,让更多人了解徽雕,向世界传播中国徽雕文化,弘扬中国工匠精神。

传承工匠精神　创新剪纸技艺

> 匠人精神，从某种意义上来说，就是指一生只做一件事，将一件事做到极致。在这个基础上，不断创新技艺，不断与时俱进。
>
> ——淮南联合大学　张传锦

淮南剪纸艺术作为淮河文化的重要组成部分，有着别具一格的地方特色和文化魅力。淮南剪纸艺术代表性传承人、剪纸名师张传锦，把剪纸和宣纸两大非遗项目融为一体，将剪刀和毛笔、剪艺和绘画有机结合起来，独具匠心地创作出宣纸染色剪纸、套色剪纸系列作品，并通过对剪纸装裱工艺进行创新，突破性地把传统剪纸艺术推上新的台阶。

出身剪纸家庭　自幼耳濡目染

张传锦出身于一个剪纸家庭，爷爷、奶奶、姥姥和母亲都是剪纸的好手。孩提时，张传锦就对剪纸产生了浓厚的兴趣。母亲看到她在剪纸方面有天赋，且聪慧肯学，于是就在剪纸时，有意教张传锦剪纸。正是在耳濡目染和母亲谆谆教导之下，张传锦的心中种下了剪纸的种子。如今张传锦在提到母亲时，仍深深感激母亲引领帮衬着自己走上剪纸艺术之路。

不断创新求变　技艺精进有突破

张传锦的淮南剪纸作品既演绎着北方剪纸的粗犷豪放,又表现了南方剪纸的精巧秀丽;既是浑朴清新的民间传统工艺品,又是俊逸潇洒的现代绘画艺术品。她凭借高超的毛笔染色技法和独家装裱技术,把两大非遗项目宣纸与剪纸融为一体,将剪刀和毛笔、剪纸和绘画有机结合起来,开创宣纸染色剪纸的先河。

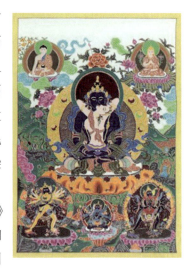

张传锦的染色剪纸作品《国色天香》和《唐卡·欢喜佛》在创意、材料、设计和技艺上,多方面地突破传统剪纸技艺,分别荣获第六届、第七届中国海峡工艺博览会金奖;2012年,以《国色天香》为代表的安徽宣纸染色剪纸创新系列作品因其创新性、文化性、纪念性、实用性、工艺性、技术性和市场性,勇夺中国国际旅游商品大赛金奖。

然而张传锦并没有满足于此,而是始终激励自己不断进步。她跳出传统单层剪纸的桎梏,大胆使用多层套色剪纸技艺,成为最早推出多层剪

纸作品的剪纸艺术家之一,成为安徽九层套色技术剪纸第一人。深厚的艺术底蕴和开阔的审美眼界,使张传锦的多层剪纸技艺独树一帜。中国水墨画意境和西方油画立体感在她的剪刀下融为一体,作品精美绝伦。

作品载誉而归　传承不改初心

长期以来,张传锦孜孜不倦、勇于创新,致力于剪纸艺术,剪纸事业取得了巨大成功。几十年来,其创作作品无数,获奖无数。2006—2019年,

张传锦创作的《平步青云》《金玉满堂》《奥运金牌颂》《民间故事》《八仙过海》《和谐中华》《徽州女人》《定海神针》《国色天香》《唐卡·欢喜佛》《唐卡·白度母》《清明上河图》《四季山水》《禅》《如来佛祖》《春暖江南》《江南水乡》，以及"回娘家系列""淮南子系列""安徽风景系列""吉祥牛系列""安徽宣纸染色剪纸系列""廉政剪纸系列"等作品，先后获得国家、省、市各级工艺大奖几十项。如《平步青云》获首届杭州国际剪纸艺术节特殊贡献奖，《金玉满堂》获第八届中国艺术节剪纸大赛银奖，《民间故事》获中国剪纸艺术展银奖，《定海神针》获第三届全国文化纪念品博览会金奖，《国色天香》获第六届中国海峡工艺博览会金奖。2008年，张传锦受文化部和北京奥组委邀请，前往北京参与建设"祥云小屋"，向国际友人展现中国非物质文化遗产——剪纸艺术之美，获得诸多赞誉。

作为中国著名剪纸艺术家、中华民族文化促进会剪纸专业委员会理事、全国"六把金剪刀"之一、安徽省工艺美术大师的张传锦始终不忘自己工匠艺人的身份。她在努力提升自己工艺水平和艺术素养的同时，积极传承传统技艺。她通过开展教学、交流等活动，大力弘扬剪纸技艺和剪纸文化，先后为近千名下岗职工、残障人士、贫困户和"退网还湖"的船民提供免费培训，并帮助300余人解决了就业问题。张传锦长期致力于剪纸艺术进校园，多年来风雨无阻。她定期去淮南市特殊教育学校授课，指导孩子们剪纸；在淮南联合大学等高校开班授课，指导大学生学习剪纸技艺。她还广泛招收剪纸爱好者，培养了几十名剪纸传承人，不断壮大剪纸技艺传承队伍。

初心不改为传承

新时代的职教人正在传承中坚守，在坚守中寻求新突破。

——阜阳科技工程学校　张　晋

张晋，现年42岁，是阜阳科技工程学校美术教师、界首市学科带头人、阜阳市骨干教师、安徽省优秀教师及界首彩陶传承人。

2013年6月的一天，因为学校工作需要，时任学校团委书记的张晋登门拜访国家级非物质文化遗产界首彩陶传承人王京胜。在这位古稀老人的工作室里，张晋第一次见到界首彩陶。通过交流，她被界首彩陶辉煌的历史所震撼，也为它渐被世人淡忘的境遇而感到惋惜，为此培养界首彩陶传承人的想法在她心中开始萌芽。如何让更多人了解界首彩陶？她决定先从培养学生兴趣着手，看能否从中发现热爱制陶的孩子。

在学校的支持下，张晋立刻行动起来，买设备、建车间、制原料，彩陶社团很快顺利组建。但传承人到校授课时间问题难以解决，让社团教学一度中断。为此，张晋决定自己先学起来，她知道只有自己对这项技艺有了更深刻的了解，才能更好地将它传承下去。就这样她成了王京胜在学校授课的助手，从选泥到烧制，每一道工序她都与学生一起参与，遇到砸泥、练泥这样的脏活累活，她总是冲在最前头，为学生做榜样。没课的时候，她就把自己关在实训室里反复练习，每一道工序都学在学生前头。冬天实训室没有空调，她就先跑步让自己全身热起来，然后再揉泥、拉坯；夏天的夜晚实训室里蚊子围着她打转，她就把胳膊上、腿上涂满泥浆。为便于学生学习，她结合自己的练习体会将制陶流程和注意事项手绘成图。慢慢地学生对陶艺产生了兴趣，制陶技术也得到了提升，这项古老的技艺终于在学校扎下了根。

社团学生来自不同的专业，经过两三年的学习，他们刚刚掌握了一些制陶基本技巧，就要面临毕业，很少有人选择从事这个行业，为界首彩陶培养传承人的初衷仍然难以实现。为此，2015年，张晋从界首彩陶专业人才培养的角度起草了界首彩陶专业开设的可行性报告，对界首彩陶的艺术价值、文化价值以及面临的困境进行了较为深入的剖析，提出界首彩陶烧制技艺传承的必要性和紧迫性，得到了阜阳市教育局批复，学校与界首市王京胜彩陶艺术有限公司合作，开设了现代学徒制试点界首彩陶专业。之后张晋正式拜王京胜为师，开始界首彩陶烧制技艺的学习研究与传承工作。

时光荏苒，在七年的学习中，张晋又向雕塑名家闫玉敏、"中原泥人张"张振福等人学习泥塑制作技艺，编写了符合学生认知的校本教材，教材阐述了界首彩陶烧制技艺。此时张晋的制陶技艺突飞猛进。从对泥土的挑选和炼制，到拉坯刻画和烧制，张晋对每道工序都精益求精，因为她知道，在界首彩陶近二十道烧制工序中，无论哪一道出错，都会导致整件作品作废。在王京胜的指导下，她熟练掌握了界首彩陶拉坯、修坯、刻画、上釉、烧制等技艺，制陶技术得到全面发展。张晋逐步走上作品的设计与创作之路，她尤其擅长刻画，注重画面设计，在继承传统风格的同时，又大胆创新，用笔恣意洒脱、线条流畅。她的作品先后获得安徽省徽工奖银奖、安徽省工艺美术精品展最高学术奖银奖等奖项。2018年,张晋被授予"界首彩陶传承人"称号。

荣誉纷至沓来,张晋却越来越清醒:专业建起来,学生招进来,技艺传承的本真必须要保持。张晋开始考虑用现代技术手段记录界首彩陶烧制技艺,让这项技艺拥有教材资料,让学生看得见、摸得着,随时能学习。在师父的支持下,张晋着手记录界首彩陶烧制的每一道工序,并对师父的操作过程进行实录剪辑。历时一年,界首彩陶烧制技艺线上课程问世,使学习者学起来更加直观,学习效率大大提升。不仅如此,通过线上教学,界首彩陶烧制技艺也得到了广泛推广,通过界首市文化馆非遗宣传平台,界首彩陶烧制技艺走向了普通大众。

为学生造梦,是每一届彩陶专业学生入班后,张晋做的第一件事。"做有文化的制陶人"也成为每一届彩陶专业学生的学习目标。为了让初入校的学生爱上这个专业,张晋总是想办法带他们了解界首彩陶,带他们到博物馆看界首彩陶精品,听界首彩陶艺术公开课;带他们到界首的彩陶古窑址追忆界首彩陶发展史;带他们参加陶艺比赛,感受行业人的风采;带他们参加职业院校技能大赛;组织他们为中小学生义务讲授制陶技艺。在这个过程中学生逐渐有了明确的方向,找到了自信,内心更加充盈,富有爱心。他们或考入陶瓷学院继续深造,或进入企业逐渐成长为技术工人。

张晋内心一直明白作为新时代职教人的担当,自己是教师,是界首彩陶传承人,要扮演好这双重角色,为界首彩陶培养更多更优秀的传承人。

谱写乡村育人曲　奏响边疆民族情

> 我何其有幸，能日复一日、年复一年地与这些热切而又年轻的灵魂共处，将艺术的种子埋进他们心灵的苗圃里。我愿为春夜细雨，润物而无声；我愿做点点春泥，护花而不言。
> ——六安市金安职业学校　张立新

荣誉等身

张立新，中共党员，研究生学历，六安市金安职业学校教务处副主任、安全办负责人。双师型教师，曾获六安市拔尖人才、全省百姓学习之星、安徽最美教师、优秀援疆干部、皖西名师、安徽省学科优秀教师、六安市学科带头人、六安市骨干教师、皖西乡村好教师、民族团结模范、六安好人、区道德模范、区优秀教师、六安市新课改先进个人等称号，受政府权力清单平台运行管理先进个人表彰及安师大教育基金会奖励，曾担任职称评审专家、教材审查专家，区优质课、教学能手、基本功大赛评委，教师培训

入库专家。获精品课程省奖、市一等奖,电教课被评为全省优秀网络课程资源及典型案例,多次组织参加文艺汇演获奖,在CN期刊上发表论文6篇、获奖论文课件60余篇(件)。在援疆支教期间,负责排练的教师合唱团在"地区校园文化成果展示会""七一建党合唱比赛"中成绩名列前茅,赴香港参加合唱献礼歌会获金奖。受聘为教师资格国考及入编面试考官、市级骨干教师培训学科牵头人及主讲教师、市首批公益性家庭教育专家、区社团建设示范校评估专家、大别山职教集团教科研部成员、中职技能大赛裁判,享受市政府特殊津贴突出贡献专家,为市人社局有突出贡献高级专家跟踪服务培养对象。

一、扎根山区,教育扶贫

(一)潜心教研,用音乐感化农村学生

张立新近三十年如一日地在山区音乐教师的岗位上奉献,爱岗敬业。教学中,他所接触到的大多是农村孩子,音乐对于他们中的大部分人来说,或许只与电视上衣着光鲜的歌手们有关,与自己的学业和生活都没有什么必然关系。但是他并没有因此而产生懈怠之心,在从教生涯中,他一直努力让学生们明白,任何人都可以爱音乐。

在讲台上,张立新或侃侃而谈,或引吭高歌,为学生打开了音乐世界的大门;在课下,他也从不放松教学研究工作,积极参与各类交流活动。他深知自己只能影响到几个班的学生,但是把自己多年的教学经验传递给更多的基层一线教师时,就会在更多的孩子心中种下真善美的种子。

在多年的教学过程中,张立新多次在德育精品课评比、基本功大赛、优质课评比中获市级一、二等奖。他把自己的精品课制成录像上传到网上,课程被作为省优秀网络课程资源及全省信息化典型案例发布在安徽基础教育资源平台供全省师生参考学习。他创作的短文、视频等还曾获省奖。除此之外,张立新多年主持学校的文艺汇演组织工作,由他和同事集体排练并参演的节目曾多次获区特等奖、市一等奖、省三等奖。

由于上述优异表现,张立新在2012年获六安市新课改先进个人表彰。

（二）建档立卡，家庭贫困学生的包保工作

2019年，张立新所在的六安市金安职业学校根据教育民生工程的要求，对全校近300名建档立卡的家庭经济困难学生实行教师包保制，张立新负责其中4名贫困学生的包保工作。

接到任务以后，张立新积极了解学生家庭基本情况，比如家庭成员、致贫原因；通过班级微信群和QQ群等，及时发布和解读教育民生工程政策；并通过与学生谈心、家访或电话访谈等方式宣传国家的资助政策，告知资助结果，了解教育资助是否到位。

为了能够让学生家长也了解国家对家庭困难中职学生的资助政策，张立新特地对每位学生都进行两次家访，提醒学生及家长关注雨露计划落实情况，并和家长交流学生的职业发展规划。

目前，这些学生有的已经在幼儿园就业；有的正在参与实习，即将走上就业岗位，开启新的人生。

二、结对帮扶，情系长岭

2017年，张立新和金安区中店乡长岭村宋某某家结成了精准扶贫的帮扶对子。宋家共有三口人，有耕地、有住房，但缺乏致富手段。

结对后，张立新每月都去看望宋家人，开展扶贫帮困走访，经常给他们送去米面粮油等生活用品，了解其家庭情况。张立新根据实际需求，整合利用当地优势资源，为其出谋划策，找到了适合宋家的致富路子。首先，张立新为其联系鸭苗资源，帮助他们发展鸭子养殖。其次，介绍宋家户主参与电子商务技能培训，以提高其利用新兴技术致富的能力。最后，张立新结合自身从事教育工作的特点，关心宋家孩子的学习生活，帮助其申报教育资助。

宋家人不等不靠，经常外出打工，希望早日脱贫。张立新了解到这一情况后，增加了电话访谈的频率，了解其在外打工情况、身体健康状况，并向其宣讲安全生产的相关知识。

经过政策的扶持和自身的努力，他们现年均纯收入一万三千多元。脱贫后，张立新依然定期和他们保持着联系。

三、奉献边疆，不忘扶贫

2015年8月，张立新经安徽省教育厅选派，赴新疆和田地区支教。在和田地区一中支教期间，他负责排练的教师合唱团在"全地区校园文化成果展示会"及"全地区七一建党合唱比赛"中成绩名列前茅，他因此受到受援单位先进个人表彰。在支教之余，他积极参加精准扶贫、义务植树等公益活动；热心宣传援疆工作，撰写通讯、诗歌、随笔等文章近20篇。他以饱满的工作热情、兢兢业业的工作态度、扎实过硬的专业素养、丰富的教育教学经验以及独特的个人魅力，赢得了同事和学生的广泛信任和爱戴。

（一）自掏腰包买乐器

刚到和田地区一中时，张立新就发现与原先任教的学校相比，这里的教学乐器无论是种类还是数量都少了很多。作为一名从教多年的音乐教师，他深知器乐教育在青年学生素质培养中的重要性，他不忍见维吾尔族孩子求学艰难。

张立新先是尝试在当地购置乐器，然而这里少有内地城市常见的品种齐全的乐器行，亲自前往购买又难以携带。这时他想到了网购，虽然之前从来没有使用过支付宝、淘宝等APP，但是通过请教女儿和年轻同事，他渐渐摸索出了在网络上货比三家、杀价包邮的诀窍。张立新自费从网上购买了二胡、吉他、葫芦丝、竹笛各若干件，以补充和田地区一中的音乐教具。

由于路途遥远，加上乐器大多体积大，快递在路上着实耽搁了一阵子。

终于寄到之后,张立新和那些孩子们一样兴奋。班上高鼻深目的新疆小伙子抱着新到的吉他试着拨动琴弦,架势一点也不输给音乐专辑封面上的西方流行歌手。民族乐器和西洋乐器同列一堂,成为一道亮丽的风景。

(二)精准扶贫为老乡

为了更好地为当地发展作贡献,安徽援疆指挥部的人员除了承担各自的本职工作以外,还负责帮助当地若干户贫困老乡脱贫。根据安排,安徽省援疆指挥部在2016年负责帮扶昆仑山深处的皮山县喀热苏村全部贫困人口脱贫。该村共有建档立卡贫困户113户,其中由支教队集体负责帮扶的有11户50多人。

接到任务后,张立新和支教队的伙伴们计划一起去看望这些老乡,入户走访,摸摸情况。汽车穿越荒凉的沙漠,驶入戈壁的心脏,行驶300多公里后终于抵达喀热苏村。这个几乎与世隔绝的小山村偏僻却热闹,人们贫穷但淳朴。站在村外,放眼望去只见枣树枝头挂着累累的枣子,那些枣子个大色深、鲜甜饱满,却因地处偏远而难有销路。支教队队员们为他们带去了黄萝卜、洋葱、南瓜、土豆种子,看到那一双双长满厚茧的皲裂的手、那摇摇欲坠的土坯房和那满眼的期盼,他们深切地感受到少数民族同胞脱贫致富的强烈愿望。除去分内的扶贫工作,张立新还购买并帮助贫困户销售核桃、大枣等,以实际行动为国家的"供给侧"改革出一份力。

(三)合唱奏响民族情

和田地区一中是一所民族中学,维吾尔族老师们展露出的歌舞才艺常常令张立新眼前一亮。然而由于演唱技巧和训练方法上的差距,这些教师在合唱上的表现往往不如汉族教师,在一年一度的和田地区教育系统文艺展示比赛上未曾获得过名次。

张立新主动承担了合唱的排练工作。他先是仔细分

析每位老师的声音特质,将他们分配到合适的声部;再从最基本的练声教起,一点点纠正他们的发声毛病;接下来才分别教授各个声部的旋律,一个音一个音地抠准;最后,将几个声部合起来练习了好多遍。

最终,他们在比赛中获得了全地区第三名的好成绩。看着维吾尔族老师们脸上洋溢的笑容,张立新深知这份荣誉对他们来说意义重大。

"醉"爱花鼓灯

> 我爱花鼓灯,花鼓灯伴随了我的一生。我是一名共产党员,又是国家级非遗传承人,党和人民给我这么高的荣誉,我有责任、有义务为弘扬花鼓灯文化、传承花鼓灯艺术作出贡献。
>
> ——淮南职业技术学院 张士根

花鼓灯是汉族具有代表性的民间舞蹈之一,它将舞蹈、灯歌、锣鼓音乐、情节性双人舞和情绪性集体舞完美集于一体。2006年,花鼓灯被列入第一批国家级非物质文化遗产名录。

追逐梦想:进剧团拜师学艺

现年78岁的张士根是国家级非物质文化遗产凤台花鼓灯代表性传承人。张士根自幼喜爱看灯听戏,时常跟随玩灯唱戏的到处转场,一看就是大半夜。由于对花鼓灯的痴迷和酷爱,连小学都没有上完的张士根未经大人同意,在十三岁时考进了凤台县大众剧团。进入剧团后,他一丝不苟地向花鼓灯老艺人学艺。他先后拜万方启(诨号"万陋子")为师,学习灵巧风趣的动作、丰富的面部表情、细腻入微的表演;拜朱冠香(艺名"白菜心")为师,学习"单腿倒毛"（单腿后滚翻）等动作；拜詹乐亭（艺名"盖九江"）为师,学习小颤步、半十字步、大泼步等步法；拜陈敬芝（艺名"一条线"）为师,学习丰富多彩的扇花、委婉细腻的演唱,"上山步""小起步""秀步"等步法,"颤""颠""抖"等动作。

在各位老艺人的精心指导下,经过两年的艰苦磨炼,张士根很快掌握了花鼓灯的基本功,较好地继承了老艺人的艺术风格。

爱与执着：传承创新花鼓灯艺术

因对花鼓灯的热爱,张士根致力于传承花鼓灯艺术,演出地遍及安徽、北京、沈阳、南京、杭州、武汉、广州、珠海、香港、云南等省市,多次参加国内不同类型的花鼓灯展演与专题演出。参与电视节目拍摄,如中国与美国合作的电视花鼓灯艺术片《虹》的拍摄,中央电视台《五一七天乐》节目的拍摄,安徽电视台《淮河风情》中《大花场》《小花场》的拍摄等；参与灯会、庙会演出,如安徽省历届花鼓灯会、沈阳和平庙会、香港中秋灯会演出等；参加节庆表演,如广东金华中国优秀民间广场舞蹈展演等。特别是1998年,受文化部委托,张士根作为中国代表参加在云南昆明举办的西奥夫第二十九届世界年会暨第六届亚洲民间艺术节。

在传承的同时,张士根积极创新、创作和表演花鼓灯节目。他先后参

加表演和创编的花鼓灯节目有《盘板凳》《大花场》《小花场》《盘花鼓》及对唱花鼓歌《小圆房》《收棉舞》《新媳妇抢场》《送红灯》等。其中《收棉舞》《小花场》等是凤台花鼓灯的精品，荣获全国及省市一等奖、二等奖、三等奖、特别奖、最佳风采奖等多项和荣誉。

张士根和邓红跳的《小花场》，更被安徽省舞蹈家协会前主席董振亚及花鼓灯舞蹈大师冯国佩、陈敬之、石经礼、郑九如和艺术家钱月莲、王侠忠等赞誉为安徽省首席《小花场》，1986年分别获得安徽省文化厅、安徽省广播电视剧厅举办的全省民间音乐舞蹈比赛表演二等奖，国家文化部广播电影电视部举办的全国民间音乐舞蹈比赛创作三等奖、表演三等奖等奖项。

学高为师：桃李芬芳遍天下

学高为师，薪火相传。张士根致力于花鼓灯人才培养工作，参与开办花鼓灯培训班、花鼓灯艺术中专学校、花鼓灯艺术团，积极开展花鼓灯教学、培训、演出、学术研讨工作，为凤台花鼓灯培养了一批又一批人才。其中优秀学员如王华丽（现为省级非物质文化遗产安徽凤台花鼓灯传承人，曾获得安徽省花鼓灯表演一等奖）、闪秀娟（现在某国有企业宣传队工作）、郭鑫（现在花鼓灯艺术学校担任教师）、梁红（现在美国传授花鼓灯艺术，不仅获得过中国全国舞蹈比赛的大奖，而且曾多次赴欧洲、亚洲和非洲国家演出）、岳颖（现为中国舞蹈家协会会员，国家一级舞蹈编导，省级非物质文化遗产安徽凤台花鼓灯传承人）、王丽梅（现任凤台花鼓灯艺术团团长，凤台县政协委员，市级非物质文化遗产安徽凤台花鼓灯传承人）等，向省内艺术学校、部队、文艺团体输送了大批人才。他们走遍了全国各地，并赴泰国、芬兰、英国、法国、美国、香港等二十多个国家和地区参加国际艺术节，在全省、全国的重大舞蹈会演、舞蹈比赛、节会演出中荣获一等奖、二等奖、金奖、银奖等多个奖项，为祖国、为安徽赢得了较高的荣誉。因育人成效显著，1985年，安徽省政府评选张士根为少年儿童先进工作者；2011年，中国舞蹈家协会为其颁发荣誉证章。

退休后，张士根一直在花鼓灯艺术中专学校、艺术团、推剧团任教。同时,还在凤台县凤凰镇社区、桂集等地的花鼓灯团队传播花鼓灯知识,解决他们的技术难题。他先后到上海音乐学院、淮南师范学院、淮北师范大学、阜阳师范学院(现为阜阳师范大学)等国内高校开设花鼓灯知识讲座,传播花鼓灯文化,并担任淮南职业技术学院客座教授,他还接待来淮南采风、调研花鼓灯的国内外学者、学生,为宣传、弘扬、传授花鼓灯文化作出了突出贡献。

剔墨纱灯　灯火传承

> 以一颗质朴赤诚的心，传承非遗技艺；用一双勤劳细致的手，发扬纱灯文化。
>
> ——芜湖电缆工业学校　张文泉

"剔墨纱灯"，又名"宫灯"，至今已有300多年的历史，是安徽省非物质文化遗产之一。

无为剔墨纱灯将木工、雕工、漆工和绘画艺术融为一体，它的制作需经过加工、成型、油漆、绘画、剔墨等工序。以硬木制作框架，上雕龙头凤身，下刻象鼻鹿角，在龙嘴上吊上红色或金黄色的大须穗。灯壁四周罩纱绢，纱绢上彩绘的内容多选取自人物花鸟、飞禽走兽、神话传奇、田园风光、名著故事等。它的特点是丝纱薄似蝉翼，灯架精致牢固，图画优美动人。夜间点上灯火，纱灯通体透亮、鲜艳夺目，所绘形象层次分明、形神兼备、栩栩如生，仿佛悬浮于纱面而独立存在。

剔墨纱灯工艺成熟于清嘉庆年间。1894年，光绪皇帝为慈禧太后操办60寿辰，特派统领官专程来无为征选纱灯。宫殿内外处处纱灯高悬，观赏者无不称奇，故剔墨纱灯又被誉为"宫灯"。1912年，无为剔墨纱灯参加南京全国博物展览，外国驻华使节和商人争相购买收藏，一时名噪海内外。在庆祝中华人民共和国成立10周年期间，无为剔墨纱灯还参加了在北京举办的全国工艺品展览会，并作为名牌特产悬挂在人民大会堂安徽厅。

由于工艺繁杂、制作周期长，一个月最多只能制作出一对纱灯，很少有年轻人能静下心去学这样的传统技艺。面对剔墨纱灯制作技艺濒临断层的危机，在当地政府的支持下，无为市芜湖电缆工业学校开办了"剔墨纱灯文化传承基地"，传承人张文泉老师担任剔墨纱灯专职教师并负责纱灯基地的管理工作。她希望能够发掘热爱这门艺术的年轻人，让剔墨纱灯的"灯火"一直延续下去。目前,剔墨纱灯制作技艺在这里得到了很好的传承。

与灯结缘 不忘初心

无为剔墨纱灯制作技艺传承人张文泉从了解纱灯,到学习、绘画、参与制作,再到成为纱灯传承人,其间她始终坚守"精工出细活、匠心夺天工"的信念,亲身参与和见证了无为剔墨纱灯在芜湖电缆工业学校成长的历程,并带领学校纱灯传承班开拓出一条崭新的发展道路,让世人看到传承百年的纱灯工艺的勃勃生机。

张文泉与剔墨纱灯结缘,是性格和兴趣使然。从小就喜爱画画、做手工的张文泉,每天放学后都要去书店翻看小画册,周末也会尝试着给家里的娃娃做小衣服。但彼时的张文泉未曾想到,爱好竟成就了如今的一番事业。

读中学的时候,出于对美术的喜爱,张文泉坚定地选择了美术艺考方向,并顺利进入艺术类本科院校学习。张文泉说,当第一次在家乡接触到剔墨纱灯这种传统工艺品时,就立即被其深深吸引住了。在校期间,她选修了很多与工艺美术相关的课程,努力提升自己的专业素养,研究纱灯的历史文化和制作技艺。

毕业后,张文泉先后在北京、合肥等地从事设计类工作,但她从没有放弃剔墨纱灯。那时起她就经常参加各类非遗进社区、工笔画早教等公益活动。这些积累和锻炼,无疑为如今剔墨纱灯制作工艺的传承和创新打下了基础。

2014年,张文泉辞掉大城市的工作,回到家乡。她找到剔墨纱灯传承人朱晓钟大师，正式向他拜师学习剔墨纱灯的制作技艺，并辗转拜访了几位熟知纱灯文化的老人，向他们求教。2015年，张文泉以第一名的成绩考入芜湖电缆工业学校工作。工作之外，她将主要的精力放在剔墨纱灯非遗文化的学习与教学上，获得了一系列的荣誉和奖项。2017年，荣获无为市青少年科技创新县长奖辅导教师和优秀科技辅导员称号，论文《浅议中职学生创新能力的培养》获无为市第六届科技论坛活动三等奖。2019年，以张文泉老师为核心的无为剔墨纱灯团队在"邮储银行杯"芜湖市妇女手工创业创新大赛中荣获一等奖。2020年，她被评为第二届"黄炎培杯"中华职业教育非遗创新大赛最佳指导教师、"芜湖工匠年度人物"、芜湖市"巾帼标兵"。2020年，张文泉的优秀教学成果——作品《安徽省非物质文化遗产——剔墨纱灯制作流程》荣获省二等奖。她还承担了无为剔墨纱灯校本教材的编纂和宣传片制作工作，并积极为"无为剔墨纱灯省级名师工作坊"和"无为剔墨纱灯制作技艺传承基地"的成功申报贡献心力。

纱灯传承 灯火延续

张文泉秉承"纱灯传承，灯火延续"的信念，在不断学习的同时，也将所学知识和技能传授给在校学生，迄今已培养了近千名学子。不少学生在进入大学后，也在学校里创立了剔墨纱灯社团，努力推介剔墨纱灯制作技艺。

多年来，张文泉多次带领纱灯基地的学生参加各类比赛、展览和校际交流活动，其中包括2015年第七届文房四宝文化旅游节活动、非物质文化遗产（传统技艺）展、2017年黄山市第三届非物质文化遗产传统技艺大展、2019年文化和自然遗产日活动、2019年第四届中国非物质文化遗产传统技艺大展等。在这些比赛、展会和活动中,张文泉和学生的作品引起了强烈的反响,部分作品被展会收藏。2020年,在无为市首届嘉年华活动中,凝结了她和学生心血的剔墨纱灯作品在非遗文化展区展出,受到央视财经频道和多家省市级电视台的关注。

在研究和教学实践中,张文泉逐渐意识到创新是对非遗最好的致敬。她在继承传统制作技艺外,努力探索剔墨纱灯创新产品的开发,还积极带领学生参加各级各类比赛,以期锻炼学生。2017年、2018年、2019年她辅导的学生荣获科技创意比赛省三等奖一个、市奖若干个,参加科技创新成果竞赛获市一等奖一个、二等奖二个、三等奖三个。2020年10月,她带领学生参加首届安徽省中华职业教育创新创业大赛,荣获省二等奖。2020年11月在重庆举办第2届"黄炎培杯"中华职业

教育非遗创新大赛,来自全国26个省市115所职业院校418个项目参加了此次比赛,张文泉指导的学生无为剔墨纱灯作品在众多优秀作品中脱颖而出,荣获全国一等奖。

传承活态非遗 融入民众生活

在学校和政府的支持下,张文泉积极参加各类公益活动,践行"见人、见物、见生活"的理念,让非遗文化走进校园,活跃在社区,融入千家万户的日常生活。

2019年5月30日,为庆祝中华人民共和国成立七十周年、推介剔墨纱灯,张文泉带着学生在芜湖市少年宫举办了一场"我与祖国同成长"六一游园活动,展示剔墨纱灯制作技艺。参加活动的领导、师生和家长对精细

的纱灯制作技艺及团队精益求精的精神,给予了高度评价和肯定。2019年9月,在无为市图书馆开设的剔墨纱灯传承人培训作品汇报展上,由张文泉负责的剔墨纱灯亲子活动,受到参展者的一致好评。

2019年9月,为了让海外华侨子女了解非物质文化遗产剔墨纱灯的历史传承,中国"寻根之旅"夏令营无为营特别安排营员们到芜湖电缆工业学校剔墨纱灯文化传承基地,参观并体验剔墨纱灯的制作过程。张文泉带着纱灯基地的学生把活动搞得有声有色,整个活动历时3个小时,小营员们收获满满。他们一方面体验到了制作纱灯的乐趣,另一方面充分认识到了纱灯的悠久历史,从而更加热爱祖国,关注非遗文化。

"路漫漫其修远兮,吾将上下而求索",张文泉表示,自己有一个朴素的心愿:让剔墨纱灯走入更多人的生活。未来,她将继续秉承"传承、发展、创新"的理念,不断努力,在传承剔墨纱灯文化的道路上砥砺前行。

坚守职教园地　奉献点滴力量

——滁州职业技术学院　张信群

张信群1992年大学毕业后,被分配到中职学校任教。2000年5月,滁州职业技术学院开始组建。张信群作为学校第一批从事高职教学的教师,一直工作在教学第一线。

自2012年6月开始,张信群负责学校汽车工程系(2019年9月改为机械与汽车工程学院)的教学工作。他不断创新工作思路,深化教学改革,主张课堂和生产一线结合。在张信群的努力下,汽车工程系在学校率先开启了校校、校企合作模式,与宁波职业技术学院阳明学院、宁波舜宇模具公司达成三方合作,为组织学生跟岗实习积累了经验。从2016年至今,汽车工程系各专业学生跟岗实习已经常态化,不仅提高了学生实践技能,也有利于为滁州市地方企业输送高素质技术技能型毕业生。

张信群重视对外交流,在他的多方联系和协调下,滁州职业技术学院先后承办了"中国模具工业协会人才培训部2014年年会""中国模具工业协会全国职业院校模具专业联席会议2015年工作会""安徽省模协会长办公会""第五届皖台科技论坛——汽车发展与产业链建设分论坛"等活动,这些活动的各方面组织工作受到参会者的一致好评,取得圆满成功,不仅提升了学校在全国的知名度,而且也扩大了学校在全国高职院校中的影响力。

在做好教学管理工作的同时,张信群从没有

脱离课堂教学。这些年,他每学期都承担一个班级的教学任务,并且每学期的学生测评成绩良好。同时他也挤出时间进行教学研究工作,这些年来取得了一系列教研成果。在专业建设方面,2011年主持中央财政支持的高等职业学校提升专业服务产业发展能力建设项目"模具设计与制造专业"建设,为学校争取了250万元的中央财政资金支持,通过两年的建设,圆满完成各项任务,并为专业群的发展提供了设备支持和发展思路。在课题研究方面,他2008年主持安徽省高等学校省级教学研究重大项目、重点项目各一个。在课程建设方面,他先后主持了"机械制图""互换性与测量技术"等两门省级精品课程建设。在教材建设方面,他主编了国家级规划教材《冲压成型工艺与模具设计》、安徽省省级规划教材《机械制图》《工程制图》《模具制造技术》等。

张信群非常关心青年教师的成长,带动同专业老师共同发展,先后主持"机械制图省级教学团队建设""模具设计与制造省级教学团队建设"项目。2007年,张信群被评为安徽省高等学校"教学名师";2008年,张信群被评为安徽省高职高专模具设计与制造专业省级专业带头人;2014年,张信群被评为安徽省高校学术技术带头人,主持高职院校专业带头人培养资助项目。迄今为止,张信群主持的教学成果获得省级三等奖2项,参与的教学成果获得省级二等奖1项。

张信群指导学生参加全国职业院校模具技能大赛(行业赛),获得一等奖1项、二等奖1项。2016年,他被全国机械职业教育教学指导委员会授予"全国机械行业职业院校优秀指导教师"的称号。他还指导学生参加2018年"挑战杯——彩虹人生"职业学校创新创效创业大赛,荣获省赛一等奖、国赛三等奖。

2012年,通过张信群的积极沟通和联系,学校加入了中国模具工业学

会人才培训基地,为开展滁州市本地企业的培训工作创造了条件。2014年,学校获批为"中国模具工业协会先进培训基地",成为全国十二家先进培训基地之一。2013年8月,经过张信群的积极申请,汽车工程系设立"机械行业模具工职业技能鉴定滁州点",填补了滁州市模具专业没有相关技能鉴定资质的空白,满足了本校学生和模具企业职工报考模具专业相关技能职业资格鉴定的需要。

张信群经常深入企业,积极开展产学研合作,先后主持安徽省科技厅重点科研项目1个、安徽省教育厅自科项目1个;主持完成企业横向课题4项。2012年,张信群参与企业项目"冰箱不锈钢薄板外覆盖件精密成型柔性生产线"的研发,获得安徽省科学技术三等奖。另外,他还参与了其他企业项目,获得"精模奖"二等奖、三等奖各1项。

张信群目前已获得授权发明专利5件、实用新型专利8件(均为独立完成)、外观设计专利2件(均为独立完成)。

2018年,张信群主持制定的国家标准《冲模 耐磨板 第1部分:A型》已于2018年9月正式实施。他还主持制定了中国模具工业协会团体标准3项,参与制定了行业标准3项。

张信群2018年被评为滁州市"先进工作者",2019年被中国模具行业协会授予中国模具行业职业教育领域"教学名师"称号。

张信群已经在职教岗位上奋斗了28年,虽然清贫,但他从不后悔自己的选择。献身于职业教育,为社会输送一批批高素质的技术技能型人才,是他终生的追求。

刻苦钻研 成就精彩钢铁人生

——马钢钢结构工程分公司 张 烨

张烨,男,49岁,中共党员,汉族。曾荣获"全国技术能手""全国青年岗位能手""全国冶金系统青年岗位能手""全国钢铁工业劳动模范"等荣誉称号,获安徽省技能大奖,享受国务院津贴,是国家级技能大师工作室领办人。他从事焊接工作32年,始终坚守生产一线,通过刻苦钻研、不断进取,逐步成长为马钢首席技师、马鞍山市首席技师、全国冶金建设行业高级技能专家和安徽省学术及技术带头人之一。在冶金设备制造与检修安装领域,张烨攻克了众多焊接技术难题,填补了国内多项焊接技术空白,为企业降低成本和行业焊接技术进步作出了突出贡献。

刻苦钻研,练就精湛焊接技艺

1988年7月,张烨以优异的成绩从马钢技工学校毕业,后被分配到原马钢修建公司压力容器焊接班组。他勤奋好学、善于思考,两年后就荣登公司焊工状元之位。此后,又多次参加各类焊接竞赛,均取得优异成绩。张烨在赛场上一展风采,在产品制作中更是精益求精。在30年的压力容器和余热锅炉产品焊接中,他始终保持着焊缝无损探伤和致密性试验合格率双百的焊接纪录,充分体现了当代工匠专业执着、追求卓越的职业精神。

攻坚克难,不断创新焊接技术

在国家"十一五"结构调整建设工程中,张烨承担奥钢联转炉系统主体自主制造焊接任务。他先后创新发明了跟踪热处理和焊接温度应力控制等新工艺,成功突破了大型封闭型Z向板异种钢焊接技术瓶颈,首次实现该类型转炉国内制造,填补了国内该型转炉制造技术上的空白。

因大型转炉托圈独特的结构和超精密的设计要求,其制造难度被赋予冶金设备制造之最的"美誉"。在马钢四钢厂1号炉项目中,张烨带领焊接攻关团队,一举开发出"托圈扇形体整装焊接技术""激光准直仪两点检测同轴度技术""耳轴体后焊工艺"等17项新工艺,将过托圈耳轴同轴度偏差完美地控制在0.3mm以内,这一技术达到了国际先进水平。同期开发的"大型转炉托圈耳轴同轴度温差修正技术"获得全国第二届冶金青年创新创意大赛一等奖。

立足岗位,处处彰显名匠风范

2012年,马钢两座大型转炉托圈水平悬挂同时出现贯穿性裂纹,造成转炉停止工作。在大量上游铁水面临铸铁的危急时刻,张烨果断提出了增大托圈水平支座与底板连接焊缝圆弧过渡半径(R角),同时在支座与托圈底板间进行补强的快速抢修方案。得到西门子专家和安徽工业大学力学专家一致赞同,为马钢挽回重大经济损失1000多万元,该建议被马钢评为当年一级合理化建议。

2013年,张烨创新提出"气保焊下行焊接操作法",解决了多年以来一直困扰着马钢和冶金行业的中型转炉汽化烟道受热管撕裂难题。该操作法推广后每年为马钢带来100多万元的经济效益,同年被安徽省命名为"省级先进操作法"。

2018年,张烨主持马钢"提高110吨电炉氧枪铜水套使用寿命"EVI项目。他创新研究出铜水套表面堆焊耐热层新技术,将110吨电炉氧枪铜水套使用寿命由原来的400炉左右提高到650炉以上,达到了国内先进水平,这项新技术每年为马钢直接创效270多万元。

甘当人梯,竭力培养焊接人才

张烨既是技术、技能创新的带头人,又是焊接技术的传授者。他利用国家级技能大师工作室为企业和社会培养出一大批焊接技能人才,有效地解决了当地焊接技能人才匮乏的问题。他带出的弟子分别取得海峡两岸焊接比赛总成绩第一名、第二名和女子组第一名,第六届全国钢铁行业职业技能竞赛电焊工比赛第一名,安徽省第九届"徽匠"职业技能大赛焊接组第一名,多次包揽马鞍山市焊接技能竞赛前几名,其中1人被评为"全国技术能手"、2人被评为"全国冶金行业技术能手"、1人被评为"全国钢结构行业技术能手"、2人被评为"全国焊接机器人操作优秀选手"、2人被评为"安徽省技术能手"、12人被评为"市技术能手"或"市岗位能手"等。张烨本人也多次被评为"优秀指导教师"和"优秀裁判员"。

勇立潮头,岗位建功硕果累累

张烨作为马钢焊接领军人物,拥有发明专利13项、实用新型专利4项,省部级工法3项,省级先进操作法1项,多项QC成果分别取得国家级和省部级一、二等奖,并且多次荣获马钢创新创效奖。张烨先后被授予"马钢杰出工匠""诗城杰出工匠"和"江淮杰出工匠"等光荣称号。他领衔的技能大师工作室分别于2014年、2016年两次荣获"安徽省技能大师工作室科技创新成果奖"和2018年"安徽省技能大师工作室人才培养成果奖"。

在钢铁企业转型发展的关键时期,张烨以高度的使命感,带领着工作室团队又踏上了钢结构智能焊接和大型冶金设备智能焊接的新征程,将继续谱写"当代工匠"与时俱进、自主创新的新篇章。

扎根炉台　冶炼人生

> 钢铁工业对一个国家意义重大,希望有更多的年轻人投身到钢铁报国、钢铁强国的伟大事业中来。
> ——马钢长材事业部　赵 滨

转炉炼钢是以铁水、废钢、铁合金为主要原料,不借助外加能源,靠铁液本身的物理热和铁液组分间化学反应产生热量而在转炉中完成炼钢的过程。转炉按耐火材料分为酸性转炉和碱性转炉,按气体吹入炉内的部位分为顶吹转炉、底吹转炉和侧吹转炉,按气体种类分为空气转炉和氧气转炉。氧气顶底复吹转炉由于其生产速度快、产量大、单炉产量高、成本低、投资少,为目前使用最普遍的炼钢设备之一,其产量占全球年总钢产量的82.67%。氧气顶底复吹转炉与炉外精炼炉匹配的工艺流程能生产几乎所有的钢种,产品覆盖板、型、线、轮、特等各个领域。

扎根炉台

现年46岁的赵滨,任中国宝武马钢股份有限公司长材事业部炼钢分厂作业长,中共党员,转炉炼钢高级技师,曾荣获马钢"优秀工匠""全国钢铁工业劳动模范"等荣誉称号,获安徽省"五一劳动奖章"。

赵滨是在父亲的指引下走上炉台的。赵滨的父亲于20世纪60年代末从上海冶专分配到二钢,干过炉长,干过炉前的值班主任,在炼钢炉前干到退休。赵滨清楚地记得父亲对炉台的深爱,他以前和工友相聚,讨论最多的是炉况、摇炉和钢水的品质,他们常常为一些操作方法争吵得面红耳赤。出于好奇,赵滨问:什么是炉台?父亲不仅细心地讲,还画图给他看。放假的时候,父亲领他上炉台,看摇动的转炉,看飞溅的钢花,看映红了父亲脸庞的钢水。中专毕业后,赵滨带着情感和思考,走上炉台,这一守就是26年。

赵滨所在的炉台,是公司最老的转炉平台,设备落后,外部保供波动大,在实际操作中,依靠经验炼钢现象尤为突出,没有统一的参数控制标准。参数在炼钢中至关重要。为了把这些参数找出来,赵滨详细记录每

炉钢的操作数据,归纳总结,终于从复杂的数据中慢慢摸索出数据变化规律,以此为指导,稳定了炉前的操作,保证了产品质量。

在实际操作中,热平衡计算结果差异大,大多是依靠经验去模糊判断的,入炉料成分有波动,影响热平衡的因素多,往往点温度判断失误。赵滨从这个点开始攻关,梳理原始操作数据,总结出了一种适合转炉原料条件的热量快速计算法。实践证明,按照热量快速计算法操作,终点温度命中率超过95%。该方法荣获马钢公司"创新创效成果"一等奖,被厂部命名为"赵滨先进操作法"。

匠心创新

赵滨不仅有着过硬的技术,更有着对工作超常的热爱和责任感。2012年,马钢顺应全国总工会的要求,倡议各二级单位充分发挥骨干的带头作用,打造基层创新工作平台,"赵滨创新工作室"应运而生。

工作室的创立为赵滨打开了另一扇窗,插上了放飞梦想的翅膀。一个好汉三个帮,众人拾柴火焰高。赵滨首先组成属于自己的"黄金团队",汇聚核心成员,把操作技能过硬、理论水平出众、创新激情迸发的优秀工友召集进室,劳模、专家、技师以及能力较强的职工也加入进来。其次规范流程,组员提出的创新项目,通过评审认为有价值的,成立项目组,

确定项目负责人,根据项目需要选择合适的职工加入,成为项目组成员,共同参与完成创新项目,并参与成果奖励的分配。这种个性化成员搭配方式,既有利于项目实施,也有利于在职工中营造全员创新的氛围。技术志愿者团队的成员主要是一些具有较高理论知识水平的技术业务人员,他们的作用主要体现在为项目推进提供技术理论方面的指导和帮助上。

没有规矩,不成方圆。赵滨和团队制定了《工作室项目管理办法》《工作室聘请专家管理办法》《工作室项目奖励办法》等管理条例,进行动态监控。又制定工作目标,对年度攻关项目、现场问题解决和职工提议项目等内容,完善过程总结;通过填写、上传"项目推进表"的方式对项目进行月度小结;项目负责人通过"项目评审申请表"对项目成果进行总结。

赵滨着重抓项目运作机制的规范。项目实施前,会同项目负责人召开项目推进会,在实施中采用"表格+网络"的运行办法:项目实施的不同阶段的进展、取得的成果、数据分析以及存在的问题和困难通过"项目推进表"反映出来,由网络办公自动化系统发送给主要管理人员和评审专家,让其及时了解项目的推进情况,对问题及时协调解决。

赵滨坚信,好机制激发动力。他制定了详细的奖励办法,在项目运行的各个阶段均有不同额度的奖励,职工亲切地称之为"敲门费""进门费"和"出门费"。项目提议人和产生成果的项目组成员在月度绩效考核、年底评优和职称评定时,提议、成果均可作为其加分项。这些措施使职工得到了认可和奖励,树立了积极向上的工作态度,也使企业获得了可观的经济效益,真正实现了"双赢"。

工作室自2012年4月成立以来,工作室成员在创新的路上不断耕耘,挥洒汗水,收获果实。2013年,工作室被马钢公司命名为"赵滨创新工作室",2014年被评为马鞍山市劳模工作室,2015年被评为"安徽省机械冶金系统职工技能创新工作室",2016年被评为"安徽省职工创新工作室示范性单位",同年9月被冶金行业质量经营联盟评为"全国冶金行业优秀职工创新工作室"。

2019年,马钢加入了中国宝武大家庭。中国宝武各单位雁行共进,以成为全球钢铁业引领者为愿景,向着更加宏伟的目标砥砺前行。赵滨坚信,在实现钢铁强国梦的伟大事业里,凭借着劳模精神和工匠精神,他的创新工作室在这片沃土里,一定能栽培出艳丽的花朵,收获更多硕果!

寄情农机　耕耘大地

寄情农机三十载，只为稻香满江淮。

——安徽电气工程学校　赵　翔

安徽电气工程学校原名安徽省农业机械化学校，始建于1956年，是安徽省农机教学排头兵。在这个底蕴深厚的校园里，默默坚守在农机教学一线的赵翔，一身尘土，满手油污，不改其乐，在拖拉机马达的轰鸣声中奏响了他生命中华美的乐章。

赵翔从小在田野里长大，父辈们整日在田间艰辛劳作的画面深深震撼着他。1991年高考后，赵翔被安徽农业大学录取，就读于农业机械化专业，从此与农业机械结下不解之缘。通过四年的专业课学习，赵翔打下了坚实的理论基础，以优异的成绩毕业。

怀着儿时的情愫和对专业的挚爱，毕业后赵翔来到安徽省农业机械化学校工作。这是一所以农业机械化专业为主的职业学校，教授理论的同时，更注重实践操作。纸上得来终觉浅，赵翔虽然有一定的理论修养，但面对实物常常陷入困惑。于是，他向老教师、老技术人员学习农业机械的操

作要领、检查、诊断故障。在向前辈们学习的同时，赵翔常常和同学们一起在实验室摸爬滚打，手上、脸上、头上，经常布满油污。

作为农机人，最壮阔的舞台是广袤的大地。赵翔先后三次代表学校参加安徽省"农机战三夏"大会战，泗水河畔、八公山边都留下他驾驶收割机的身影，满身麦芒，一脸尘土，掩盖不了他劳动的喜悦。日积月累，赵翔不仅练就了过硬的实践技能，而且提高了理论水平，逐渐成长为一名优秀的农机专业"双师型"教师。

2013年受安徽省教育厅委托，赵翔参加了安徽省农业机械化专业教学指导方案的制订工作。他利用自己扎实的专业功底，和同事们反复研讨，推敲教学指导方案的各个环节，经过不懈努力，终于完成了方案的制订工作，该方案顺利通过省教育厅专家组的审核。

安徽电气工程学校是全省农机教学的排头兵，作为学校一分子的赵翔义不容辞地承担了"农机维修"项目技能大赛参赛学生的指导工作。2013年至2019年，他先后指导学生参加安徽省中等职业学校技能大赛，获得省级三等奖8人次、省级二等奖2人次。2014年，赵翔指导学生孙可可代表安徽省参加全国职业院校技能大赛获得全国一等奖，安徽省教育厅网站第一时间进行了报道。鉴于赵翔在农机教学方面的作为，安徽省教育厅委托他承担全省教师资格证考试的专业试题命制工作和面试工作。2015年、2016年全省两期农机培训班，2017年全省农机技能鉴定考证工作，均由安徽电气工程学校承办，赵翔负责教学工作并担任主讲老师，受到领导和全省农机从业人员的一致好评。为了更好地服务三农，赵翔先后到巢湖、肥西、石台、宿松、涡阳等地，承担"阳光工程""雨露计划""新型职业农民培训"等培训工作。

"路漫漫其修远兮"，在农机教学的道路上，赵翔一直默默耕耘着。

磨砺技益精　匠心育英才

——安徽建工技师学院　周隆兴

制造业是将制造资源(物料、能源、设备、工具、资金、技术、信息和人力等)，按照市场要求，通过制造过程，转化为可供人们使用和利用的大型工具、工业品与生活消费产品的行业。数控加工，是指在数控机床上进行零件加工的一种工艺，在零件品种多变、零件形状复杂、精度要求高等背景下，有利于实现高效率和自动化加工。钳工又名万能工，一般是手持工具对金属进行加工。钳工基本功有锉削，錾削，锯削，钻孔，设备的组装、维修及改造等。钳工和数控加工是制造业中非常重要的工种。

以过硬的专业技术和实干精神成为当代复合型人才

周隆兴，男，中共党员，钳工高级技师，系安徽建工技师学院双师型教师，1994年至今一直从事机械专业理实一体化教学教研工作及负责与企业合作事宜。他具有高超的钳工技艺、数控技术、3D打印技术，对于工业机器人的应用也是专家。他还通过自考取得了系统管理员资格证书，学校最初宣传片制作和网站建设是他独立完成的。他干一行、爱一行、精一行，是名副其实的当代复合型人才。

周隆兴1970年出生在一个大家庭，兄弟姐妹八人，父亲是位木匠，凭借高超的木工手艺养活一家人。童年的他常常放学后放下书包就去看

父亲打家具,做父亲的小帮手,就此和制造业结下了不解之缘。

因为崇尚老师这个职业,周隆兴大学毕业后选择从事机械制造专业教学工作。他勤奋好学,精益求精,遇到疑难问题爱钻研。有一次,他半夜醒来突然想到改进工艺,以保证数控加工件的精度,于是凌晨2点驾车到学校车间进行验证。正是这种钻研精神,成就了他高超的技艺。

周隆兴善于钻研,务实苦干,研究开发了多媒体教学软件和机械辅助制造软件包,解决了机械加工中的一些技术性难题,为学院节约资金数十万元。2014年,他对数控铣床进行改造,使之成为加工中心,此项工作又为学校节约数十万元。

2015年,他又设计了真空吸盘,解决了薄板加工装夹难的问题,使厂方直接受益数十万元。他带领的机械技能大师团队,经常深入企业一线传授加工工艺和开展专业讲座,有力推动了校企深度融合。

以忠诚党的教育事业为己任,匠心育人,桃李满天下

作为一名专业教师,周隆兴热爱自己的事业,热爱自己的学生,热爱安徽建工技师学院这片育人的沃土。他辛勤地耕耘在职业教育这片土地上,在近30年的职教生涯中始终坚持以人为本的教育思想,循循善诱、孜孜不倦,像甘泉,像雨露,滋润着每一个学生的心田。他以广阔的视野,先进的理念,因材施教,指导学生动手实践,使学生自信、自立、成才。

有耕耘,就有收获。经他指导的数十名学生在职业院校省赛、国赛中多次获得大奖,为学校、为安徽争得了荣誉;他培养的学生中具有中级工资格的三千多人,具有高级工资格的一千多人,取得技师资格的几十人。在他的精心培育下,一大批优秀的毕业生成为全国技能大赛的高手和机械加工企业的技术骨干。2012年,周隆兴被评为"安徽省教坛之星"。

以突出的教科研成果和工作业绩成为职教界的一面旗帜

周隆兴是一名让自己的知识体系与时俱进的技能名师。2017年,他经公派去德国学习机电一体化知识和教学理念,满载而归。他结合德国的职业教育模式积极投身于教学科研,大胆创新教学方法,使钳工操作技术、3D打印技术、数控加工技术及机器人应用技术相互渗透,进行个性化教学,教学效果显著。同时,他把自己的经验和研究成果编入教材、写进论文,供同行借鉴。他主编的《机械制图与CAD》等六本教材和撰写的数十篇论文得到业内人士的一致好评,其中《钳工生产实习教学改革的建议》获南方教育论文一等奖和中国建设教育协会二等奖。

周隆兴终身学习意识很强,年近50岁的他每年还坚持去不同的企业实践一个月。因技能和业绩突出,2015年他应邀担任数控铣国赛裁判,2017年担任省级信息化直播大赛数控加工评委,2018年4月担任安徽省第十二批特级教师评选工作,是安徽省中等职业教育专业建设指导委员会成员,人力资源和社会保障部高技能人才师资库成员,三次被邀请参加"在肥高层次人才迎春茶话会"。他说,每次这样的经历都是学习的机会。周隆兴负责建设完成的钳工实训课2012年被评为省级优质精品课;"周隆兴机械加工省级名师工作坊"经过三年的建设,顺利通过了省级专家的验收,为学院培养了一大批教学骨干和专业带头人。周隆兴在教育教学中发挥着示范、指导、引领和辐射作用,为促进省内外专业技术人才队伍建设和高技能人才培养作出了突出贡献。同时,他凭借高超的技能和突出的工作业绩,赢得了众多荣誉:国赛钳工团体第十六名、市技术能手、市技能大奖、建工集团劳模、省教坛之星、省模范教师、省五一劳动奖章等。他正身体力行地向周边的人诠释着新时代的工匠精神。

用影像诠释责任

> 遵循本心做事，遵循本心做人，提倡文化自信及助力中国传统文化走出去是我们媒体工作者的责任。
>
> ——安徽银鹃影视传媒有限公司　周雅昕

周雅昕，女，1984年出生，2006年从事传媒影视工作，现任安徽银鹃影视传媒有限公司制作副总。

周雅昕出生在书香世家，从小喜欢绘画。在大学期间学习视觉传达专业，无意间接触到影视拍摄和后期制作，便对其产生了浓厚的兴趣。在毕业之后，周雅昕一心投入传媒影视行业，自此与影视制作结下了不解之缘。

2006年，周雅昕就职于安徽银鹃影视传媒有限公司，参与安徽广播电视台《大话娱乐》《江淮小戏院》等本土自制节目的后期制作近500期。文娱节目《大话娱乐》是安徽本地收视率较高的节目；《江淮小戏院》则开创了安徽轻喜剧方言类栏目的先河。

2012年，周雅昕参与制作自己首部微电影《父亲的车轮》，影片荣获安徽省"弘扬社会主义核心价值观，共筑中国梦"主题原创二等奖。

2015年，响应中宣部坚定文化自信及让中国传统文化走出去的号召，周雅昕所在的安徽银鹃影视传媒有限公司与安徽广播电视台联合投资，共同制作大型4K高清六集纪录片《中国文房四

宝》。

从参与制作开始，周雅昕就深知这部历史纪录片肩负了展示中国五千年传统文化的重任，她倍感压力。不负众望，历经近两年的制作周期，周雅昕所在的团队将中国文房四宝通过溯源、风雅、革新、传播、匠心、情怀等方面完美展示出来，阐述了中国传统文化的博大精深。2016年该片荣获"金熊猫"国际纪录片节人文类最佳系列纪录片奖，2018年获批为国家文化出口重点项目，获全国"五个一工程"奖。

2018年底中宣部授权单独制作一集《中国文房四宝》国际版，周雅昕为项目总负责人。在经过数月的拍摄、制作后，此片顺利地通过了中宣部的审核，并在美国历史频道播出，为中国传统文化的海外传播添上了厚重的一笔。

此外，周雅昕还受聘于安徽印刷职业技术学院，讲授影视制作和艺术设计等课程，不断培养安徽省内影视行业的人才。部分个人以及团队纪录片作品：《紫蓬山》（再现拍摄＋后期制作）、《祁门红茶》（后期制作）、《大湾村的笑声》（后期制作）、《彰武治沙》（后期制作）、《舌尖上的中国3》（后期制作）、《幸存者——南京大屠杀》（拍摄＋后期制作）、《中国徽菜大师》（拍摄＋后期制作）。

在国家提倡文化自信的背景下，周雅昕希望通过自己的努力，为助力中国传统文化走出去，发出自己的一点光和热。

传承工匠精神 用"匠心"培育新时代"大国工匠"

——芜湖职业技术学院 周自宝

周自宝，芜湖职业技术学院汽车工程学院副教授。14年来深耕教学一线，从事理论和实践教学、技能大赛指导和退役军人技能培训等工作。作为一名优秀的"双师型""技能型"教师，他坚持以习近平新时代中国特色社会主义思想为指导，坚持"知行合一、工学结合"的教学理念，努力工作、认真钻研、锐意改革、大胆探索、不断进取，先后获得"芜湖市首席技师""安徽省教学名师""安徽省教坛新秀""全国优秀指导教师""全国先进工作者"等称号，其个人专业发展案例被列入教育部首批高等职业学校"双师型"教师个人专业发展典型案例。

探索"三教"改革 以赛促学筑"匠人"

普通教育有高考，职业教育有大赛。大赛已成为职业教育改革和发展的推进器，开拓了职业院校改革的思路，激发了职业教育的活力，提供了职业院校教育教学改革的动力。

在教育教学实践中，周自宝坚持"以赛促教、以赛促学、以赛促改"，不断探索"教师、教材、教法"改革，引入德国、美国汽车检修专业的先进教学法，作为提高学生专业素质的突破口。由周自宝指导的学生在多个赛项中成绩逐年提高。2015年，其指导的学生在"汽车检测与维修"赛项中第一次获得安徽省参加国赛资格，在"汽车自动变速器"赛项中取得安徽省第一个一等奖，并在"汽车电气系统检修"赛项中再获全国二等奖。

2017年，在"三无"（无设备、无师资、无专业）情况下，作为参加全国职业院校技能大赛"飞机发动机拆装调试与维修"赛项的团队第一指导教师,周自宝克服重重困难,最终带领团队勇夺一等奖。这也是本赛项自举办以来第一个非东道主队获得的全国一等奖。获奖学生顺利免试进入本科院校安徽工程大学、安徽科技学院学习,学校也于次年开设了飞机机电设备维修专业。2019年,全国职业院校技能大赛高职组"飞机发动机拆装调试与维修"赛项中,航空教研室主任周自宝作为第一指导教师,带领团队经过激烈角逐,再获全国一等奖(总分第二),他本人获"全国优秀指导教师"荣誉称号。两个国赛一等奖的获得,扩大了学校在航空职业教育领域的影响力,为校企合作、为学校航空专业的建设和学生的就业,开辟了一条大道。

近五年,周自宝通过"首席技师工作室"和"周自宝技术技能型大师工作室",培养指导学生参加全国职业技能大赛,获全国一等奖3项、全国二等奖3项,安徽省技能大赛一、二、三等奖20多项,安徽省"互联网+"大学生创新创业大赛铜奖3项,芜湖市专利大赛特等奖第一名1项、三等奖3项等。这些成绩的取得充分体现了"三教"改革成果,检验了学校教育教学水平。

2019年,周自宝个人专业发展案例被列入教育部首批高等职业院校"双师型"教师个人专业发展典型案例,获安徽省教育厅"周自宝技术技能型大师工作室"立项,被授予"芜湖职业技术学院全校技能大赛总教练"称号,其总结的"技能大赛九步法"在全校推广。

勇攀技术高峰　科研创新强"匠魂"

随着专业变化,周自宝先后主讲的专业课程达20余门,从电子电路到数控加工、从汽车维修到飞机发动机维修,每一次转变他都认真学习,翻阅的相关书籍超过100本。多年来,他利用业余时间将每堂理论与实践一体化教学课程提前过几遍,以快速找到教学的重点和难点,不仅方便了教学,保证了教学质量,同时使自己提高了技能。

习近平总书记指出,劳动光荣,技能宝贵,创造伟大。一个好的双师型、技能型教师,不仅要在课堂上讲得精彩,实操技能娴熟,而且还要在教科研和学科建设上齐头并进,创新各层次各类型职业教育模式。周自宝积极参加科研活动,先后主持2016年安徽省大学生创客实验室计划"大学生爱车保创客实验室",2017年度安徽高校自然科学重点研究项目"轮毂驱动车辆悬架及车轮定位参数优化研究",2018年度高校优秀青年人才支持计划项目(重点项目),2019年度芜湖职业技术学院"大学生创新创业项目成果转化计划"项目(重大项目);主持国家资源库飞机机电设备维修专业"飞机钣喷技术"课程建设,主持大规模在线开放课程(MOOC)"汽车钣金技术",参与国家级、省级教科研项目和企业横向课题10多项,荣获安徽省教学成果奖一等奖3项、二等奖2项;主编规划教材1本,担任副主编教材1本,以第一作者身份发表教科研论文十余篇;获国家授权专利9项,且运用到多家企业中。其中,发明专利"汽车天窗水管胶带自动卷绕装置"获批为校重大成果转化项目,给企业带来较大的经济效益。

服务地方经济　产教融合赋"匠能"

芜湖是安徽省的航空产业集中地,航空产业被确定为芜湖市的四个新兴产业之一。芜湖职业技术学院积极从事航空职业教育专业的建设工作,作为航空专业负责人和航空教研室主任,周自宝带领团队先后考察了国内多所航空专业院校和航空大企业,深入了解航空职业教育的特点,与航空职业院校、航空培训企业和航空产业企业建立广泛深入的联系,开展校企合作,学习相关院校的大赛训练经验、课程改革方法、校企合作的经验及实验实训室的建设经验。周自宝在山东太古飞机工程有限公司进行民航专业的机务基础技能培训,并取得147基本技能证书;连续四年在长安福特汽车公司培训基地学习和实践,取得长安福特校企合作定向班认证的讲师证书;长期担任芜湖华奥汽车维修有限公司技术顾问和镜湖区祥运汽车修理厂技术顾问;2009年至今,担任芜湖市退役军人技能培训专家。

2015年至今,周自宝牵头负责与中电科芜湖钻石飞机制造有限公司、芜湖双翼飞机、中国商用飞机有限公司(C919大飞机班)、安徽顶宏通用航空、山东太古飞机工程有限公司(飞机喷涂班)、长安福特、芜湖奇瑞、巴斯夫等企业合作,增强校企间学习交流,促进航空专业和汽车专业建设。

2019年,周自宝成为全国航空职业教育与协同创新中心理事单位理事代表,同年芜湖职业技术学院加入安徽省通用航空协会,周自宝担任副理事长职位。

坚持引领带动　不忘初心传"匠心"

"一人强,强一点;队伍强,强一片。"周自宝认为,"传帮带"既是方式和方法,更是氛围和风气。近几年来,他承担新进青年教师的业务指导工作,带领团队,探索形成基于工作过程,以"工作任务单"和"行动导向"为核心的汽车、航空专业课程与教学体系。同时,还进行了以教师能力大赛、多媒体课件大赛、信息化教学设计、大规模在线MOOC项目、微课和国家资源库为引领的课程教学手段信息化的研究与实践,形成了多项信息化的教学资源。周自宝指导青年教师主持国家资源库子项目3个，省级大规模在线开放课程（MOOC）示范项目5个，部分课程资源已运用于教学中。在周自宝的带领下，芜湖职业技术学院汽车检测与维修技术专业2017年被教育部确定为全国职业院校装备制造类示范专业点。周自宝把教学内容更新与教学改革有效融合，成果显著。在2018年全国职业院校技能大赛教学能力大赛中，周自宝以第一主讲教师身份带领团队荣获全国教学能力大赛教学设计国赛二等奖，2019年再次获全国教学能力大赛二等奖。

周自宝指导学生两次荣获飞机国赛一等奖，大大激发本省和其他地区高职院校开设航空专业和参赛的热情。继芜湖职业技术学院开设飞机机电设备维修专业后，安徽省很多高职院校也计划开设航空专业，2019年安徽省举办的飞机大赛省赛成为全国同类赛事中参赛队伍最多的一次赛事。周自宝为安徽省航空专业的发展甚至全国职业院校航空专业的发展树立了旗帜和榜样。

周自宝还积极探索单位人才评价标准，完善学生评价机制；在全省率先开展1+X证书制度，以工作室为纽带，大力推进校企深度合作，积极探索引企入校、订单培养、现代学徒制等多种校企合作形式，不断推进校企

专业共建、课程共担、教材共编、师资共训、基地共享、人才共育；与企业牵手合作，推进产学研无缝对接，深度融合。

周自宝以他的执着、坚韧、勤奋给人们留下了深刻的印象，他的精神成了学校的一面旗帜，他也给广大青年教师树立了良好的榜样。作为高职教育工作者，他不忘服务初心、牢记育人使命、践行工匠精神，让工匠精神贯穿教育历程。

初心如钻　铸就人生梦想

坚守平凡岗位，一辈子干好一件事。

——安徽省地质矿产勘查局　朱恒银

被业内誉为"安徽地质神兵"的朱恒银是"新中国成立七十周年·为国争辉六安人"、安徽省地质矿产勘查局313地质队二级教授及高级工程师、中国地质大学（武汉）客座教授、安徽省学术和技术带头人，是由安徽省总工会、全国能源化学地质工会和中国长三角地区三省一市联盟等命名的劳模工匠创新示范工作室的领衔人。他先后主持和参加国家、省部级科研项目10余项，获国家科技进步二等奖1项，省部级科技奖一等奖2项、二等奖4项、三等奖1项，厅、局级一等奖6项，获国家专利16项、计算机软件著作权1项；发表论文40余篇，出版专著2部。8项地质钻探技术填补了国内空白，创造新的"中国深度"。朱恒银荣获安徽省优秀专家、安徽省创新争先奖、安徽省十大新闻人物、感动安徽"最美人物"、安徽省道德模范、国土资源部优秀科技工作者、全国优秀科技工作者、全国地勘行业"十佳最美地质队员"、李四光地质科学奖、全国劳动模范、全国道德模范、2018年大国工匠年度人物、中国好人等荣誉。荣获中共中央、国务院、中央军委颁发的庆祝中华人民共和国成立70周年纪念章，并受邀参加在北京举行的庆祝中华人民共和国成立70周年观礼等系列活动。

直面困境　选择初心

20世纪50年代，朱恒银出生在安徽省舒城县高峰乡乌沙街的一个普通家庭。由于家庭贫困，朱恒银靠着国家的资助完成了学业。1974年，高中毕业的朱恒银积极响应国家"知识青年上山下乡"的号召，来到安徽舒城五桥茶林场工作。从那时起，他开始自食其力，学会了洗衣、做饭，插秧、种菜、采茶等农活。艰苦的农村生活和淳朴善良的农民帮助他养成了吃苦耐劳、节俭朴实的品性。

1976年底，朱恒银来到安徽省地矿局337地质队（现313地质队），成为一名地质钻探工人。地质钻探工作很艰苦，劳动强度大，安全风险大，风餐露宿是常有的事。部分学徒见识了钻探工作的艰辛之后，干脆选择离职或换工种。朱恒银一度也想要放弃这份工作，可是单位的"三光荣"精神和"铁人"王进喜的事迹让他认识到钻探工作的重要性。他决定留下来，干下去。

工作期间的一次事故让朱恒银印象深刻。1977年10月的一个晚上，朱恒银和工友们在安徽霍邱铁矿勘探施工钻机上夜班。接班时，班长在处理钻孔故障时，发生了意外，被钻机弹了出去，受了重伤。经过抢救，班长没有生命危险，但他再也不能从事野外钻探工作了。这突如其来的事故对朱恒银震动很大，他认识到，必须要改变地质队设备和技术落后的状况，为工友们提供安全保障。从此，朱恒银常常留意设备问题，产生了很多改进设备及技术的想法。在老师傅们的指导下，他利用业余时间研发了一台水力泥浆搅拌机。这台搅拌机搅拌泥浆速度快，产生的泥浆质量好，大大减小了钻机工人的劳动强度，深受欢迎。朱恒银受到鼓舞，此后他继续在岗位开展"五小"（小发明、小改造、小创新、小论文、小建议）创新活动，并获得了多项成果。就这样，朱恒银更加坚定了自己干地质钻探这行的信心和决心，在这岗位上一干就是44个春秋。

1978年底，朱恒银怀着初心和梦想，考入安徽地质职工大学探矿工程专业。毕业后，他选择到337地质队工作，继续从事钻探施工工作。

坚守信念　勇攀创新高峰

从1983年开始,朱恒银相继参加地矿部"六五""七五""小口径受控定向钻探技术研究"等科技攻关项目,在1000米深度钻孔中施工,钻出多分支羽状孔、全方位伞形孔,首创国内地质勘探1个钻孔中6个不同方向的钻孔分支,实现了地下钻孔轨迹"导航"钻进。这项技术先后在安徽铜陵冬瓜山铜矿区、安庆龙门山矿区等大型矿区进行应用,解决了陡矿体、异型矿体、地面障碍物下部矿体无法勘探等技术难题。同时,这项技术还应用于水库大坝安全监测、矿山尾砂充填、救援、瓦斯抽排、盐田开采等领域的钻探工作。

为了推广运用受控定向钻探技术,朱恒银承接了国家《定向钻进技术规范》的起草工作。朱恒银在只能放一张桌子的小厨房里、在煤球炉旁完成了初稿。1992年,该规范作为国家行业标准正式出版,为地质岩心钻探定向钻进技术在全国的推广起到了重要作用。

直面低谷　无私奉献谋发展

20世纪90年代后期,地勘任务逐年减少,地勘单位发展处于低谷期,朱恒银所在的地质队面临着工资发不出的困境。此时,朱恒银克服了"等、要"和"大锅饭"的思想,率先成立了一支专业技术强、精干的施工队伍——特种钻探工程处。凭借着国内领先的定向钻探技术和良好信誉,这支队伍在激烈的市场竞争中创下辉煌业绩,打造出自己的特色品牌,累计为单位创造了数亿元的经济效益。他还利用自己的创新科研成果服务社会,承接了多项高难度的人型建设项目,如长三角地区及北京市城市地面沉降监测工程项目、城市地质调查、地震断层地质勘探,以及上海浦东国际机场、外高桥造船厂、磁悬浮铁路等地面沉降监测标孔施工工程等。承接了一些大型矿山充填孔、排水孔、冷冻孔和大坝位移安全监测等特种钻探工程,解决了一个又一个重大工程技术难题。在这个阶段,由于朱恒银钻探技术精湛,所以很多同行企业和单位向他抛出了橄榄枝。

但是他考虑到单位和职工的利益,毅然选择继续带领团队闯市场,为单位创效益。

临危受命　再创佳绩

2003年7月2日,上海外滩董家渡发生地面塌陷事故。两座8层大楼发生沉降和倾斜,近在咫尺的黄浦江防波堤和20层高的税务大厦面临严重威胁,情势十分严峻。就在这危急时刻,朱恒银接到了参与指挥抢险的上海市地质调查院院长陈华文的求援电话。险情就是命令,朱恒银分析了抢险不力的技术原因,立即提出新的抢险施工方案和措施。朱恒银带领的团队与上海地质调查院密切配合,经过10个昼夜的紧急施工,最终出色地完成了主要地段的抢险任务。

倾囊相授　传承工匠精神

朱恒银带领团队30余年,自己率先垂范,传授技艺,为国家培养了一批行业精英。他常跟年轻人说:"我们在自己的岗位上应该做到:对待职业要有爱岗敬业的精神,干一行爱一行;对待工作要有精益求精的精神,把事情做到极致;对待难题要有创新精神,不断追求卓越,解决问题;对待共事者要有协作共进的团队精神,发扬大局意识;对待利益要有淡泊名利的奉献精神,控制私欲,不计较个人得失。"在他领导的团队中,破格晋升为钻探工程教授级高级工程师的有3人,晋升为高级工程师的有5人,工程师10余人,研究生数人,钻探机班长20余人,有6名钻探技师,2名省部级能工巧匠,1人获全国钻探技能大赛银奖,1人获中国地质学会野外青年地质贡献奖——金罗盘奖、安徽青年科技奖、安徽青年五四奖章,1人获安徽省"江淮工匠"称号,2人获安徽省"五一"劳动奖章,2人荣获安徽省政府特殊津贴。

2010年,以朱恒银命名的劳模工匠创新工作室成立。近年来,朱恒银作为首席专家还创建了安徽深部钻探技术及应用实验室,传艺育徒。他用精益求精、踏实专注和坚守执着的工匠精神,培养了更多的地质青年,为地质事业作出更大贡献。

2018年,朱恒银获得了"大国工匠2018年度人物"荣誉称号。对此,朱恒银表示:"从事地质工作是我的初心,为国家提供矿物资源保障是我们的使命。"2019年10月1日,朱恒银受邀参加中华人民共和国成立70周年的国庆观礼。他说:"能为国家找到大矿和富矿再辛苦也值得,干这项工作无怨无悔。"

附录

安徽省首届"江淮名匠"入选人名单

（按姓氏拼音排序）

序号	姓名	单位
1	毕 兵	安徽冶金科技职业学院
2	巢 杰	安徽合肥机电技师学院
3	陈冲锋	芜湖机械工程学校
4	陈德春	马钢冷轧总厂
5	陈海珍	滁州市机电工程学校（安徽滁州技师学院）
6	陈鸿旭	马钢特钢公司
7	陈 凯	安徽江淮汽车集团股份有限公司
8	成 鹏	马钢铁运公司
9	程 韬	安徽江淮汽车集团股份有限公司
10	戴 滨	马钢炼铁总厂
11	丁学冬	合肥市经贸旅游学校
12	丁 元	安徽江淮汽车股份集团有限公司
13	范兴海	马钢设备检修公司
14	方 琼	合肥职业技术学院
15	方唐利	安徽耐科装备科技股份有限公司
16	郭 顺	安徽机电职业技术学院
17	郭 义	阜阳工业经济学校
18	何海洋	安徽合肥机电技师学院
19	黄 卉	黄山旅游管理学校
20	黄雷鸣	合肥市经贸旅游学校
21	纪海矿	安徽淮北煤电技师学院
22	贾奇伟	安徽省汽车工业学校

23	贾荣荣	安徽中医药高等专科学校附属医院（芜湖市中医院）
24	江兴龙	芜湖机械工程学校
25	巨智超	安徽省第一轻工业学校
26	雷　春	安徽泾县七星宣纸厂
27	李立胜	合肥铁路工程学校
28	李　平	马钢炼焦总厂
29	李　文	安徽省灵璧师范学校
30	李媛媛	安徽渔之蓝教育软件技术有限公司
31	廖　磊	安徽新华学校
32	林震源	马钢南山矿业公司
33	刘晓玲	滁州城市职业学院
34	刘哲军	铜陵职业技术学院
35	陆杰伟	宿州应用技术学校
36	鹿　伟	安徽江淮汽车集团股份有限公司
37	罗家毅	马鞍山职业技术学院
38	祁　俊	安徽中医药高等专科学校附属医院（芜湖市中医医院）
39	强　刚	安徽中医药高等专科学校
40	芮玉琴	宣城市机械电子工程学校
41	单永刚	马钢第四钢轧总厂
42	沈　飞	宝武马钢交才科技有限公司
43	盛保柱	安徽江淮汽车集团股份有限公司
44	盛丽骏	安徽叉车集团有限责任公司
45	时　华	合肥工业学校
46	史红林	马钢第一钢轧总厂
47	舒云峰	中钢天源（马鞍山）通力磁材有限公司
48	宋雷震	淮南联合大学
49	苏文忠	铜陵市中等职业技术教育中心
50	孙昌宁	安徽淮北煤电技师学院
51	汤治军	合肥科技职业学院
52	汪加林	歙县徽世林宝文化艺术有限公司

53	汪双顶	安徽建工技师学院
54	汪秀年	安徽省美食艺术协会
55	王 吉	马钢第四钢轧总厂
56	王继武	滁州市应用技术学校
57	王建中	安徽青松食品有限公司
58	王京胜	阜阳科技工程学校
59	王 庆	马钢冷轧总厂
60	王世福	安庆皖江中等专业学校
61	王仕雄	合肥一科汽车电子科技有限公司
62	王 旭	蚌埠科技工程学校
63	王志堂	马钢炼铁总厂
64	魏 飚	合肥工业学校
65	邬 琼	马钢第四轧钢总厂
66	吴侠芳	歙县耕木堂徽雕工艺品厂
67	吴小菲	亳州中药科技学校
68	夏大超	铜陵市中等职业技术教育中心
69	项道友	桐城市徽煌工艺品有限公司
70	肖 挺	马钢姑山矿业公司
71	谢叶华	马钢重机公司
72	熊 煜	安徽中医药高等专科学校附属医院（芜湖市中医医院）
73	徐腾达	安徽省汽车工业学校
74	许跃远	安徽上善若水中医研究有限公司
75	杨 帆	安徽工商职业学院高职研究中心（工艺美术研究所）
76	杨光明	合肥职业技术学院
77	杨 丽	安徽省行知学校
78	杨 梅	蚌埠工艺美术学校
79	杨长荣	马钢长材事业部
80	杨宗军	合肥阳光新能源科技有限公司
81	叶 生	安徽交通职业技术学院
82	殷 毅	阜阳科技工程学校

83	余方清	安庆大别山科技学校（岳西县技工学校）
84	余业盛	太湖职业技术学校
85	袁军芳	马钢能源管控中心
86	查　嵘	安徽徽州三雕传承艺术馆（安徽工商职业学院）
87	张传锦	淮南联合大学
88	张　晋	阜阳科技工程学校
89	张立新	六安市金安职业学校
90	张士根	淮南职业技术学院
91	张文泉	芜湖电缆工业学校
92	张信群	滁州职业技术学院
93	张　烨	马钢钢结构工程分公司
94	赵　滨	马钢长材事业部
95	赵　翔	安徽电气工程学校
96	周隆兴	安徽建工技师学院
97	周雅昕	安徽银鹊影视传媒有限公司
98	周自宝	芜湖职业技术学院
99	朱恒银	安徽省地质矿产勘查局

安徽省首届"江淮名匠"评选活动最佳组织奖

(排名不分先后)

序号	单位
1	安徽冶金科技职业学院
2	安徽中医药高等专科学校
3	安徽汽车职业技术学院
4	安徽省行知学校

安徽冶金科技职业学院简介

　　安徽冶金科技职业学院是经安徽省人民政府批准、教育部备案,独立设置的一所全日制普通高校,学院由马钢集团公司投资举办。学院前身是创建于1983年的马钢职工大学,2003年6月安徽省政府正式批准成立"安徽冶金科技职业学院"。 2009年8月,马钢为有效利用教育培训资源,将安徽冶金科技职业学院、安徽马钢技师学院整合,成立马钢教育培训中心,整合后的安徽冶金科技职业学院优化了教育资源,增强了师资力量,办学条件得到了进一步改善。2010年12月,学院顺利通过了安徽省高职院校人才培养工作评估。

学院占地330亩,建筑面积5万余平方米,中高职学历教育在校生规模达7000余人。现有南、北两个主功能校区,拥有较为完备的教育教学、培训实训和生活设施。学院设有专业33个,有省级特色专业3个,即冶金技术、材料成型与控制技术、数控技术;校级特色专业6个,即电气自动化技术、冶金技术、材料成型与控制技术、旅游管理、数控技术和汽车检测与维修技术专业。学院建有10个计算机机房、2个多媒体语音室及数控、汽车、电气、网络、机械、液压、起重、行车模拟、炼钢仿真等50个实验实训室;在省内外建有冶金、轧钢、数控机床、汽车维修、市场营销、国际贸易等90多个实习、实训、就业基地。《安徽冶金科技职业学院学报》是经国家新闻出版署批准的具有CN和ISSN刊号的学术刊物。

学院师资力量雄厚,有专任教师145人。教职工中具有高级职称的有83人,具有中级职称的有91人;拥有本科及以上学历的183人,拥有硕士及以上学位的49人;"双师"素质教师86人,"百骏"工程骨干教师65人,"双十"教学名师、主任培训师各10人;享受公司技术技能津贴专家的10人。学院常年聘任马钢具有较高理论与实践水平的技术与技能专家担任客座教授或兼职教师,建立了一支具有企业办学特色的"双师型"教师队伍。

2019年,安徽省人力资源与社会保障厅批准学院设立"安徽省第十期博士后科研工作站"。2019年中国宝武重组马钢,安徽冶金科技职业学院成为集"岗位赋能培训、新生人才培养、产教融合创新"为一体的综合性教育培训基地。学院现已成为国家高技能人才培训基地、冶金行业中高级工学历教育基地、安徽省中高职院校教师企业实践基地、安徽省创新方法推广应用基地、安徽省专业技术人员继续教育基地、安徽省"校企合作示范学校",是安徽省及全国"产教融合型企业建设培育"单位。先后荣获"国家技能人才培育突出贡献奖""全国职业教育先进单位""安徽省文明单位"等荣誉称号。

办学四十余年来,学院始终秉承"打造金色蓝领"的价值追求,以"崇德 尚能 笃学 践行"为校训,坚持"为党育人、为国育才、为企赋能"的办学定位,坚持"职业教育与职业培训共同发展、服务马钢与服务社会互为补充、特色传承与模式创新相互促进"的发展策略,为中国宝武马钢集团及社会培养了数以万计的"金色蓝领",受到了社会各界的高度赞誉,已成为中国钢铁工业"大企工匠"的摇篮!